U0031946

倫敦占星學院專業占星師 **魯道夫** *Rodolphe* ｜香港知名占星女王 **Jupiter** 聯手撰寫

華文唯一一本深度解析占星學合盤的專業學習用書
占星進階學習者必備參考書

人際合盤
占星全書

Synastry
The Astrological guide of Love and Relationship

魯道夫/Jupiter 著

兩人在婚姻／愛情／職場／夥伴／家庭等各種關係中的互動狀況
在人際互動中感覺挫折／優越／或可產生共鳴的地方

個人星盤分析：我們建立關係的潛能、能力、動態　　我跟他人的關係：上升（ASC.）／下降（DSC.）軸線
行星在各宮位的代表意義／十大行星、凱龍、南北交在關係盤上的象徵狀況

【作者序】

學習占星學習愛

許多人或許和我一樣有著每天吵吵鬧鬧的父母，在這樣的成長環境過程當中，我們無意識地誤以為，爭吵與不安全感等於愛，雖然口口聲聲說絕對不要遇到像爸爸或像媽媽這樣的伴侶，可是你不禁會發現，越是沒有安全感的關係，越讓你想要緊緊的抓住，你不禁和我一樣想問自己，你瘋了嗎？這個人明明就很不可靠，為什麼你還是英勇向前呢？然而有許多時候，我們會發現在互動關係上，不斷重複地遇到類似的問題與特質。不明就裡的人常會說這就是命運，但若仔細回想，我們都在重複著一些模式，那些我們所熟悉的模式，或許早已經在我們觀察父母親的互動，或是我們與父母親互動的過程當中種下。我們常無意識地重複著父母親之間的互動，哪怕我們很努力的「不想變成」那種人。

學習占星與諮商的過程當中，我才驚覺這不是命運，這是一種無意識當中的習慣，這些和我一樣的朋友，無意識地追求那種熟悉的（來自原生家庭與父母之間）不安全感。只有在經過許多次情感的領悟，自我察覺的情況下，才會明瞭，原來我們無意之間在伴侶關係當中重蹈父母的覆轍。想要脫離這樣的陷阱，第一步則是察覺，察覺自己無意識地將爭吵或不安全感與愛劃上了等號，唯有這樣的覺醒才能幫助我們從這些陷阱當中走出──這點學習星盤與情感互動的小小心得，在這裡與大家分享。

在諮商的過程中，許多時候占星師們都會遇到關於情感的問題，合盤更是許多占星愛好者想要深入卻又不知從何著手的技巧。英文方面關於專業占星的合盤書籍僅有少數幾本，中文書更是少見，學生學習合盤時能夠參考的資料並不多。希望這本書的出版能夠幫助喜愛占星的朋友們，對於占星與人際互動多一些認識。

感謝國際占星學院的夥伴，也是本書的共同作者Jupiter對這本書的貢獻，打從第一次在倫敦相遇，我已經決定如有機會一定要一起創作一些作品，沒想到機會來得這麼快，感謝學院的其他夥伴Claire Can與唐立淇和學生們對我們的支持。最後我將這本書獻給我的父母親、家人與伴侶，謝謝你們用生命、用你們的方式教會我愛。

To Yvetta, Jack, Daan, Peter and my parents who teach me how to love .

魯道夫 Rodolphe

【作者序】

關係，就是給我們成長的機會

作為占星師，最常被問到的問題，都是圍繞著數個範疇：愛情、事業、家庭、金錢，而綜合各方面的問題，最讓人困擾的，到最後還是人際關係上的事情。例如最普通的愛情問題，就是我跟他合不合？他喜歡我嗎？我會碰上怎樣的對象？他是我的真命天子嗎？為什麼我老是遇上騙子／花花公子／傷害我的人？是我在走衰運嗎？

就算是事業問題，最核心的部份，也離不開人事的東西，像我想換跑道，因為實在受不了這個上司；工作很不愉快，因為同事都在說三道四；某某在針對我，讓我無法升官。工作本身很大程度上是一分耕耘一分收穫，可是一牽涉到人事問題，就變得複雜及不能掌握。另外，還有家庭紛爭、婆媳關係、朋友間在金錢上的摩擦……等。

要了解和處理人際上的問題，占星命盤及合盤，都可以給我們很多的提示。從命盤中，我們可以看到自己在跟別人互動上的模式和心態，如果願意面對自己，自會發現那些人事問題都是自己惹回來的。而合盤（synastry），更可以看到兩個人之間的互動，為什麼這個人讓你一見鍾情？為什麼那個人卻讓你神憎鬼厭？了解之後，自然可以在人際互動上，作更適當的選擇和處理。

有一次，我跟魯道夫老師在台北的書店閒逛，剛巧其中一個櫃位就放滿了兩性研究的書，教人馭男技巧、把妹必勝法之類，小魯問我要不要買來看。我說，以前也真的很喜歡看這類書，後來發覺在占星世界，學得、懂得更多更深入，要研究兩性關係、人際關係，占星可以提供更貼身的資料和智慧，因為男人不一定來自剛強火星，女人也不一定是柔柔的金星模樣。例如一個水象元素很重的男生，他可以比很多女人更溫柔，一些火象元素重的女生，往往在愛情上會更主動和直接。所以與其把自己套在約定俗成的男女角色上，不如認真的了解自己，自己的需要、吸引力所在，跟別人互動的模式、對關係的期望等，用屬於自己的方式去生活，還有去了解身邊的人。對方跟自己產生出什麼樣的能量和化學作用？不要嘗試去改變對方，反而要抱著一個接納和了解的心，學習去跟對方相處，這樣才真正有助自己成長。

因為每段關係、每個遇到的人，都是我們的一面鏡子，都是一個讓我們成長的機會。客人問我如何去增強人緣，如何去討好別人，我說：「你不必當歡樂小姐，也不必做親善大使，你做你自己就行了！」因為你總不能夠叫一個天蠍座去做天秤

座的事，扭曲自己對身心有害，對關係也無助。學習跟自己相處，學習了解別人，就是合盤的精粹和意義。

在這裡，我要謝謝我的好拍擋魯道夫老師，我們「國際占星研究院」的所有同學，還有一直以來對我相當信任的客人，以及在我占星路上的所有老師，因為你們都是我的鏡子，讓我去看清自己，去完成太陽的使命。

Jupiter 2009.8.3

人際合盤占星全書

SYNASTRY:
THE ASTROLOGICAL GUIDE OF LOVE AND RELATIONSHIP

CONTENTS

✴ 第一部　合併星盤，關於Synastry

> 星盤是我們的性格，而性格就是命運。「關係」也是命運，因為她反映著我們的性格。通過別人，我們其實是在跟自己談戀愛，因為我們總是在關係中，尋找我們缺乏、不完整的部份。
> ──麗茲．葛林　心理占星中心創辦人與現任校長

✳ 第二部　個人星盤分析
——我們建立關係的潛能、能力、動態

就因為那些吸引我們以及被我們所吸引的人，象徵著我們的弱點與潛在可能，所以我們可以從觀察他們來深入瞭解自己。例如，如果我們總是吸引那些無能的人，那或許暗示著我們並沒有去察覺到自己生命當中失敗的痛苦，或者我們希望透過他們來覺得自己很強勢。如果我們總是和那些愛指使人的人扯上關係，那或許暗示著我們並沒有認真面對自己擁有的力量。

——梅蘭尼・瑞因哈特　國際占星大師、凱龍研究權威

第三部　比較二人星盤之技巧

唯有通過不同的人際互動，我們才可以察覺到內在的優點和弱點。每一個新認識的人，都可讓我們多了解自己一點。

而那些需要我們費心力去保持和諧的關係，比那些順暢、容易的關係，能教曉我們更多關於自己的事情。

——隆那．戴維森　國際知名占星師

第一部

合併星盤，關於 Synastry

星盤是我們的性格，而性格就是命運。「關係」也是命運，因為她反映著我們的性格。透過別人，我們其實是在跟自己談戀愛，因為我們總是在關係中，尋找我們缺乏、不完整的部份。

麗茲・葛林
（Liz Greene，心理占星中心創辦人與現任校長）

第一章　認識星盤上的符號

星座的定義與符號

♈白羊座（Aries）
　　（又名牡羊座）

　　黃道上的第一個星座，開創的火象星座，基本的定義包括自我、衝動、競爭挑戰，心理占星學中，白羊座與自我意識及優先、第一和競爭有著強烈的連結，在占星學上，白羊座的象徵符號為羊角，而火星為白羊座的守護星。

♉金牛座（Taurus）

　　黃道上的第二個星座，固定的土象

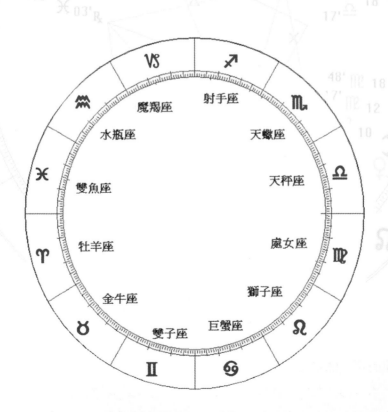

黃道上的十二星座

星座，占星學上認為金牛座與物質金錢有關，且追求實際與穩定的生活。在心理層面上，金牛座暗示著擁有物質所帶來的安全感，以及對於能力（力量）的獲得。金牛座的占星符號為牛頭的簡化，而金牛座的守護星是金星。

♊ 雙子座（Gemini）

黃道上的第三個星座，變動的風象星座，在占星學中代表溝通、媒介、傳遞、思考與兄弟姊妹，心理層面的意涵代表著自我與他人的溝通或心靈內外的溝通。雙子座的符號如同羅馬數字的二（II），象徵著神話故事中代表雙子座的孿生兄弟，其守護星是水星。

♋ 巨蟹座（Cancer）

黃道上的第四個星座，開創的水象星座，基本的定義包括家庭、母親與飲食的關係，心理占星學中認為巨蟹座與安全感的需求有關，強調自我情緒的表現，同時象徵著養育以及被養育的互動。在占星學的符號上，巨蟹座的符號是蟹鉗的縮影，也有人解釋為母親的乳房，而巨蟹座的守護星為月亮。

♌ 獅子座（Leo）

黃道上的第五個星座，固定的火象星座，其基本定義為戲劇、表演、娛樂與賭博，在心理層面上，獅子座與自我目標、自我中心、自我實現、創造、娛樂等事物有關。獅子座的符號是獅子尾巴，而獅子座的守護星是太陽。

♍ 處女座（Virgo）

黃道上的第六個星座，變動的土象星座，在占星上的基本定義是重視細節的、實際觀點的性格。心理占星學中，認為處女座代表著人們再次利用感官能力來探索內外在的差異，因而產生觀察、比較、分析與批評，同時也產生了衝擊。處女座在占星學上的符號為女子的頭髮，守護星為水星。

♎ 天秤座（Libra）

黃道上的第七個星座，開創的風象星座，在占星學上，天秤座與婚姻、法律、合約有關，在心理層面上代表著對等關係、人我互動、伴侶關係等。天秤座的符號是一個看似天秤的希臘文字「Ω」，並在其下方加上一槓，而天秤座的守護星是金星。

♏ 天蠍座（Scopio）

黃道上的第八個星座，固定的水象星座，其性質包括事物的結合、死亡與重生、激烈的轉變等。在心理層面的意涵中暗示著心中的黑暗面，自己不願意面對的傷口與醜陋的事件，同時也與控制欲望和生存意志有關。天蠍座的符號

為蠍子尾部的刺針，其守護星在傳統上為火星，同時冥王星是天蠍座的現代守護。

♐ 射手座（Sagittarius）（又名人馬座）

黃道上的第九個星座，變動的火象星座，其基本性質包括了宗教、哲學、高等教育、擴張領域、成長、國際事務、長途旅行等。在心理層面上，意味著世界的探索（藉此延伸出旅行、國際事務與教育等特質）與自我的發展，射手座的符號為箭頭，在占星學中守護星為木星。

♑ 摩羯座（Capricorn）（又名山羊座）

黃道上的第十個星座，又稱山羊座，開創的土象星座，基本的定義包括實際、嚴肅、追求成就等，從心理占星的角度來看，代表自我在眾人面前的呈現、組織架構，重視實際執行、成就與社會地位。在占星學符號上，摩羯座符號代表著羊頭魚身，而摩羯座的守護星是土星。

♒ 水瓶座（Aquarius）（又名寶瓶座）

黃道上的第十一個星座，基本的定義包括友誼與社群關係，具有強烈的人道主義與改革精神。心理占星學派認為，水瓶座的改革特質是一種超越自我的精神，以及遠大的理想與目標，甚至代表著一群人共同的目標。水瓶座的符號為波紋。在傳統占星學中，水瓶座歸土星所管，而現代的占星師認為，水瓶座應該由天王星管轄，所以土星與天王星都可視為水瓶座的守護星。

♓ 雙魚座（Pisces）

黃道上的最後一個星座，變動的水象星座，其基本定義為感性的、慈悲的、犧牲的、具有強烈的藝術性格。在心理層面上，雙魚座代表著打破自我與他人界線的無我境界，由這一層定義來發展雙魚座的慈悲精神，同時雙魚座也常代表一種失去自我的渾沌狀態。雙魚座的符號為兩個相背對的括弧，並由一條線串起，象徵著黃道上的兩條魚和連結著它們的繩索，雙魚座的傳統守護星為木星，而現代守護星為海王星。

行星的定義與符號

☉太陽（Sun）

太陽系的中心，在占星學上視為重要的發光星體之一。傳統占星學中，太陽象徵著男性、君王、自我、父親、丈夫等，在現代占星學中，太陽代表自

我、自我呈現、精力活力。在心理層面上，常描述著個人追求的事物，及對於想要成功的憧憬；在世俗占星學上代表國家元首，在醫療占星學中則代表著心臟、背部、脊椎、脾臟。此外，太陽守護著獅子座。

☽月亮（Moon）

在占星學中，月亮是重要的個人指標，象徵著日常生活、飲食、母親和童年等，心理層面上包含了個人需求、情感、情緒反應等。在世俗占星學中，月亮與人口、農業有關；在醫療占星學中，月亮與乳房、消化系統有關連。雖然月亮是地球的衛星，不過在占星學中稱呼行星時，有時也會把月亮包含在其中。此外，月亮守護著巨蟹座。

☿水星（Mercury）

太陽系最接近太陽的行星，其基本定義包含思考、學習、自我與他人的溝通、兄弟姊妹手足等。在心理層面上，水星象徵著自我意識的表達、自我意識與無意識的溝通管道等。在醫療占星學

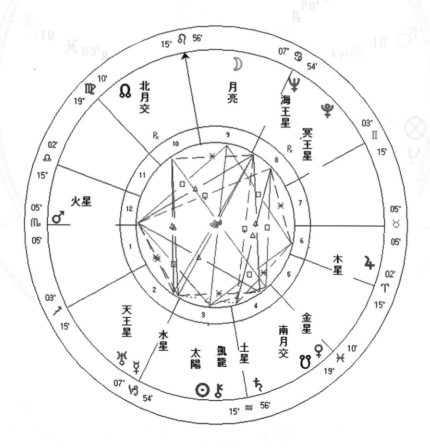

行星及其符號

上，水星與手、肺部、神經系統有關；在世俗占星學中，水星象徵著新聞、教育、通訊與交通。此外，水星守護著雙子座與處女座。

♀金星（Venus）

太陽系的第二顆行星，是傳統占星學的吉星，代表喜事與女性，金錢與貴重金屬；在現代占星學上，金星與和平、協調、美感、戀情、藝術、喜歡的事物有關。心理層面上，與個人價值觀有密切的關連，心理占星師認為，金星具有和緩與削弱其他行星性質的作用。此外，金星守護金牛座與天秤座。

♂火星（Mars）

太陽系的第四顆行星，其基本意涵包括行動、自我實現、自我保護、防衛、攻擊。心理占星學認為，火星與生存意志有關，進而也與性慾產生連結。傳統占星學將火星視為凶星，認為火星與戰爭屠殺等流血事件有關。在醫療占星學中，火星與血液、發燒、發炎以及刀傷有關。火星守護牡羊座，並且與冥王星共同守護天蠍座。

♃木星（Jupiter）

木星是太陽系中最巨大的行星，傳統占星學中屬於帶來幸運的吉星。現代占星學對木星的基本定義包括信念、態度、信仰、宗教、哲學、高等教育與國際事務等。心理上的意涵為個人的成長與信念。一個人木星所在的星座與宮位是他的信念與信仰的所在，同時也可能是他生活中較為幸運部分。在醫療占星學中，木星與肝臟有關。木星在占星學中守護射手座，且與海王星共同守護雙魚座。

♄土星（Saturn）

太陽系的第六顆行星，在傳統占星學中，土星為距離最遠的行星。傳統占星學認為土星是一顆帶來厄運的行星，在現代占星學中，其基本定義包括保護、限制、冷漠、經驗、長輩等。心理層面上的定義為壓抑、恐懼、擔憂與過去的不愉快經驗。在世俗占星學中，土星與權力機構、管理機構、大型組織有關。在醫療占星學上，土星與骨骼、牙齒和皮膚都有關係。

♅天王星（Uranus）

太陽系的第七顆行星，在占星學上定義為超越的、改革的、反叛的、混亂失序的、具有人道精神與理想主義的，也與電磁和高科技有關。在心理層面的意涵是超越固有傳統的、超越自我的，從這一層的意思引發了改革與革新的意涵，同時也因為超越自我的意涵，結合了人與人之間的合作關係。由於天王星

被發現的時刻正值十八世紀的革命風潮，以及打破階級的自由開放思想開始出現，於是天王星也具有這一層平等的意涵。天王星在占星學中，是水瓶座的現代守護星。

♆ 海王星（Neptune）

太陽系的第八顆行星，在占星學中，海王星象徵著藝術、幻象、理想化的境界，且與宗教、犧牲、將力量弱化或想法單純有關。在心理層面上，海王星象徵著模糊的意識狀態，以及理想的境界。而世俗占星學認為海王星與宗教、藝術、影像、景氣繁榮或景氣擴張有著密切的關連，同時也有占星師認為，地震與海王星有著密切的連結。在醫療占星學上，海王星多半被認為是暈眩、體力虛弱、病毒感染、藥癮、毒癮、藥物中毒、瓦斯中毒，或是與精神虛弱、精神狀態不佳有關。

♇ 冥王星（Pluto）

普魯托（Pluto）是希臘羅馬神話冥府主神的羅馬名稱，在占星學中具有掩埋與重生、劇烈蛻變及被隱藏的事情（多半與傷痛有關）的意思。心理的層面上象徵著最原始的生命力量，和求生意志與生命的延續──性愛。在星盤

宮 位	現代意涵與心理意涵
第一宮	我所呈現的自我
第二宮	價值觀、物質安全感、能力
第三宮	學習、溝通、思考
第四宮	情緒出口、安全感、家庭關係、雙親之一
第五宮	創造力、創意、自我目標
第六宮	規律的事務、日常事務
第七宮	對待他人的態度、與他人的關係
第八宮	他人的金錢、權力控制、內心黑暗面
第九宮	信念、崇高的精神、自我的發展
第十宮	社會地位、公眾形象、雙親之一
第十一宮	自我的超越與改革
第十二宮	心理的無意識層面

中，冥王星所在的宮位與星座，代表著被我們遺忘的事情，以及容易帶來傷痛與引發內心黑暗面的部分。世俗占星學認為，冥王星常帶來令人恐懼的蕭條、大量的傷亡或戰爭等不愉快的事情。

⚷凱龍星（Chiron）

凱龍星被認為與傷痛和醫療有關，由於凱龍的軌道穿越了土星與天王星，土星代表限制天王星所象徵的改革力量，同時也代表著業力干擾我們的地方，這不正好就符合了凱龍星的解釋，它來回於限制與改革之間，幫助我們不斷成長，並提醒我們靈魂傷痛所在的位置，建議我們該如何面對。

☊北月交（North Node）

是黃道和月球軌道的北邊交點，現代占星師視北月交為精神與心靈成長的途徑。

☋南月交（South Node）

是黃道和月球軌道的南邊交點，現代占星師認為，南月交為我們所習慣適

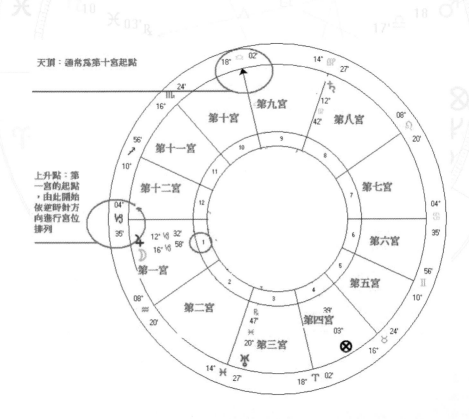

宮位圖示

應、感到舒適的地方，有些時候在星盤上不會顯示南月交的圖案，因為南月交永遠在北月交的正對面。

宮位（House）

占星術中，將黃道依據某些點（通常為天頂與上升），再次分割成十二個宮位，稱為「House」，每一個宮位掌管生活中的不同層面（見P.20表），這些宮位都由上升點作為第一宮的起點。

相位（Aspect）

指行星與行星或命盤上的上升點、基本點或特殊點之間形成特殊度數，常見的相位包括了0度（合相）、30度（半六分相）、45度（半四分相）、60度（六分相）、90度（四分相）、135度（八分之三相）、150度（十二分之五相）、180度（對分相）等。

相位也有前後的容許誤差，又稱為「角距」（Orb），例如：月亮雖然沒有和太陽重疊，但在太陽的前後8度內，仍會被某些占星師視為合相。不

相位圖示

過，在不同的流年系統中，判斷相位容許度的標準也會有所不同，大約都在4度之內。

♂合相（Conjunction）

當行星與行星或基本點之間相距0到8度時，稱爲「合相」。許多占星初學者常誤以爲合相是一種吉相，事實上從古至今，合相在占星學中並不全然是好的相位。在傳統占星學中，與火星、土星、南月交點的合相都屬於凶相，而與金星、木星的合相則可視爲吉相，而今日的占星學認爲，產生合相的行星質會交互影響，例如：金星與土星合相時，土星會約束金星的歡愉，而金星會緩和土星的嚴肅。

強硬相位（Hard Aspect）

在現代占星學中稱「對分相」、「四分相」爲強硬相位，在傳統占星學中這些相位有凶相位的定義，但今日占星學家認爲，強硬相位具有強大的能量，促使事件的發生，卻不一定代表吉凶。

♂對分相（Opposition）

兩顆行星之間，或行星與基本點、特殊點間呈180度的角度時，稱爲對分相。傳統占星學將對分相視爲凶相，主破壞，而心理占星學認爲，此相位代表著我們投射在他人身上的情感和陰影，與伴侶或合作事物有著密切的關係。對分相不如一般人所認爲的直接衝突，在心理占星學中，對分相也有與他人合作的象徵。

□四分相（Square）

兩行星或行星與基本點、特殊點之間形成90度的相位，稱爲四分相。在傳統占星學上認爲，四分相爲破壞與阻礙的凶相，心理占星學則認爲，這個相位具有壓抑挑戰的能量，通常是由性質類似但目的或方向不一的事件所引發的困擾。

柔和相位（Soft Aspect）

柔和相位是近代占星學的相位分類法中的一種，占星師將「三分相」、「六分相」定義爲柔和相位。傳統占星學視這樣的相位爲吉相，但從人文與心理占星學的角度來看，柔和相位的影響力道比較弱且溫和，不像強硬相位一樣容易導致事情的發生，卻也容易帶來讓人不舒服的狀況。

△三分相（Trine）

兩行星或行星與基本點、特殊點之間形成120度的相位。在傳統占星學上，三分相是一個吉相，在心理占星學中，三分相具有包容與融合接受的意

涵，占星師認為這樣的行星角度所產生的共鳴多半是正面的，也能讓行星發揮較具建設性的影響力，但有時也會為當事人帶來盲點與惰性。

✳六分相（Sextile）

在星盤中，兩行星或行星與基本點、特殊點之間形成60度的相位，稱為六分相，是主要相位之一。傳統占星學認為六分相帶來吉利，而心理占星學研究認為，此相位與機會、技巧、應用、友誼有關。但值得注意的是，雖然六分相是主要相位，但通常被視為影響力稍弱，這也是為什麼多數占星師在主要相位中，給予六分相的角距容許值，比其他主要相位來得小，多半只給到前後4度。

⊼敏感相位（Sensitive Aspect）／十二分之五相（Quincunx）

兩行星或行星與基本點特殊點之間形成150度的相位，也有人稱之為「補十二分相」或「Inconjunt」。傳統占星學認為，此相位與財產、健康的不幸和死亡有關。而心理占星學認為，這個相位與刺激、心理上的盲點有關，認為人們無法正視問題而有愧疚感，並促使自己不斷地修正態度，但也有占星師認為，合盤中出現這樣的角度，有利於增加雙方的互動，故稱為敏感相位。

本書常用到的重要占星學名詞

角或角宮（Angular）

在占星學上指的是星盤上的四個重要基本點：上升點（Ascendant）、下降點（Descendant）、天頂（Medium Coeli）、天底（Imum Coeli），在出生圖中，行星與四個點產生合相時稱為「合軸星」（Angular Planets），且會帶來明顯的個人特質。

上升點（Ascendant，標作ASC.）

又可簡稱為「ASC.」，是黃道與東方地平線的交界，每四分鐘移動1度，大約每兩小時換一個星座。

在現代占星學的定義中，上升點被視為自我的呈現，當我們與外界互動時所呈現的那一面，以及影響我們如何與外界社會互動。心理占星學常將上升點與容格（C. G. Jung）的「人格面具」（Persona）作比較。

上升星座（Rising Sign）

上升點所在的星座，被視為我們與外界互動的模式，與我們給外界的人格印象，例如，一個太陽在獅子座的人，很可能因為他的上升在巨蟹座，而給人

較爲害羞的感覺。.

下降點（Descendant）

又可簡稱爲「DSC.」，是黃道與西方地平線的交界，爲第七宮的起點。傳統占星師認爲下降點代表伴侶，同時認爲下降點代表弱勢的地位，以及不良的健康與身體，但現代占星師認爲下降點象徵著自我與他人之間的互動模式，也代表著婚姻和合夥關係。同時認爲行星在下降點的影響力，並不亞於行星在天頂或上升的影響力。

天頂（Medium Coeli）

簡稱「MC」，又稱「Mid Heaven」，是所在地子午線和黃道在空中的交點。在占星學中，天頂與上升星座是計算宮位的標準，在許多非等宮制的分宮法中，天頂爲第十宮的起點。天頂在占星學上的意義爲個人的社會地位、名聲與職業傾向。

傳統占星學認爲天頂象徵著父親，但近代占星學認爲天頂與天底都可能是雙親的其中一方，且因人而異，需要占星師仔細的判別。在世俗占星學中，天頂代表政府、執政黨與國家元首。此外，天頂與天底的軸線，與上升點和下降點的軸線爲命盤中的重要軸線，這四個點被視爲命盤上的基本點。

天底（Imum Coeli）

簡寫爲「IC」，星盤中第四宮的起點，與天頂呈180度相對，在占星術中，IC與第四宮有根源、雙親、家庭的意涵。天底在過去並不被重視，因爲占星師認爲行星落入天底無法產生影響力，而在心理占星學中，天底被視爲進入內心世界的入口，也是一個人表達情感與安全感的位置，也暗示著童年的家庭經驗，因此，天底在心理占星學中的地位可說相當重要。

上升軸線（Ac/Dc Axis）

是指星盤上連結上升點與下降點的軸線，在占星學中，這條軸線上的行星，具有強烈的個人特質表現。同時這條軸線的星座，也表示了自我與他人之間的互動模式，在占星學同樣重要的還有M.C.和I.C.軸線。

界線（宮頭）（Cusps）

星盤上宮位的終點與起點的分界線，界線在占星學中佔有相當重要的地位，任何位於界線上的行星，都被視爲對該宮所管理的事情具有強大的影響力，同時有占星師認爲，當行星落在界線之前5度時，對下一宮也會發揮一定程度的影響力。

命主星（Chart Ruler）

命主星就是上升點所在星座的守護星，亦是一張出生圖的守護星。在占星學中，出生圖的守護星，往往是太陽與月亮之外，另一個代表此人的象徵，出生圖守護星所落的星座與宮位，及與其他行星的相位，也會對此人的性格與命運產生某一程度的影響。

守護星（Ruler，又名支配星）

在占星學中，每一個星座或宮位都有其相關連的守護行星，稱為「Ruler」或「Dispositer」或「Lordship」。同時在傳統占星學中，當行星進入其守護關係的宮位與星座時，都代表著相對的強勢。若進入守護星座或宮位對面的星座或宮位時，則代表著該行星影響力減弱。在本書的應用中，因為每顆行星所暗示的事件可能與其所守護的宮位有關，所以在這裡列表如下。

舉例來說，你的上升是射手座，那麼守護射手座的木星就是你上升的守護星也是命主星，而你的第二宮，因為宮頭起點落在摩羯座，所以土星是你第二宮的守護。

星座	現代守護星	傳統守護星（參考用）
牡羊座	火星	火星
金牛座	金星	金星
雙子座	水星	水星
巨蟹座	月亮	月亮
獅子座	太陽	太陽
處女座	水星	水星
天秤座	金星	金星
天蠍座	冥王星	火星
射手座	木星	木星
摩羯座	土星	土星
水瓶座	天王星	土星
雙魚座	海王星	木星

星盤繪製——使用「www.astro.com」繪製星盤

　　很多人都想要畫自己的星盤，可是不知道該怎麼辦，網路上有一套免費的軟體叫作「astrolog」，對於初學者來說是一套相當適合的軟體，如果要談到進階功能仍然勉強可以撐得過去。如果你不想下載軟體，那麼你可以試著使用「astro.com」這個網站的線上畫占星盤系統，不但可以在上面畫出生圖，還可以使用進階功能，去作合盤組合盤、行星過運推運、太陽弧正向推運、太陽回歸，還有很多到了進階階段才會用到的占星圖技巧，都可以在「astro.com」用，如果你沒有錢買一套進階軟體的話，那麼「astro.com」會是你的最佳選擇。

　　Step 1 進入「www.astro.com」之後選擇第一欄「Astrodienst Services」的第三個選項「Free Charts」。

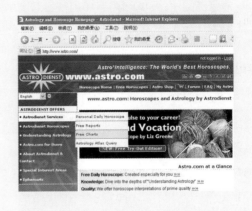

　　Step 2 這時候你會看到一個英文介面，詢問你是否曾經輸入繪製命盤的資料。如果你是第一次來這個網站使用這個功能，就按No。

　　Step 3 若你之前曾經在這裡畫過個人星盤，請移動滑鼠到右下方，找出「Chart Drawing, Ascendant」這個選項按下去，這時會直接跳到以前畫好的命盤。若你要繪製新的盤，請將滑鼠移到右上方「Add a new person」，接著進行步驟四。

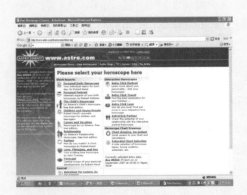

Step 4 這時候你會被要求輸入姓、名、別（一定要選，否則無法畫圖），出生的年、月、日、時間，最後在「國家」上選擇你的國家（例如台灣），然後打上你出生的地點，例如「Taipei」等，盡量選擇住家附近的大城市比較容易找到。

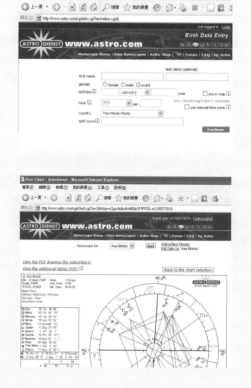

Step 5 這個網站的夏令時間是自幫你選擇的，1980年3月到10月在台灣出生的人，已經取消夏令時間，但因在這裡仍然會自動跳選，所以要注意一下，記得把出生時間往後調一個小時。

Step 6 看到上述畫面時就可以按下「Continue」鍵，就會看到你的出生圖了，同時注意，這時候頁面的左上方，會有一個「Guest user」的編號，一旁還有「Login/out」，如果你以後會常常使用這個網站畫星盤，建議你註冊一個帳號（免費的），這樣子你就可以畫許多張命盤，沒有註冊的「Guest」只能畫三張命盤，註冊之後可以有1000張命盤的容量！

Step 7 如果你是在你自己的電腦上使用的話，那麼這個網站應該會記住你的帳號，你下次上「astro.com」時就可以直接進入「Free chart」去看你畫過的盤了。

Step 8 當你再一次進入「astro.com」按下「Free chart」之後會出現不同的畫面，注意右下角「Horoscope Chart Drawings」的選項，按第一個選項「Chart drawing, Ascendant」你就會進入到你上次畫的星盤，如果你想要重新畫另一個人的命盤，可以在進入「chart drawing」後，在圖的右上方有一行「Add a new person」，按下去就可以畫另一個人的命盤。

Step 9 當你有兩張以上的星盤時，你每次進入時都會先跑出第一個人的星盤，然後你可以用圖的左上方，「Horoscope for xxx」這個下拉選單來選擇你要看的星圖，然後按「Go」，就會看到另一張圖。

第二章　什麼是合併星盤

人類是群體生活的動物，除非你是隱世高人，否則在人生當中，無可避免的總是需要跟他人接觸、互動，而這個互動，總會帶來千千萬萬的課題和情緒。可能某人對你有致命的吸引力，對他總是念念不忘；某人像是天生的宿敵，一見到他就無名火起；某人像是上天派來幫你，他總是可以給你安慰；有些人可以是很好的同事，卻不能成為戀人，像欠了什麼似的；有些人明明是你的家人，大家卻可以疏離得像陌生人。各式各樣的關係、互動的模式，都讓我們感到好奇、迷惘、亦會讓我們相當的困擾。也所以，占星師最常遇到的問題之一，就是跟「關係」有關——「我和他是否合得來？」「他會喜歡我嗎？」「為什麼我總是遇上騙我的人？」

了解自己已經不容易，再要去了解其他人，就更加考功夫。占星提供一幅地圖給我們，讓我們更清楚了解自己內在各部份的人格、動機、心態，甚至那些在潛意識一直影響著我們的部份。而合併星盤（簡稱合盤，英文稱作Synastry），就是將不同的盤比較。

「Synastry」一字，來自拉丁文中的「Synastria」，意指「星體的一致」，即是說受到星體相同或相近的影響。而我們做合盤的目的，就是要比較兩個盤，看看當中有那些相同之處，還有相反、不同之處，找出當出大家有共鳴、互相支持、吸引的地方，還有當中可能出現的衝突、矛盾、發生問題的地方。到最後，都是希望可以更懂得和另一個人好好的相處。世界上沒有完美的組合，但我們可以因為對人、對自己的了解，而改善彼此之互動，讓關係更和諧美好。

合盤可以運用的地方相當多，除了大家最關心的情侶關係盤外，你還可以跟家人、朋友、同事，甚至是一家公司、一個團體，以至一個國家做合盤，看看相互之關係和能量交流。無論對自我成長，以及人際關係，都有極大好處。

「合盤」，顧名思義，就是將兩個盤合起來看，不過在合併之前，我們還得先了解一下當一個人進入一段關係時的動態，然後才去看兩人之互動。所以本書第一部份會集中於「個人星盤分析」，第二部份才看互動的部份。

第三章　進入關係時，我們的心理動態

當我們遇上另一個人、形成一段關係時，我們的心理動態是如何的？我們受到什麼的影響？

早期制約

當我們未出生的時候，我們其實已在一段關係當中，就是我們跟母親的關係——我們在她的肚裡，她是我們的第一個親密伴侶。人類是很有靈性的動物，但有時也跟電腦很相像——在最早期的親密關係當中，包括我們在媽媽肚裡的情況、出生後跟父母的關係、童年成長的環境、遭遇等，當中我們接收了什麼能量，就像被輸入了什麼程式，在那時候，我們就不知不覺間，爲「關係」、「愛」下了定義。

這些愛的定義和模式，潛藏在我們的人格當中，當我們進入一段關係時，這些程式就會自動彈出來，讓我們重覆再重覆。

舉個例子，一個人在愛情關係中，總是遇上拋棄她的男人，可能就是在她的早期制約中，遇上一位經常不在家、或離棄她的爸爸，於是在她的程式中，就有一個「關係＝離棄」的概念，於是長大後，就會不斷重覆這種關係。當然，在我們的意識當中，沒有人會想這樣的，但偏偏這些制約，一早就根植於我們的潛意識內，成爲一種巨大的推動力。而占星的作用，就是通過對星盤的分析，幫助我們了解那些與生俱來，又或在早期制約中，埋在潛意識中的動態，當我們有更高的察覺，便能夠改善自己及跟他人的關係，而不是任由它任意地影響著我們，尤其當某些制約是在破壞我們的關係。

投射

投射（Projection）在心理占星當中，佔著很重要的位置，這個概念幾乎解釋了我們很多的外在遭遇，以及人際關係的事情。

這個概念是指，在我們潛意識當中，有些我們意識不到、看不見的部份，都會投射在外在的世界，在我們的遭遇、以及遇上的人中反映出來，看似

就是外在世界加諸於我的事情，又或明明看見是對方「對我」所做的事，但其實它們都是來自我們的內心。想像我們都是一部投射機，在螢幕上展現出來的東西，不過是我們內心的反映，如果我們內在沒有那樣的東西，根本就不會在螢幕上顯示出來。

而那個我們「看不見」的內在部份，很多時候是我們否認、不接受、覺得不好的部份，我們不喜歡它、壓抑它，而它只好通過外在的人和事讓我們看見。這個內在的部份，不一定全部都是「不好」的東西，它也可以是我們的潛能、好處、優秀的地方，不過有時為了保護自己、為了合群、為了安全，我們有時也會將之「送出去」，讓別人去領功。正如，如果你遇上一個人，老是在批評你，或許在你內心深處，你就是覺得自己沒有價值，又或其實你也很喜歡批評別人，不過因為覺得「批評」這回事很醜陋，所以一直壓抑著，讓別人去當這個壞人的角色。又或者，有時我們很羨慕某人，特別留意到他對人親切的一面，慨嘆自己就沒那麼和善。其實，你或許不知道，自己也可以變得親切和善，只是你從來不發現自己有這樣的潛能，又或小時候的經驗告訴你，對人和善是會被人欺負的，所以一直壓抑著。

外在世界、身邊的人，都有很多的

面貌，可是我們在了解他們時，都是從我們的主觀角度、用我們的過濾鏡去傳釋當中的資訊，而我們選擇看到的、我們所了解的，就是「投射」出去的部份。如果你內在沒有那種特性，在螢幕上你就不會看到。

如果我們能夠對自己的投射了解更多，有助我們的人格整合，以及調整自己內在的能量，從而也會改善跟別人之間的關係。至少，當你遇上一直批評自己的人，你不會只在埋怨自己如何的命苦，又或一直在罵對方太討厭，而是去了解和調整自己那個「看不見」的部份。也只有對投射出去的東西有更高的覺察，我們對一個人的了解，才會可以更為客觀，去了解較為「真實」的他，而不只是聚焦在自己的過濾鏡中的他。

第二部

個人星盤分析
──我們建立關係的潛能、能力、動態

就因為那些吸引我們以及被我們所吸引的人，象徵著我們的弱點與潛在可能，所以我們可以從觀察他們來深入瞭解自己。例如，如果我們總是吸引那些無能的人，那或許暗示著我們並沒有去察覺到自己生命當中失敗的痛苦，或者我們希望透過他們來覺得自己很強勢。如果我們總是和那些愛指使人的人扯上關係，那或許暗示著我們並沒有認真面對自己擁有的力量。

梅蘭尼・瑞茵哈特
（Melanie Reinhart，國際占星大師、凱龍研究權威）

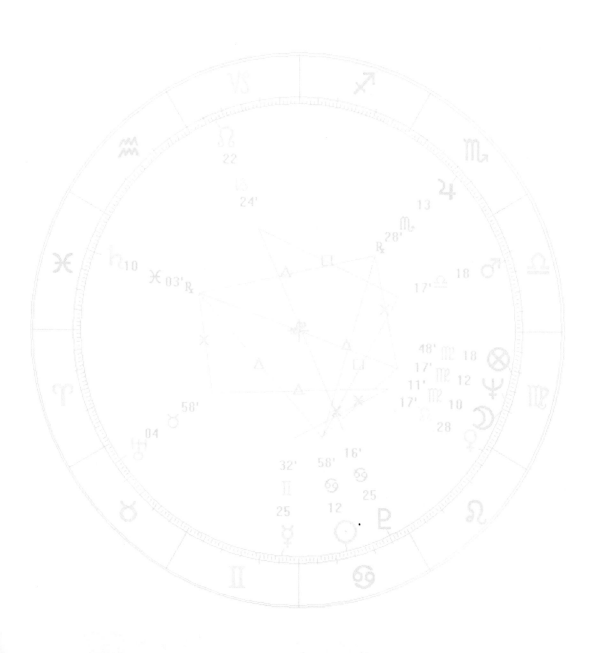

在分析兩個人的關係之前，需先探討個人星盤上的特性、在關係上的需要

一想到「關係」這個課題，很多人一開始就很心急地想將兩個盤拼在一起。但其實第一步要做的，就是先分析個別的星盤，探討這個人的整體性格、面貌，他內在的潛能、矛盾，他對關係的需求、期望。他在一段關係中，他的心理動態會如何？會受到什麼的掣肘或推動？他會特別容易被什麼人吸引？他一直在追尋的又是什麼？因為這一切一切，都會影響到他在關係上的選擇、心態、行為，跟別人互動時，又會展現什麼特性出來。如果星盤上沒那個種籽，是沒辦法被引動的，所以在比較兩個星盤前，必須看看個別星盤的潛力，會有什麼可能被引動的部份。

一說到「關係」，大家的焦點很容易理所當然地放在金星上，看看這個人有什麼魅力，容易被哪類型的人吸引，又或在建立關係上，他的模式會怎樣。但要全面地了解一個人，則必須從整個星盤去看。因為每個人的行為和心態都相當複雜，內在的每一部份都相互牽引，不能只是簡單、單一地看某個行星或宮位。例如當你看到一個金星魔羯時，可能會認定這個人相當實際、不解

風情，但從整體分析上看，這個人有很多水象元素，那麼，他還是可以相當敏感細膩的。所以，基本上整個星盤當中的不同行星（特別是個人行星）、每個宮位、行星的分佈，相位圖形等，全部都可以跟「關係」有關，都會在我們跟他人互動時被引動，就像一隊交響樂團，每個部份都有他的角色和重要性。

兩個人之間的相互吸引力，又或兩個人是否相處得來，很多時候，都是基於兩個大家都耳熟能詳的原則：彼此之間的共通點，又或一凹一凸，互補不足。在分析個別星盤的時候，我們就可以對他的整體傾向有一個了解，從中看看二人有什麼相似的部份，抑或是完全相反。

例如一個人的整體傾向是感性、敏感、溫柔的，那麼他很容易跟有同類性格的人相處，或被對方吸引，像我們常說的「物以類聚」。另一種情況，就是他可能被帶有相反性質的人吸引，像那些冷漠、理智、實際型的人，彷彿風馬牛不相及，卻又因此而互相欣賞。這種整體的傾向性，也只有在星盤的整體分析上看出來，靠占星師自己去比較，否則，如果你只是埋頭埋腦地去看彼此的相位互動，就可能看不出個所以然來。

所以，以下的章節，我們會就星盤上跟「關係」有關的各部份，逐一分析，看看每部份在這個課題上，如何影響著我們。

第一章　星盤的重點分析

在整體分析上，我們可以先從以下各部份去看：

- 陰陽星座的比例
- 四大元素，火、地、風、水之比例及分佈
- 三大性質，開創型、固定型、變動型之比例及分佈
- 行星在宮位上的分佈

陰陽星座的比例

關於陰陽星座的比例，我們會以太陽至土星去計算，另加上上升及天頂星座。外行星不用計算在內，因為外行星的週期很長，影響也較屬世代性的。

方法：先列出太陽至土星、上升、天頂的星座，再計算陰陽星座的比例。

- 陽性星座：牡羊座、雙子座、獅子座、天秤座、射手座、水瓶座
- 陰性星座：金牛座、巨蟹座、處女座、天蠍座、魔羯座、雙魚座

陽性代表性格較為外向、直接，是較積極和有衝勁的，陰性代表內向、間接，是較為被動、沉靜的。

所以在這個部份，你可以看出這個人是較為外向，還是內斂，還是兩者皆有。

四大元素：火、土、風、水之比例及分佈

同樣地，以太陽至土星，另加上上升及天頂星座去計算元素上的比例。

- 火象星座：牡羊座、獅子座、射手座
- 土象星座：金牛座、處女座、魔羯座
- 風象星座：雙子座、天秤座、水瓶座
- 水象星座：巨蟹座、天蠍座、雙魚座

在統計過後，可以看看當事人元素上的比例，有沒有哪個元素特別多？特別少？甚至缺乏的？特別強的元素，當事人會很容易或強烈地展現出來，而缺乏的東西，他會很努力地去尋找，而往往，就是特別容易被擁有該元素的人所吸引，以補自己的不足，好讓自我感到

完整。

四元素代表了在關係裡頭的不同部份，火象是熱情、土象是承諾、風象是溝通、水象是感覺。以下是關於四元素在關係上的詳細特性：

火象星座特性

直率、開朗、熱情，都是火象星座的寫照。在關係上面，火象元素會代表較為積極主動去開展一段關係、追求喜歡的人，對於身邊的人亦會充滿熱情，情感表現出來會較為強烈、戲劇化和浪漫。在一段關係中，會為對方帶來溫暖感，當遇上問題時，會積極地尋求解決方法。同時需要較多的空間和自由，而熱情也容易來得快去得快，所以得經常做一些事，讓熱情之火繼續燃燒。

土象星座特性

土象代表踏實、實際、承諾。在一段關係中，會特別考慮到實際的問題，例如彼此的經濟條件如何？一起生活的時候，是否容易彼此適應？對方是否一個可靠的人？自己付出的感情會否帶來回報？雖然這些事情很不「浪漫」，但對於土象星座來說，是很重要的東西。土象元素會較為著重身體上的接觸、感官上的享受或刺激，所以會喜歡跟別人觸碰身體，去表達自己對對方的愛和關心。當然，土象元素著重的是承諾，渴

望長久穩固的關係。

風象星座特性

風象代表溝通、思考、說話、連繫。所以風象元素重的人，特別著重關係中，彼此的思考是否一致、是否可以互相交流；大家是否能夠良好溝通，分享彼此的想法，思想上的頻率是否接近。雖然風象元素重的人，說話溝通時可以談得興高采烈，但如果說到關係上的感情部份，他們還是傾向於用理性的方式去處理，特別是如果水象或火象較弱的話，那麼在關係方面的處理，始終會較為冷漠。

水象星座特性

水象代表感覺、感情、敏感度、同理心。水象元素重的人，會比較感情豐富，情緒起伏較大，多愁善感。在一段關係中，容易感受到對方的感覺，可以從對方的立場看事情，這會有助彼此在感情上的連繫。在各種關係中，像愛情、友情、家人，都會涉及「感情」的部份，所以我們在分析一個的情感需要時，可以注意一下這人在水象元素上的多寡及分佈。

三大性質：開創、固定、變動型之比例及分佈

以太陽至土星，另加上上升及天頂星座去計算性質上的比例。

- 開創星座：牡羊座、巨蟹座、天秤座、魔羯座
- 固定星座：金牛座、獅子座、天蠍座、水瓶座
- 變動星座：雙子座、處女座、射手座、雙魚座

統計後，看看當事人在三種性質上的比例分佈如何，比較重的一部份，特別容易展現出來，較少的部份，會容易在別人身上尋找，以補不足。同時，我們可以從性質方面看看一個人在關係中的展現會如何：

開創型

開創型的人，會比較主動的去開展一段關係，例如遇上喜歡的人會主動的去結識、約會對方，在一段關係中，也會傾向作主導，有自己的主見、會拿主意，或會控制著關係所發展的步伐。

固定型

固定型就是代表持久不變。在關係上，他們對於感情會較為執著，既定了的想法不容易改變，一旦喜歡／討厭了一個人，也不會輕易變更。有時，過往的一些經歷、關係上的傷口、回憶，都較難忘記或放下。不過，對於感情，也會較為持久、長情。

變動型

變動型喜歡變化，自己的心意也經常變動。其實「變動」不一定代表「花心」，只要在一段關係中，有較多的新鮮感或變化，就能讓他們保持熱度或興趣。而他們自己，也容易把新的東西注入關係當中。

行星宮位分佈

除了以上的分析外，還可以從星盤中的行星分佈，來看一個人的某些整體的傾向性。行星於宮位上的分佈統計，包括太陽到冥王星。

北半球（一到六宮）

一到六宮是個人化的宮位，跟個人認同、發展、展現有關，如果行星聚集在一到六宮，代表此人比較注意自己的生活，跟外間的接觸會較少。特別是如果大部份的行星聚集在一到三宮，此人會更為自我，很多事情會從自己出發，不太理會他人的立場或感受。這樣子往往造成關係上的障礙，亦有可能宮易吸引一些比較依賴欠主見的人。

南半球（七到十二宮）

七到十二宮掌管我們跟外界／社會接觸的層面，如果大部份的行星位於南半球，則代表此人較著重跟外界的互動，以及跟他人的關係，但容易忽略個人的生活及內在的世界。

東半球（九到十二，一到三宮）

如果大部份的星聚於東半球，代表這人會有較強的自主性，認爲凡事都可以掌握、控制，所以對於關係的態度，也會認爲較容易把握，但同時過度的自主性，會造成跟他人建立關係的障礙，他可能會覺得不容易從對方的立場看事情。

西半球（四到九宮）

如果大部份的星聚於西半球，則此人會較爲依賴他人，認爲凡事都要看看別人怎麼做，感覺自己不能輕易掌握或主導。所以對於「關係」相當重視，渴望跟別人建立關係，同時也很需要別人對自已的認同，否則會覺得失去重心。

案例1　美國前總統柯林頓（Bill Clinton）

陰陽元素分佈

以美國前總統柯林頓為例。在陰陽元素分佈上，他有六個行星加上升點在陽性星座，只有月亮及天頂點在陰性星座。所以他是偏向於積極主動型，比較外向，做事直接。所以在一段關係中，他也會較為主動積極的去跟別人互動、建立關係。

四元素分佈

火象：太陽、水星、土星

土象：月亮

風象：金星、火星、木星、上升點

水象：天頂點

從以上的分佈來看，柯林頓星盤上的的風象元素最多，有三顆行星及上升點，代表他有較強的溝通表達能力，很著重思想上的交流和溝通。特別是他的金星和上升點也是位於風象星座，所以無論他的人格面具、跟別人互動的模式，以至關係上的建立，都傾向以說話、溝通、思想交流作為基礎。

美國前總統柯林頓（Bill Clinton）

另外，他的火象元素也很強，特別是太陽也是火象的，代表他也很容易展現出他熱情、有活力的一面。所以在跟別人互動中，他也會是積極、主動、直接的。加上火象跟風象元素是六分相的關係，這兩種元素可以互相刺激配合，所以熱情、行動和說話都是柯林頓的一些重要特質。

　　至於土象，只有月亮一顆行星，代表柯林頓在情感部份，也是比較著重感官享受，亦以實際的方式去處理。因為土象元素頗弱，所以容易流於理想化，而不容易把事情落實、或建立架構。但亦因此而有一種推動力，讓他去發展這方面的特性，並容易被相關的人和事吸引。

　　說到水象，就更加缺乏，單只有天頂是水象，卻沒有行星是水象元素的。可以說柯林頓對於「情緒」、「情感」這些東西比較陌生，例如會壓抑情感，又或不習慣觸碰自己的感覺，並容易把情緒的東西理智化。所以在情感的表現上，他一方面可能顯得比較抽離冷漠，亦可能在處理情感事宜上，較為不成熟。但亦因此，他會不斷去追尋，特別容易被有豐富情感的人所吸引。（他的太太希拉蕊，就有四顆個人行星落在水象星座）

三大性質分佈

　　開創型：金星、火星、木星、上升點、天頂點
　　固定型：太陽、月亮、水星、土星
　　變動型：沒有

　　從以上統計來看，柯林頓的開創型及固定型的元素都相當強，獨欠缺變動型。從關係的層面來看，他會非常積極主動的去開展、建立關係，同時亦有一定的堅持和耐性去維持，不過當遇上狀況的時候，不容易變通做彈性處理。

行星宮位的分佈

　　南半球佔六顆行星，北半球佔五顆，無論是個人的生活或外界的接觸，可以說是相當平衡。至於東半球，則有八顆行星，而西半球只有兩顆行星，可以說柯林頓是很有自己的一套，對於人生他會感到可以自我操控，而不會依賴他人。

　　再看看行星的分佈，大部份的星聚集在第一宮，可見他有很重的自我意識，凡事會從自己的角度出發，而較少考慮到他人。而第十宮及十一宮各有兩顆星，所以事業、團體及社會，也會是他的另外的焦點領域。

第二章　上升（ASC.）／下降（DSC.）軸線
——我跟他人的關係

要了解自己在關係上的面貌、心態、行為，上升／下降軸線可說是一條重要的命脈，這條軸線代表了「我／他人」的關係。上升點是「我」，我跟這個世界的互動模式，我帶著的人格面具，我給人一種怎樣的印象，而這個「我」，是自己最熟悉、容易看得見一部份，也是我們最認同的一個面貌，那個我們在成長經驗當中，逐漸形成出來的一張面具、一個「我」。

在跟他人的互動中，我們最先呈現的面貌，就是上升點。例如當你在一個社交場合，新認識一些朋友，他們看到的你、對你的印象，往往都是上升點所代表的特性。又或者，當你遇上某人，第一眼你對他的感覺，也是來自他的上升點。就算那是你的親人、同事、相識已久的朋友，你跟他們的互動、相處，往往也少不了那道面具，因為那是你在待人處事上，最直接、顯而易見的展現模式。

至於下降點，那是上升點的對分星座，那是「非我」、「他人」。從心理學的角度來說，那就是在本書中第一部份所提到的「投射」，我們內在有一部份的自己，是自己看不到、壓抑、否認的，於是就投射到他人身上。而這個「他人」，可以泛指其他人，更針對性的，是伴侶、合作夥伴、單對單的關係如醫生、律師、客人，以致敵人。「他人」之所以會吸引到我們，是因為他們有些特質，我們以為自己欠缺、不足的，又或者我們特別欣賞羨慕、甚至妒忌的。你不妨留意一下，在你身邊的人，他們可能都有一些共通的地方，跟你的下降星座相關的特性有關係的，很符合我們常說的「物以類聚」。

下降點除了是「他人」外，也代表我們如何對待一段關係，或期望如何被對待，以及一段關係的特性。而什麼人／什麼特質吸引你、惹你討厭，從下降點中也可以看到。

既然上升／下降是一條軸線，所以我們可以把他們當一個組合來看，一不離二，也就是說，他們是一體的，是一個錢幣的兩面，是翹翹板的兩端，「他」是我的鏡子，「他」不過是我的倒影，從中我們可以看見自己的陰影，

但「他」也是我們的學習對象，從中去了解平日自己內在不太被察覺到的部份。我和他可以發生衝突，但我們也可以互相學習、互補不足。我們需要對方的存在，去讓自己學習和成長。一個星盤是圓的，如果切去了對宮，就只剩下一個半圓，那就不完整了。所以亦只有透過其他人，我們才能夠更認清自己而去變得完整。

以下是每對組合的分析：

牡羊－天秤組合之重點

我v.s我們、我v.s他、獨立自主v.s妥協共識

牡羊上升－天秤下降

牡羊上升給人的感覺是獨立、熱情、快速，待人處事態度是要當先鋒，相當有勇氣，甚至像個戰士。他帶著的人格面具，就是「我是一個獨立的個體，我要當第一，你們不要管我」，這可能基於他出生的時候、童年的經驗，讓他發展出這樣的意識、面貌，認為這個世界就是需要競爭，好讓自己生存下去。

所以，打對台的，就是愛好和平、講關係和平衡的天秤座。光是講求自我、獨立，可能就會帶來寂寞、孤獨，於是往往會向外尋找「關係、和諧」。天秤座講求的，就是共存、互相依靠，大家不用競爭，我們只需要妥協。所以牡羊上升，往往會被帶有天秤性質的人和關係吸引，從中學習如何跟別人協調、妥協、聯繫。當然，同時也會對於一些有依賴性的人或關係感到厭惡，不過這只是他自己內在的陰暗面罷了。

這條軸線的課題就是如何在「我／我們」之間取得平衡，一方面牡羊上升需要獨立自主，自己拼命的向前衝，跟人競爭取勝，但同時又要學會如何跟別人連繫相處，平衡雙方的需要，達到共識。

天秤上升－牡羊下降

倒過來，如果是天秤上升、牡羊下降，同樣是處於「我／我們」、「我／他」的對立面當中，不過，這次「我」會比較容易認同或站在天秤的一方。天秤上升的待人處事態度，可說是「以和為貴」，凡事講求公平、公正，著重人際關係，最好每個人都各取所需，甚至乎覺得「競爭」是醜陋的。天秤上升因為重視跟別人之間的關係，所以往往會將獨立自主的那一部份壓抑，有時為了顧及別人的需要，或維持自己優雅的形象，而不敢將自己的主見提出、肯定自己；甚至認為堅持己見、擊倒別人是不好的，容易認為這是是自私自利、不顧

及他人。可是，他也可能會特別欣賞那些自我、有衝勁、獨行獨斷的人，容易被他們所吸引。

在天秤上升－牡羊下降這條軸線上，需要學習及整合的，就是去尋回及承認那個獨立自主的「我」，在關係中學會有時有自己的獨立性、獨處的空間是必要的；在關係中提出自己的見解、去肯定自己，將自己的需要優先處理也是需要的。到底，一段關係不能天天依賴著他人，當中也需要有自己的生活。

金牛－天蠍組合之重點

捉緊v.s放手、安全v.s危機、佔有v.s分享

金牛上升－天蠍下降

金牛上升給人的印象是溫暖、謹慎，有一種可靠穩重的感覺，看起來優雅又有點品味。對於這個世界、對於別人，他所採取的態度是小心謹慎，凡事以實際的角度去考量，因為他要在這個世界尋求的，正是安全感。而這種安全感，是比較物質化的，例如會囤積物品、對金錢很執著，亦需要感官上的享受和刺激去讓自己感覺實在和安全，什麼都要捉緊，不容易放手。帶有強烈的佔有慾，因為越擁有得多越安全，而對

他來說，最好什麼都不要變，一切都要安穩地在掌握之中。

如果這人認同了自己金牛上升的部份，就往往會忽略、看不見下降點天蠍座的那一面。天蠍座代表著跟他人的強烈情感連結、資源分享、深層的感情投入，所以金牛上升在關係上要面對的課題，往往是強烈的情感功課，對金牛上升來說，那麼深層的跟別人建立關係，是一件很危險、不安全的事。在關係上，他可能要面對的，就是權力的鬥爭、經歷情感的危機，而當中又可能要面對自己內在強烈的不安和恐懼感。也只有經歷不斷的學習和轉化，才能學會當中的課題。

還有，金牛座所代表的，是物質上的佔有和鞏固，但偏偏，天蠍就是要分享、要放手，所以金牛上升也容易在關係上經歷一些跟金錢有關的問題，無論那個是伴侶還是合作夥伴，都可能會有些金錢上的鬥爭。而金牛上升要平衡的，就是自己和他人的金錢、資源，以至價值觀，如何堅守自己的價值，同時又要跟別人分享。所以在佔有的同時，最重要的是學習放手和分享。

天蠍上升－金牛下降

天蠍上升的人往往帶著一個深沉、神祕的面具，不會讓人看透自己，但他卻會帶著銳利的眼光去看這個世界，透

視別人的內心，找出別人的動機企圖。因為對天蠍上升來說，這個世界是危機四伏的，一定要盡量的去保護自己，否則很可能會受到傷害，甚至覺得那是生死存亡的問題。他們的待人處事態度，是帶有強烈的情感，無論是愛或恨，都相當的深刻。所以在關係上，他們會被一些穩重、可靠的人吸引，他們企圖從關係／他人身上獲得安全感，以及從中找到自我價值，以平衡天蠍上升的危機感。他們渴望穩固的關係，不喜歡變化，甚至容易變得固執，無論一段關係變成怎樣，他們也可能會死守不放。當然，天蠍上升同時也容易討厭一些保守不變、佔有欲強，甚至在他們眼中是守財奴的人，但這不過是他們壓抑著的部份而投射出來罷了。

所以在這條軸線上，天蠍上升需要平衡的，就是自身的恐懼和安全感、變化和安定。在不斷轉化的過程當中，有時也需要停下來，讓自己安定一下。不過，也不要只顧極力的在他人身上獲得安全感，而必須學習建立自己內在的安全感和自我價值。

雙子－射手組合之重點

學生v.s老師、知識v.s智慧、事實v.s遠見

雙子上升－射手下降

面對著這個世界，雙子上升總是帶著無限的好奇心，渴望獲取不同的資訊、知識，亦很著重跟別人的溝通、思想上的交流。他給人的感覺，總是輕快活潑，有很多有趣的話題，天南地北，什麼都可以談一番。雙子上升總是帶著一分年輕的感覺，有時容易讓人覺得輕佻、不成熟、膚淺。如果要做個比喻，他就像童話故事中的彼德潘（Peter Pan），一個長不大的人，永遠停留在小學生的階段。而下降點的射手，就像一位大學生、一位老師，他會把知識消化後，成為道理、哲理，從中找尋意義，看起來，總是把事情看得遠、透徹一點。所以雙子上升容易被這種看來很有學識、遠見，有哲理的人吸引，也會欣賞他們的冒險精神，覺得他們特別有深度。但同時，他也可能會討厭那些粗枝大葉的人，會認為他們只看到遠處的一座山，卻看不見眼前的一塊石頭。

雙子－射手的組合，就像近視和遠視之間的分野和對立，不過，當中的課題，就是雙子上升要學習如果把眼光放

得遠一點,把知識消化再整合,而在關係上,兩者可以一起去學習和探索這個世界,去了解人生。

射手上升－雙子下降

射手上升,給人的感覺就是樂觀、愛冒險、行事有點戲劇化,也有點大刺刺的。射手跟雙子的共通點,都是會帶著好奇心去看世界,而射手多了一份冒險精神,不斷向未知的領域邁進,而且要從中去尋找意義,否則就會覺得人生太乏味。他們看來就像一個智者、一個哲學家、一個探險家,凡事看得遠、充滿智慧、思想有深度似的。可是當他們拿著望遠鏡探索宇宙的奧祕時,可能會忽略一些瑣碎但又基本的事實和資料,甚至他們會認為那些只講表面資訊、看來像長不大的人(雙子下降)很膚淺,因而形成彼此在思想及言語上的衝突。

同時,射手上升也容易被雙子下降所吸引,他們言語活潑、像知道很多東西似的,聰明又八卦,總可以帶給射手很多的思考刺激。所以射手上升要學習的,就是接受自己像小學生、像彼德潘的那一部份,因為也只有老師跟學生、智者跟通訊員走在一起,才能擦出火花。

巨蟹－魔羯組合之重點

家庭v.s 事業、依賴v.s自給自足、感覺v.s實際

巨蟹上升－魔羯下降

巨蟹上升給人的感覺,像母親那樣的溫柔,總是有一種被呵護照顧的感覺。而他面對著這個世界,總是渴望備受照顧和保護,同時他也會去照顧和滋養別人。他相當的敏感,以他的感覺、直覺去接觸這個世界,並非以理性實際的思考。巨蟹象徵著家庭、母親,可以想像當一個人窩在家中,受到母親照顧時,當然感到溫暖又滿足,可以他卻忘記外頭的世界,可以是相當殘忍、功利,那裡沒有人去呵護你,只有實實在在的計算、論功行賞。所以講感覺、敏感的巨蟹上升,在關係上,需要面對現實的問題,像大家的地位背景是否配合、經濟條件如何等等,又或容易碰上一些事業型、較為計較功利的人,對於巨蟹上升來說,這種人實在過度實際,沒有感情,相當的疏離。

不過,同樣地,巨蟹上升也容易被這種魔羯性質的人或事吸引,傾慕於他們那種對事業的專注、名譽地位、在外間得到的認同,自給自足的能力,因為這些東西,對於感性的巨蟹來說,是自

己沒法子去做的事情。

其實，對於巨蟹上升來說，魔羯下降正代表著他內在那個嚴肅、計算的部份，可能他覺得這樣子太沒人情味，但需要學習的，是談情之餘，也要有實際的考量，人總需要面對現實的一面，不能整躲在溫暖的家中。這兩者能夠平衡的話，就是感覺及現實上的一個平衡。

魔羯上升－巨蟹下降

魔羯上升面對著這個世界，總是帶著一副嚴肅的面孔，因為他會覺得，正經、端莊、嚴肅、專業的樣子，容易得到別人的敬佩和尊重。當然，同時這也掩蓋著他內心的恐懼，他常害怕自己不夠好，有很多不足的地方，對世界對自己也有很多的批評，於是一方面要板起臉孔，一方面努力去打拼，以打造自己的專業，以求獲得別人的認同。

而在建立名譽地位的世界裡頭，最沒功用、最不能展現的，就是所謂婆婆媽媽的一面，特別是一些陰性、母性的特性，像照顧別人、情緒化、情感的流露等等。所以魔羯上升特別容易面對的關係問題，就是情感的交流、一些情緒上的問題。習慣了凡事講實際效益的他，早已把情感封鎖了，所以要在關係上去處理一些情緒、感覺的事情，像如何溫柔的呵護對方、彼此照顧依賴、甚至家庭中的小事等，都覺得不容易，甚

至容易會討厭對方過度的情緒化、軟弱、依賴。不過，他偏偏又會被這類人吸引，以彌補不足。所以這條軸線要學會的，就是平衡事業和家庭、現實際與感覺之間的需要。

獅子－水瓶組合之重點

熱情v.s 理智、自我v.s群體、溫暖v.s 冷漠

獅子上升－水瓶下降

獅子上升給人的感覺，就是一派的皇者風範，對人熱情慷慨，期望在這世界展現出他獨特、與眾不同的一面，得到別人的注意，而備受認同、讚賞。對於他來說，這個世界只有他一個是那麼的特別，他要做的就那顆閃耀的星星，其他人都要臣服於他。他注重的是他自我的創造和展現，會較為自我，而不太考慮到其他人或團體的需要和利益。

獅子的溫暖、熱情，正好對比著水瓶的冷漠和理智。兩者都有一個共通點，都是較為自我，渴望與別不同，不過獅子以他的創造力去展現，而水瓶則以他的理智、嶄新的想法去突顯。當獅子上升熱情洋溢地去尋求別人的認同，水瓶下降就像給他澆一盆冷水，請他用頭腦用理智去分析，不要只顧玩樂。而

獅子上升所面對的伴侶，或在關係上遭遇的課題，往往是覺得對方過於獨立、疏離，甚至沒有情感交流似的。或許要學習的，就是如何在一段關係中，保持彼此的空間、自我完整性及獨立，還有理智的溝通。同時，獅子上升在水瓶下降中所看到的，就是如何展現自己的獨特之處時，也要顧及大眾、團體的利益，尊重每個人都是平等的，而不是只顧著自身的榮耀而要別人臣服於自己。

水瓶上升－獅子下降

水瓶上升給人的感覺，可以說是友善、獨特，但又冷漠疏離，他帶著一個冷眼旁觀的態度看世界，凡事都會用理智去分析，對於情感會感到陌生。雖然他很著重朋友、群體生活，相當尊重每一個人，但又不會過度投入，因為要保持自我。他看這個世界的眼光，總是與一般人不同，他的想法奇異獨特，為的是要展現他與別不同的一面。

在他冷漠、理智頭腦的背後，壓抑著的可能就是獅子那顆單純又熱情的心，那個心無旁騖的內在小孩。他所欣賞或抗拒的人，往往就是那種孩子氣，富有創造力，勇於展現自我，極具魅力而能夠吸引所有人的目光的人。而水瓶上升，往往要學習獅子去玩樂、享受生活，而不只是埋頭埋腦的在想社會問題。水瓶要從獅子身上尋回的，可能就

是一顆簡單的心。

在這條軸線上需要面對的課題，往往是兩個「自我」在鬥爭，兩人都想肯定自己，要走自己的路，卻又未必願意妥協讓步。尤其是其中一方，對自我感到懷疑、不肯定，又或者過度的自我中心時，就容易發生問題。要學習的，就是如何在一段關係中，保持自我之餘，同時又尊重他人的獨特性，並欣賞對方的創造力。

處女－雙魚組合之重點

實際v.s夢幻、仔細v.s迷糊、條理v.s混亂

處女上升－雙魚下降

處女上升待人處事的態度，總是小心翼翼、仔細、挑剔，凡事會先分析，並從實際的層面去考慮，看看是否實用，並力求完美。他們像拿著放大鏡去看人生，未必會宏觀的看到整個畫面，卻會看到地上的一粒微塵。他們樂於為別人提供服務，亦會從日常工作中去建構自我。所以他給人的感覺，會是嚴謹、勤奮、實際又挑剔，甚至有點斤斤計較。

正當處女上升事事講求效率、賣力把事情打造完美時，吸引他的人，往往

就是那種愛發白日夢，幻想力豐富，卻不太實際，有時迷迷糊糊的冒失鬼。當然，如果處女上升不能夠覺察到自己「雙魚」投射的部份，往往會很討厭那些很夢幻、有點混亂又沒有規矩的人，卻不明白那其實是他自己壓抑著而不願意接受的部份。這亦容易讓他陷入一些混亂、捉摸不到、不能把握的關係當中，但其實那可能就是他想逃避、想不理世事的反映。

而在一段關係中，他需要學習的，就是毫不計較的付出，無條件的犧牲的大愛，學會浸醉在夢想世界之中，而不必分分秒秒的去計算。在這條軸線上，要平衡的，就是實際與夢幻、計算和付出的需要。

雙魚上升－處女下降

雙魚上升，在面對這個世界時，似乎沒有什麼界線，他總是期望跟這個世界融而為一，並且很容易就能站在別人的立場去看事情，感受到別人的感受，當中充滿著同理心及慈愛。或許，對他來說，這個世界就是虛幻的，是不真實的，容易有逃避的傾向。當然，他也很願意為人犧牲，去當一個拯救者／受害者的角色。

雙魚上升給人的感覺，或待人處事的方式，總是有點迷糊、迷失，好像什麼都沒有所謂，隨心而為，負面的甚至

可以是不負責任、經常逃避。而在關係上，他容易被吸引的，往往就是帶有處女座的特性，像做事仔細、實際，一分一毫也在計算，把他帶回現實中，去看看日常生活中每天要面對的事，就算是柴米油鹽這些瑣事也要去處理，而不是沈醉在夢幻樂園裡頭。雙魚上升，如果忽略了自己「處女座」的部份，會容易感到被受批評、挑剔，好像人家很刻薄而沒有同情心似的。

在這一條軸線上，雙魚上升要學習的，就是面對現實，了解生活中，是需要有系統有條理的，在夢想裡頭，還需要實際的規劃，才能把事情落實。在關係中，要面對一些實際、世俗的問題，而不能什麼事也可以逃避和馬馬虎虎的帶過。

案例2　美國前總統柯林頓（Bill Clinton）之上升／下降軸線

　　柯林頓的上升是天秤，而且更有五顆星（火星、海王、金星、凱龍、木星）在第一宮，可見他帶有強烈的天秤座特性，並且以之為人格面具及面向世界的態度。

　　柯林頓給我們的感覺，是非常「天秤」的，優雅、和善，充滿了魅力，很懂得說話，相當靈活的外交技巧，就算惹性醜聞上身，他還是可以維持著他優雅的面貌，繼續獲得大眾的支持。相對於嚴肅的布希，柯林頓看來更像個明星，容易獲得大眾的喜愛。

　　那他的下降點牡羊又如何？他著重和諧的人格，背後投射出去的，往往就是斬釘截鐵的決斷力、強硬的手腕、一份要獲勝要競爭的心。於是吸引他的人，就是帶有這類特性的人。大家看看，他的太太希拉蕊，看來就是這種獨立、強勢、充滿權力和競爭力的女性，她不甘於當第一夫人，還渴望當第一位女總統（牡羊很喜歡當第一），希拉蕊就像是在活出柯林頓陽剛、霸氣的一面，而柯林頓則繼續保持他一貫的溫和形象。

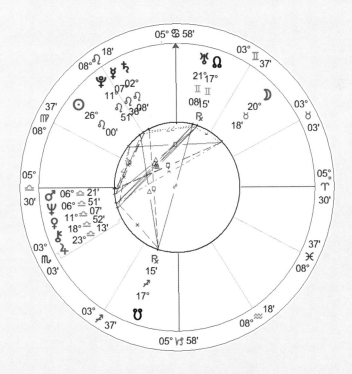

美國前總統柯林頓（Bill Clinton）之上升／下降軸線

第三章　個人星盤的太陽

太陽代表「自我」，或更正確一點，是「發現自我」的一個旅程，那是人生目標，代表整個人生中要去的地方。人生當中每一部份的生活，包括「關係」這一環，都是我們人生旅程上的一部份，在這個過程當中，我們都會展現自我、發掘自我，通過「關係」去認識自我。

太陽要做的，就是去成為英雄，成為一個發光發熱、獨一無二的個體。那這個英雄形象從何而來？最基本的就是從父親的經驗而來，我們眼中的父親，無論你喜不喜歡他，和他的關係好不好，都無可避免地會以他跟你的經驗，印下了英雄的形象，而我們會渴望成為這樣的一個人。

每個人內在都有「男」和「女」，或者「陽」和「陰」兩種特性，太陽就是代表了「陽性」特質。男性會比較容易認同自己內在的太陽（陽性），會渴望成為這樣的一位英雄，而對於女性，「太陽」除了是自我實現外，亦容易將這個形象投射在男性／伴侶身上，讓「他」去活出內在的英雄，以讓自己感

到完整。所以很多時候，往往會發現，尋尋覓覓，到最後原來自己選擇的對象，撇除外殼，原來是父親的翻版。

所以從太陽的星座、宮位、相位中，可以看出你想成為一個怎樣的人、你心目中的男性（父親）形象，從而影響你在一段關係中所展現的自我，以及女性所選擇的對象。

太陽在12星座

太陽位於牡羊座

牡羊座的目標，就是成為一名戰士，以顯示自己比別人優勝、強壯，從中可以發揮自己的獨立自主性。太陽牡羊心目中的英雄，就是那種做事快速、有決斷力、競爭力的人，所以就算在關係中，也會傾向展現這種特性，例如會表現出自己有多勇敢、多有競爭力，而往往因為這種動機，而讓自己處於競爭的環境中，無論是跟同事競爭，還是跟別人去爭男／女朋友。當然，太陽牡羊亦要注意，容易在一段關係中過於自

我、獨立，而忽略了去學習跟別人相處。

女性也就特別容易仰慕那種很強壯、很有男子氣慨的人，就像卡通中的大力水手，又或動作電影中那些不怕死的英雄鬥士，感覺就像可以被保護，而不怕受傷害。

太陽位於金牛座

金牛座的目標，就是要建立安穩的人生，特別是物質上的安全感，亦以此來肯定自我價值。父親的形象，往往就是那種溫暖、穩重、可靠的人，他可能提供了安穩的物質生活，但也可能一直為著金錢的問題而掙扎。

所以在太陽金牛的人生中，就是一直在追求安穩的生活，並展現出自己的價值，而女性心目中的理想男性形象，就是那種可以提供安穩生活，以及帶給她安全感的人，她會在意對方是否有足夠的物質、經濟條件，以滿足她太陽的渴求。不過在一段關係中，太陽金牛最好能保持自己在物質、錢財上的自給自足，有一定的經濟基礎，否則當自身的太陽、「自我」得不到滿足時，很容易形成內在的衝突，或拼命在伴侶身上找，而讓自己焦慮不安。

太陽位於雙子座

雙子座的目標，就是溝通、學習、獲取知識，所以在人生中所追尋的，就是各式各樣的知識，並渴望展現出自己博學多才，知道很多東西的一面。心目中的父親或英雄形象，就是那種很有知識、善於溝通、能言善道的人，跟父親之間的經驗，都是建基於溝通和學習，無論那是愉快的聊天還是吵架。所以女性也容易被這類聰明、知識豐富的人吸引。

在關係當中，太陽雙子會特別重視彼此的溝通，思想是否有交流，否則他就沒辦法去表現自我。不過，太陽雙子的好奇心很強，身為變動星座，心意想法也經常改變，所以一段關係中，無論是朋友還是愛情，都需要有較多的新奇好玩的元素，才能讓雙子才不會感到厭倦。

太陽位於巨蟹座

太陽巨蟹所追求的，是安全感，這種安全感跟金牛的不同，金牛的是比較物質性的，而巨蟹則是情感上的。所以巨蟹要的是那種家的感覺，有一種熟悉感、讓他可以紮根。

父親、英雄形象，並不是那種氣慨萬千的人，反而是比較顧家、陰柔、感性、會照顧人的男人。男性會傾向展現出他敏感溫柔的一面，而女性也特別容易傾慕於這種類型的男人，亦期望他會保護、照顧、滋養自己，給自己一個安

穩的家。同時，太陽巨蟹的女性亦特別容易吸引一些可以讓她發揮母性、要受她照顧的男性，好讓她實現自我。

太陽位於獅子座

太陽位於獅子，人生目標就是要去當國王／女王，發揮自己的領導才能及創造力，讓自己在人生舞台上發光發熱，受到其他人認同。太陽獅子要做的，就是「做自己」，盡情的去表現自己，讓自己成為獨特的人。

心目中的父親／英雄形象，是那種慷慨、熱情、有氣勢，並富有創造力的人，就像童話故事中的「父王」一樣。如果在一段關係中，無法／不敢去展現出自己自主的一面，或不去表現真正的自己，那麼往往會吸引一些強勢的人來主導，讓他人來當「王者」。

太陽位於處女座

太陽處女座要去展現和發揮的特性，就是去服務別人，從日常規律、工作中展現自我，從而得到別人的認同。而太陽處女座也傾向於表現出仔細、挑剔、凡事也渴望做到完美的特性。

心目中的父親／英雄形象，就是那些會為人服務，盡力把事情做到完美的人，但同時你也可能討厭他太龜毛、太挑剔和太愛批評、過度精於分析計算。而無論你喜歡或不喜歡這些特性，你都

可能會在自己身上，或通過身邊的伴侶來看到這些特質。

太陽位於天秤座

太陽天秤座的目標，就是去建立平衡、和諧的關係，而往往需要透過跟他人的互動去看見自己，有時容易依賴他人這面鏡子去肯定自我。所以在太陽天秤的人生旅程當中，特別容易有很多「關係」的課題或經驗，因為這是天秤所追尋的東西。

心目中的父親／英雄形象，會是優雅溫文、凡事講求公平公正的人，所以在天秤的自我發展過程中，會特別在意自己是否美麗漂亮，又或行為態度是否討人喜歡。而女性亦容易被這種優雅、有藝術氣息、理性、又或有不錯的社交手腕的人吸引。

太陽位於天蠍座

在人生的旅程當中，特別容易經歷不同的危機、權力鬥爭，從中去了解、清洗、認識自我，從而得到轉化和蛻變。或許跟父親的關係當中，存在著複雜的愛與恨情緒，一方面帶有強烈的深層連結，另一方面又可能有一些鬥爭的問題，而導致內在的恐懼。

所以在關係當中，不容易流露自我，除非跟對方建立了一定的信任，才敢去揭開一下保護著自我的神祕面紗。

而女性亦特別容易被一些很有權力、甚至帶有操控性的人吸引，以滿足她對權力的追求。

太陽位於射手座

太陽射手於人生當中，一直就在追尋人生意義，探索各種人和事背後的道理，所以會帶著探索精神，去學習、去提煉人生的智慧。

心目中的父親／英雄形象，是那種很有學識、懂得很多東西、滿腦子哲理的人，所以會渴望自己成為一個知性的人，而女性亦容易被那種智者、老師型的吸引，對他有所傾慕。

不過，太陽射手在一段關係當中，必須保留一定的空間和自由，讓他自己去探索人生，否則會感到窒息，也會覺得這樣子的人生失去了意義。

太陽位於魔羯座

太陽於魔羯座，人生所追尋的，就是名成利就，渴望自己可以在俗世裡頭，建立到自己的地位，而獲取別人的認同。不過在過程當中，往往會覺得自己不夠好，自覺不足，甚至懷疑自己。

而在與父親的關係／經驗中，可能會覺得父親是一個工作狂、或很嚴厲、很有權威性的，關係較為疏離，於是在日後的關係當中，也不容易流露情感，又或只是以自己的成就來肯定自己。女

性亦容易被一些較為成熟、有地位或專家型的人吸引。

太陽位於水瓶座

太陽水瓶一直渴望成為一個與眾不同，甚至是跟社會上的規範、期望不一樣的人，這樣他才覺得自己是特別的，一方面會展現自己非傳統的、甚或離經叛道的一面，但同時亦希望藉此備受他人認同。

太陽水瓶可能會認為父親是一個聰明、特別人的，但彼此之間的關係亦會較為冷漠疏離，甚至對於父親的說話或期望，都採取反對、反叛的態度，以保持自己的完整獨特性。而女性亦容易被這類聰明、與眾不同的人吸引。不過無論男女，在關係之中也需要空間，跟別人相處也要保持一定的距離。

太陽位於雙魚座

太陽雙魚的自我意識較為模糊，於是一直在尋找的，是通過跟他人的融合，對靈性的追尋、對他人的服務與犧牲，去認識和展現自己。心目中的英雄／父親形象，可能就是那種很有慈愛、為人類犧牲的救世者。但同時，基於雙魚座代表的模糊、迷失，太陽雙魚也可能對父親的印象模糊，或在童年經驗當中，總是覺得父親不是在身邊。

在關係當中，太陽雙魚會表現出大

愛的精神，但同時亦容易扮演拯救者或受害者的角色，另一半則成為他要去拯救的人，或他的救世主。

太陽在12宮位

太陽所處的宮位，代表了你展示自己的舞台在哪裡，同時亦是你主觀經驗當中，父親將精力、重心放在哪裡，因而讓你覺得那是很重要的地方，而你亦要在那裡去做自己的英雄、或去尋找心中的英雄。

太陽在第一宮

太陽在第一宮代表強烈的自我意識，會比較容易去肯定自己，並展現自己的領導能力和創造力。此人會期望別人的目光都落在自己身上，這可能來自於童年經驗當中，自己在家庭中是受囑目的一個。而父親看來也比較重視自己，又或他會渴望得到父親的認同，來建立自我形象，以獲取他人的肯定。在一段關係中，主導性自然會比較強，需要別人以自己為中心，讓自己看來很重要。不過，因為太陽一宮的人會比較自我，在需要別人來看重自己的同時，容易忽略別人的立場和處境，因而影響跟他人的相處，這些都需要注意及學習。

太陽在第二宮

第二宮是代表金錢、價值觀、自我價值，以及自己擁有的資源、能力，所以太陽位於第二宮的人，往往會透過物質、金錢，又或自己所擁有的東西、資源，去肯定自我，以建立自我價值。例如自己可以賺多少錢，又或有多少物質之類。或許在他的經驗當中，父親就是從事一些跟金錢有關的工作，又或看見父親一直在努力賺錢，因而讓他認為，必須透過這些才能讓自己變得有價值。而女性亦特別容易被一些擁有物質、資源的人吸引，或以一個人的財富、資源、能力去決定這個人是否吸引自己。

太陽在第三宮

第三宮代表溝通、學習、早期的學習環境。這個人會通過自己的思考、學識去展現自己，讓別人注視，而他的生命力，也會投放在學習和溝通上。可能在他心目中，父親總是將時間精力放在思考、學習、溝通上，讓他認為這些是可以被受肯定和認同的地方。所以在一段關係中，會特別重視跟對方的溝通，思想上的交流，又或對方會否認同自己的想法和說話。女性亦容易被一些思考型、擁有豐富知識的人吸引。

太陽在第四宮

　　第四宮是家庭、根源，我們的私人生活，那個讓我們感到安全和熟悉的地方。太陽在第四宮，代表此人的舞台就是在家庭，他要在家中受到重視，在家中展現自己，成為領導者，並渴望得到家人的認同和肯定。他的父親可能將家庭放在人生中重要的地位，又或在他的家族中，男性會擁有較重要的位置。

　　所以在一段關係中，會很著重這段關係中的伴侶是否可以受到家人的認同，而當自己建立了家庭以後，也會渴望自己是當中的一個主導者，並且備受重視。

太陽在第五宮

　　第五宮是自我展現、戀愛、子女、玩樂的宮位。太陽在第五宮，會相當渴望去做自己，去展現自己獨特的地方，特別是通過創作、玩樂，去打造一些屬於自己的東西出來，來受到他人認同。既然第五宮是戀愛宮，所以此人會把戀愛看待成人生舞台之一，渴望在愛情當中，被當作是皇后／國王一樣受到仰慕和重視。很自然地，戀愛在這人的生命當中，佔著重要的地位，其實目的不過是為了在當中去表現自己和得到肯定。另外，他也會著重跟子女的關係，把生命力放在孩子身上，因為「孩子」也是他的創造之一，是他的延伸。

太陽在第六宮

　　第六宮是日常生活的規律、工作、服務，太陽在第六宮，他會透過勤奮地工作、服務別人來表現自己，渴望在當中受到認同。在他的父親經驗當中，他可能會發現父親都是將時間精力放在工作上，或為日常生活去張羅，以確保每天的生活都很安定。而女性也特別容易因為一個人的工作模式、他所擁有技能而去衡量他是否吸引人。

　　第六宮也代表跟同事、下屬的關係，所以此人也會在乎在同事之間他是否能當主導，或得到他們的認同。

太陽在第七宮

　　第七宮是代表「他人」的宮位，可以泛指「非我」的其他人，亦可代表一對一的關係，特別是伴侶關係。太陽在第七宮的人，必須要在人際關係、跟他人的互動之中去尋找、發掘，並展現自己。別人就像他的一面鏡子，只有通過別人，才能夠看清自己，更特別需要別人的認同來肯定自己。如果不被別人重視，往往會覺得迷失，不知道「我是誰」。

　　或許在他的父親經驗當中，會認為父親都把精力放在跟他人的互動中，所以他也會把人生的重心放在那裡。其實

有不少治療師、心理學家，包括佛洛依德及容格，太陽都在第七宮，正好表現出他們人生當中，人際互動、甚至是單對單的關係是重要的一環，就以他們的例子來說，治療師跟病人之間的關係，就是他們人生中的一個重點。

太陽在第八宮

第八宮代表分享資源，他人的價值觀，還有深層心理、深層的原始恐懼，危險及轉化、親密關係等範疇。他的父親經驗當中，或許會發覺父親都將精力放在跟他人的錢財、資源有關的事情上，又或體驗到父親經歷過一些危機，讓他在自我上，會帶有深層的恐懼，害怕被遺棄而不被認同。特別他在親密關係、或跟別人的金錢處理上，內心的恐懼會被引發，而他需要經歷危機，面對自己的內在的情緒，經過清洗和轉化，才能成長，並發現真正的自己。

太陽在第九宮

太陽在第九宮，會渴望通過對人生、對這個世界的不停探索，去發現自我，並期望以自己的學識、智慧，得到別人的認同。在他的經驗當中，父親可能把時間精力都投放在探索、成長的層面，又或傳授他一些人生哲理。所以在一段關係中，他特別需要別人去認同和肯定他的哲理、信念，而女性更會容易

仰慕一些有智慧，能夠帶她一起去探索和成長的人，又或對於來自外地的人感興趣。

太陽在第十宮

第十宮代表一個人的事業、社會地位、在社會上受到尊重的地方。太陽在第十宮，代表此人渴望在個人事業或社會上，建立一定的成就和地位，並以此來肯定自己。在他的經驗當中，父親可能會把時間精神都放在外面的世界，在外面打拼，又或相當重視自己的事業，於是他也以此作為展現自己的舞台。而女性的太陽在第十宮的話，除了她自己想在事業上有一番成就外，她亦可能渴望有一位很有成就、事業有成的伴侶，好讓她跟他一起時，也感到榮耀和驕傲。

太陽在第十一宮

第十一宮是團體、社會大眾、朋友，以及對未來的憧憬。太陽在第十一宮，此人需要在一班人、朋友，以至社會上去展現自己，亦渴望得到很多人的認同。如果第七宮是單對單的關係，第十一宮就是個人跟社會、團體、眾人的關係，所以他會將精力投放在團體、朋友上，並希望在當中可以當一個領導者的角色，受其他人仰慕。在他的經驗當中，父親可能把時間精力放在社會、朋

友當中，而女性亦會特別被一些「眾人的領袖」這種類型的人吸引。

太陽在第十二宮

太陽在此宮位，感覺像很難找到自我，總是在問「我是誰？」，可能在成長過程中，他的「自我」就不被重視，因而壓抑。還有在他的經驗裡，父親可能是一個「失去了」的父親，他可能在實質上，又或情感上，跟他有一段距離，讓他不容易找到認同。當一個人不容易肯定自己，便容易在關係上面對挑戰，因為健康的關係，往往需要一個人對自我的肯定，正如老生常談的說法：「如果你不認同自己，又有誰來認同你？」不過，這個位置也可透過服務大眾、慈善活動，或一些對靈性的探索去尋找自我，其實有不少世界名人、領袖，都是太陽在第十二宮，可見通過放下自己、服務別人，也可讓自己發光發熱。

太陽之相位

太陽－月亮

要了解一個人的關係議題，太陽跟月亮的相位是很重要的一項。太陽是我們的內在男性，月亮是內在女性，兩者的關係，反映了我們內在的陽性和陰性能量是調和還是有衝突，同時他們會在我們的現實生活中展現出來，代表了我們跟男性、女性的關係，也自然牽涉到伴侶關係。同時，既然太陽代表父親、月亮代表母親，在我們的主觀經驗裡，他們之間的關係，也影響著我們跟他人，特別是伴侶之間的關係模式。所以如果星盤當中太陽月亮有相位，則要多加注意。

太陽和月亮合相，代表內在的男女、又或人生目標及需要，方向和性質都相當一致。如果是柔和相位，代表兩者之間能互相支持，能量調和，跟異性相處時感覺上亦比較容易、舒服。如果兩者之間是強硬相位，則內在的男女會有所衝突，自己的目標和需要有所矛盾，或互為障礙，而跟異性的關係，也可能產生摩擦，為人生中的一項挑戰。不過經過覺察和努力，可以將之平衡及整合。

太陽－水星

太陽跟水星最多相距28度，所以只能產生合相，及30度的半六分相這個次相位（2度可容許度）。太陽合水星代表會以自己的思想說話，作為自我認同的一部份，所以如果別人不認同自己的說話想法，就像不認同他自己本人一樣。因此在跟別人相處時，會期望別人接受自己的想法和說法。

太陽－金星

太陽和金星可產生的相位，包括合相、半六分相（30度）及半四分相（45度）。合相代表此人在展現自己、或在人生旅程當中，愛情、人際關係佔了重要的地位。他能否認同、肯定自己，會受他人莫大的影響，十分期望別人會接受、喜歡自己，所以他也會很著重跟別人的互動。

太陽金星半六分相，跟別人的關係或許會為他帶來一點不自在的感覺，有時亦會嘗試去忽略、不去理會別人目光或要求。但經過調整後，還是可以在自我和他人之間作出妥協。半四分相則代表關係會為他帶來一點困擾、輕度的壓力，但問題不會很大，經過努力後，還是容易調整的。

太陽－火星

太陽和火星都代表了我們內在的陽性部份，太陽是英雄、是自我，火星則是那位戰士、行動者。太陽火星合相代表較易去展現陽性的特性，也就是一個人的競爭力、行動力都充滿陽剛氣。男性一般較易去認同自己這個部份，而女性則容易被很有男子氣概、充滿活力和膽識的人吸引。

太陽火星的柔和相位，代表當此人要去展現自我，或去追尋人生目標時，

他的行動力和勇氣都配合支持。但如果是強硬相位，則內在的兩部份陽性特質就會互相衝突矛盾，就像一位國王和他的戰士在打架一樣，一方面形成這個人容易變得脾氣暴躁或衝動，同時他的行動力會限制自我。例如他想去追求某人，可能會因為過度衝動，又或膽色不足而碰釘子。但經過努力和調整後，則可以展示出自己的勇氣、膽識及男子氣概。

太陽－木星

太陽木星合相，或形成柔和相位，都代表此人會比較樂觀、自信，樂於去展現自己，並以自己的學識、哲理吸引別人，讓人注視自己。所以當他去跟別人打交道、去建立關係時，總是會表現出自信的一面，但也要注意容易變得過度自負，而令別人反感。

如果是強硬相位，特別是對分相，則容易跟別人會為著一些信念、信仰的東西而發生摩擦衝突，尤其當他要跟別人建立關係時，要特別注意彼此之間信念上的分歧，加以了解，找出共識，作出平衡。

太陽－土星

太陽土星合相，又或是強硬相位，則此人會經常批評自己，自信心不足，總是認為自己不夠好，所以在跟他人接觸時，容易築起一道道圍牆，看似是保

護自己，實質是害怕將「不夠好」的自己展示出來，怕別人批評自己，亦因此表現出一個冷漠、嚴肅、疏離的自我。

就算是柔和相位，雖然會覺得舒服，少了一份壓力，但在表現自己方面，仍是不免會帶著一份嚴謹和冷漠的態度，少了一份親和感。

所以太陽土星產生相位的話，如果想跟別人建立良好的關係，還是需要在自我上下功夫，學習接受自己和放下一些圍牆，別老是批評自己。

太陽－天王星

太陽天王星的合相、柔和相位，都代表此人十分渴望去做一個獨一無二的人，並成為一個獨立、自由的「我」，所以當他要跟別人打交道時，就算表現得友善，還是會保持一段距離，免得別人入侵自己的空間。他需要一些比較有空間、自由的關係，不能受到束縛。

如果是強硬相位，特別是對分相，容易因為自己要自由和空間，又或想展現自己的獨特性，而跟別人發生衝突；又或總是喜歡反抗別人，害怕別人約束自己。所以要加以平衡和調節，保持自己的獨立性之餘，記得不必凡事都跟別人搞對抗。

太陽－海王星

太陽海王星合相、柔和相位，都代表此人對於「自我」會較為模糊，不太肯定自己，而需要通過跟他人的融合、服務大眾去找回自己。所以特別有一種犧牲的精神，願意為他人付出，富有同理心，容易放下自我而去融入、了解他人的世界。

如果是強硬相位，特別是對分相，容易在跟他人的互動中，出現「受害者／拯救者」的關係，又或因為對自我的模糊和迷失，而造成關係上的混亂和迷惘。太陽－海王的相位，要調節的，就是在對他人有同理心、不斷關心他人的同時，也別忘記對自己也需要慈愛。

太陽－冥王星

太陽冥王的合相、柔和相位，都是不太會去展現、流露自我，總是帶著神祕感。因為心中帶著深層的恐懼，害怕被看穿，覺得這樣子實在太危險，所以在跟別人打交道時，總是不讓人看透自己。

如果遇到強硬相位，這種恐懼或危機意識會帶給自己很大的壓力，特別是對分相，更是容易跟別人發生權力鬥爭，甚至害怕被別人傷害，而處處提高防衛，又或主動去控制別人。太陽冥王的相位，都需要學習去面對內心的恐懼、處理人生的危機，甚至學會相信自己和別人，才較容易得到轉化和成長。

案例3 美國前總統柯林頓（Bill Clinton）之太陽及其相位

　　雖然從之前的案例來看，柯林頓的天秤特性相當強，那是他待人處事的方式，給我們的印象總是優雅又和諧。不過，他在人生中所追尋、希望發光發熱的地方，是他的太陽獅子座11宮。撇下那柔和親切的外表，他所要成就的，是當個王者，並在社會、團體之中照耀，發揮他的領導才能和創造力，且受到大眾所肯定。所以他特別在意的，是他跟大眾、社會的關係，因為他要得到大家的支持和認同，這才是他人生所追尋的。

　　他的太陽跟月亮形成了四分相，代表他的內在男女、他的人生目標及日常的需要，都不太協調，並讓他感到壓力。特別是他（太陽）跟女性、家庭（月亮）的關係，當中容易發生摩擦且帶來緊張。這可能源自於在他的主觀經驗當中，父母之間的關係並不和諧，根據資料，他的生父很早就逝世，而他的繼父是一個酗酒的人，他最討厭的就是他的繼父會打他的媽媽。雖然他很討厭繼父，很愛他的媽媽，更討厭他的繼父傷害母親，可是在他個人身上，還是會重覆著類似的模式——他對太太的不忠，他的性醜聞，都是對伴侶的一種傷害。可見內在的摩擦，同時也會展現在父母關係上，而待他長大成人後，在伴侶關係上也容易面對類似的挑戰。加上他的太陽半四分金星，也再次強調他在關係上容易碰上障礙，為他帶來困擾。

　　而他的太陽跟木星形成三分相，表示他是一個很自信的人，並樂於將自己的理念、信念傳播開去，以獲取眾人的認同。而他的太太希拉蕊也曾表示，當初在法律系認識柯林頓，被他深深吸引的，正是他的知性、他的頭腦（太陽三分木星），而剛好，希拉蕊本身的下降點也是代表知性和法律的射手座，可見當中相互的吸引力。

美國前總統柯林頓（Bill Clinton）之太陽及其相位

案例4　希拉蕊（Hillary Rodham Clinton）之太陽及其相位

　　希拉蕊的太陽位於天蠍座五宮，她的人生目標，可能就是獲得權力並且能夠掌控，同時亦是跟他人作出情感的連結、建立親密關係。不過當中她需要去面對各種危機，從中學習並作出蛻變。而她想去展現的，就是她的權力，甚至是一種轉化的能力。

　　太陽除了是自我展現外，對於女性來說，也是容易被吸引的對象，並通過對男性的投射來實現自我。所以這也很容易理解希拉蕊身為一個很強勢的女性，她也選擇了一位相當有權力的人作伴侶，並在政治的舞台上成為他的好拍檔。甚至當第一夫人也未必滿足到她，她還去選總統，期望真真正正的把權力握在手中。

　　她的太陽三分天王星及上升點，可見她是一個相當獨立、自主的人，不會輕易讓別人入侵她的空間，以保持自我完整性，同時她也會尊重伴侶的自由。而她的太陽亦三分天頂，所以無論她的待人處事態度，或是在整體社會上的公眾形象，都是一種「女強人」的姿態，這大概是來自於她的天蠍太陽三分天王所致。

Hillary Rodham Clinton
Female Chart
Oct 26 1947 NS, Sun
8:00 pm CST +6:00
Chicago, IL
41'N52' 087'W39'
Geocentric
Tropical
Placidus
Mean Node
Rating: DD
Conflicting/unverified

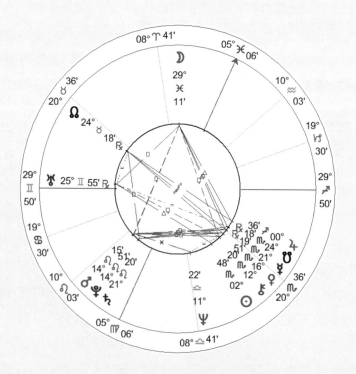

希拉蕊（Hillary Rodham Clinton）之太陽及其相位

第四章　個人星盤的月亮

要了解一個人在關係上的各項動態，月亮是非常重要的一部份。月亮是我們的情感需要，每日心情的起伏，以至日常習慣生活。只要我們跟任何一個人相處，無論他是朋友、同事、家人、伴侶，都一定會觸動到我們的月亮。我在情感上需要怎樣的滋養？別人可以滿足到我嗎？我每天都習慣了要怎樣怎樣，身邊人的可以配合嗎？跟這個人在一起，讓我感到舒適嗎？還是渾身都不自在？

而月亮也關乎到安全感、家的感覺、紮根的感覺，每一段關係，如果要再親近一點、親密一點，彼此之間一定要有安全感、熟悉感的存在，這是人類的本能需要，否則很難讓一段關係舒適和安心。當然，牽涉到家人、伴侶婚姻關係的時候，代表家庭的月亮，自然也變得更重要，要看看自己講關於家庭的需要是否能夠被滿足，跟對方在「家」的觀念上是否能配合。

月亮也是我們跟母親的關係，而母親，可以說是我們的「初戀情人」，那個我們在她肚子裡，已開始建立了親密

關係的人。我們跟母親的關係，跟她之間的經驗，都制約了我們的情感關卡，以及在情感表現、需求上的動態。而這亦為自己定下了「作為一個母親／女性應當是怎樣」的定義，所以女性容易去展現相關特性，而男性心目中的女性形象，也因而定下。當然，無論男女，月亮在星盤上的位置，對他的情感關係都有很大的影響力，不容忽視。

月亮在12星座

月亮位於牡羊座

月亮牡羊每天都要新鮮感和刺激，比較急躁、不耐煩，一旦失去刺激感就會感到沉悶。在情感上充滿了熱情，會直接的表達情感，遇上喜歡的人會立即採取行動，不過，如果在日常相處上失去了刺激，熱情就很快減退。

心目中的母親／女性形象，是獨立、勇敢又強勢的人，所以亦習慣處於主導位置，什麼都要拿主意，永遠要當第一。不過，跟別人相處，就會過度的

主導，不懂得易地而處，除非身邊的人喜歡受指揮，否則容易在人際關係上出現問題。

月亮位於金牛座

月亮在金牛座，是一個月亮感到很舒適的位置。情緒上會比較穩定，不容易受到刺激，但同時亦不會輕易表露自己的感覺。

需要強烈的安全感，特別是一些跟物質、金錢有關的，所以一段關係上，這方面的需要不能被滿足的話，甚至若對方想拿走他的物質和金錢，他會感到十分不安。

由於他需要安穩，所以一旦跟別人建立起關係，就不容易改變，越熟悉他會感到越安全。心目中的母親／女性形象，是一個溫暖，讓人感到舒服親和的人，對別人的照顧，不是噓寒問暖，而是提供生活上的實際幫忙和好處。

月亮位於雙子座

雙子座是一個變動又不安穩的星座，當月亮落在雙子，心情的起落變化會比較大，但都會以理性的方式去表現，例如要找人說話，或自己去看書、不斷思考那個「情緒」等等。所以要滋養月亮雙子，就是要靠溝通、對話、學習，也只有思想上的交流，才能滿足他們的好奇心，並跟他們建立親和、熟悉的感覺。

跟母親之間的關係，會比較著重理性上的溝通，卻不是情感上的親密。而她可能是一個多思考、喜歡學習的人，也因此在當事人心目中，形成相類似的女性形象，並習慣了以思考和溝通去跟人連繫。

月亮位於巨蟹座

月亮在巨蟹座，就是回到本身守護的星座，在情緒方面比較敏感，容易被觸動，起伏變化也會較大。相當需要安全感，自我保護很強，需要跟一個人經過較長時間的相處，才能慢慢放下防衛。他自己會像媽媽一樣去保護、照顧別人，當同時也很在意別人對自己的保護和滋養。他甚至會需要「被需要」，去証明自己是被愛的，如果被人拒絕自己提供的照顧，會覺得深感傷害。小時候可能得到母親很好的照顧（還需要兼看相位），心目中的女性形象會是傳統的賢妻良母型。

月亮位於獅子座

需要受到注視，習慣了展現自己，自尊心很強，需要別人認同、讚賞自己，把他看成重要、尊貴的人，如果受到忽略，會覺得很不安，甚至很受傷害。

習慣了當王者、領導人，可能在他

的經驗中，母親就是這一類的人，所以他會覺得一位女性就是需要很亮麗、充滿魅力，還要帶著一些霸氣。

情緒上會比較直接、熱情，對人很慷慨，帶著一份像孩子般純真的心。獅子座是固定星座，所以相當忠誠，當他跟人建立了聯繫，有了熟悉感後，就不會輕易改變。

月亮在處女座

月亮在處女座在跟別人的互動中，特別著重對別人的服務，對於別人的需要，就算是一些枝微末節也會注意得到。當他關心一個人的時候，會給予對方實際的幫忙，照顧生活上的一些細節事項，看起來可能很不「浪漫」，但對於月亮處女來說，那就是他所付出的關心和照料。

在情緒方面會比較敏感，一些小事也可能會觸動到他的神經，不過表現出來卻不是大情大性那種，只是一些碎碎唸或批評。

在他的經驗中，母親可能是那種喜歡批評、挑剔，追求完美的人，所以他對於女性的要求也會很高，需要一位相當「完美」的人。

月亮位於天秤座

月亮在天秤座，特別重視人際關係，因為那是他的滋養、安全感的來源。害怕寂寞，需要有人陪伴，經常要跟別人打交道，並建立良好的人際關係。在關係中，相當重視公平，並講求彼此之間是否對等、公平，亦能夠站在別人角度去看事情。但亦要注意會太依賴他人，情緒過度受他人影響。

這些人會經常控制著自己的情緒，讓它處於平衡、和諧的狀態，而且會用理性的方式去處理，無論開心或不開心，也想跟別人分享。

月亮位於天蠍座

月亮在天蠍，很需要跟別人有深入的情感連繫，情感也是相當的強烈，但不會輕易流露，以免被他人看穿，感覺就像被人看穿了底牌一樣，會覺得相當的危險。容易帶有強烈的恐懼感和妒忌心，覺得這個世界危機四伏，所以雖然可以用情很深，但也不會輕易投放感情，或跟人建立深厚的關係。不過，當他對一個人完全信任，感到安全時，又可以全情探入。

跟母親的關係，可能同時混著複雜的愛恨情緒，覺得被母親操控，又或在他童年時候，看見母親經歷了一些危機，所以讓他也時刻帶著深層的恐懼和危機感。

月亮位於射手座

需要自由自在，絕對不能有任何束

縛，喜歡探索、冒險，所以在一段關係中，他的空間要受到尊重，而且亦要多些變化刺激，有一些知性、智慧上的交流，讓他覺得從中可以學習一些東西，他才會覺得滿足。

情緒上是比較樂觀的，但亦會較為誇張、戲劇化，但情緒來得快去得也快，不會一直抓住不放。童年的時候，會有較多的自由和空間讓他去探索，經驗中母親會是一個樂觀、知性，鼓勵學習的人，所以會特別喜歡一些智慧型的女性。

月亮位於魔羯座

雖然情緒上看似很穩定，但其實一直都壓抑著，可能在他的童年經驗當中，學會了情緒不能輕易流露，因為那是「沒有用」、「不實在」的東西，所以不容易表達自己的感覺，嚴重的甚至於有抑鬱的傾向。

只會用一些比較實際的方式去照顧人，例如去幫別人完成一些事情之類。對他來說，情感的滋養是來自工作、名成利就，所以容易變成工作狂，甚至忽略人與人之間的感情、關係。

心目中的母親，可能是一個感情比較疏離、嚴肅、對他很嚴厲的媽媽，所以對他來說，讓他感到熟悉、安全的女性，亦是這種事業型、實際又踏實的人。

月亮位於水瓶座

月亮水瓶的人，情緒看似相當的平穩、冷靜，甚至你會懷疑他是不是一個沒有感情、感覺的人。在他的童年經驗當中，或許習慣了把情緒冰封，而用理智取代，任何情感都要理智化，因為「感性」、「情緒」似乎是一些「不好」的東西。

他的經驗中，母親看來是個很冷靜理智、卻又不太關心自己的人，彼此之間情感很疏離，所以也就形成了他的「冷靜」。所以在跟別人相處時，他的過度冷漠、事不關己的心態，會讓人覺得他很疏離。不過月亮水瓶，較為關心的，會是一些團體、朋友、社會性的事情，反而會較著重跟朋友、團體的聯繫。

月亮位於雙魚座

月亮在雙魚座，情感相當豐富，多愁善感，非常的敏感，因為雙魚座根本就沒有界線，所以他能夠感受到別人的情緒，把自己代入其中，能夠產生對別人的同理心、慈愛心，但同時也容易受到別人的情緒影響。習慣了跟別人的情感融而為一，所以在情感上會比較依賴，十分害怕分離。

童年經驗中，可能會比較依賴母親，又或會看見母親是一個受害者或拯

救者，所以他自己情感上的需要，也會是希望得到別人來呵護，又或當一個拯救者的角色去滋養別人。

月亮在12宮位

月亮在第一宮

第一宮是我們跟這個世界、跟他人的互動模式，月亮在第一宮代表此人會比較敏感，容易感覺到別人的情緒，亦會關心、照顧他人，或期待別人會照顧滋養他。

這種敏感度可能來自童年經驗，習慣了受別人的照顧，又或許母親是個較為情緒化、感性的人，所以他從小就慣於去理解她的情緒、她的需要，因而培養出對凡事都比較敏感的特性。不過，他在跟別人互動時，自我保護性還是會較強，待熟絡了、習慣了以後，才會信任對方。

月亮在第二宮

情感上的滋養來自物質、金錢，要擁有安穩的經濟狀況才會感到有安全感，甚至容易有對物質金錢有過度依賴的傾向，必須捉緊這些「有形」的東西，才感到安心。在跟別人的互動上，可能會比較在意對方的經濟條件，或以物質、金錢去衡量別人。同樣地，他也

會以金錢、物質的方式去照顧他人，去表達他的關心。

第二宮也代表自我價值，所以此人的自我價值，很受到家庭、母親的影響，家人或母親是否接納自己，會影響他覺得自己是否值得被愛、被人接受。至於受何種的影響，要兼看星座及相位。

月亮在第三宮

第三宮是關於溝通、學習，所以此人的安全感來源，就是知識和溝通。他可能要不斷學習，才會感到滿足，而當情緒上覺得不安時，就要找人傾訴，或透過寫作等等方式去舒緩。不過月亮是起伏不定的，所以月亮在第三宮，也代表此人的說話、思考，會受到多變的情緒影響，尤其是不安的時候，說話可能會喋喋不休或亂說一通。

他跟別人的互動上，亦十分注重彼此的溝通及思想交流，那些能夠跟他交流、討論、聊天的人，最能讓他感到滿足，從而慢慢建立出滿足感、及對此人的熟悉感。

月亮在第四宮

第四宮是家庭、我們的根源、過去，安全感的所在地。月亮位於第四宮，代表對於家庭、過去有深厚的情感連結，亦容易變成情感上的依附。需要

有一個安穩的家、或要常處於熟悉的地方，才會有安全感。在關係的層面上，特別注重跟家人的關係，而在愛情關係上，亦會以建立家庭為前提，所以在選擇對象時，不會只從「愛情」的角度去衡量，還會看看對方是否可以跟自己建立一個家。

當他投入了一段關係後，會因為習慣了、熟悉了，在情感就上容易變得依附，就算出現了變化、問題時，亦未必可以輕易放開。

月亮在第五宮

第五宮代表自我展現和創造，也就是如何去打造一個獨立、與眾不同的自己。月亮在此宮位，就是需要去展現自我，讓別人看見自己如何的獨特，從中獲取滿足感。

第五宮也是戀愛宮，此人會需要戀愛的滋養，在當中有一種備受重視的感覺，所以會相當渴望戀愛，而情緒亦會隨著戀情而起起落落。

心目中的女性／母親形象，是一位很有創意、或很懂玩樂的人，於是男性會特別容易被這類的女性吸引，而女性亦會樂於去表現自己的獨特、富創意之處。

月亮在第六宮

第六宮跟服務、工作、日常規律有

關。月亮在第六宮，代表此人的需要就是去服務別人，提供滋養及照顧，自己才會得到心靈上的滿足。所以他在跟別人的互動中，總是容易擔當服務者的角色；而跟家人或伴侶，更會照顧到他們的日常生活上的需要。

第六宮也代表了同事，所以他也會特別注意在工作中的人際關係。在同事當中，他會像媽媽一樣去照顧大家，如果被同事的需要，什麼事都找他，他不會覺得厭煩，反而會有一種滿足感。

月亮在第七宮

第七宮是伴侶、他人的宮位，月亮在第七宮，代表此人的情緒很容易受到他人的影響，對別人的一言一行也很敏感，懂得去照顧關心別人，也較容易為他人設想。

他很需要跟別人連繫，而別人對他的任何反應，也會直接影響他的情緒。如果沒有人在身邊，又或別人對他有負面的態度，他就很容易失去安全感。

他所處的關係當中，特別容易出現一種母親／孩子的模式，他可能擔當照顧者或小孩的其中一角，而對方就扮演另一個。所以在伴侶關係上，更為容易重覆自己跟母親的關係模式。

月亮在第八宮

第八宮是一個跟潛意識有關的宮

位，特別是關於我們的陰影部份，那些源自我們童年時的深層恐懼，往往在我們進入親密關係時，就會被牽動出來。

月亮在第八宮，在潛意識裡跟母親會有很深厚的連繫，同時亦會有害怕被媽媽遺棄的陰影，容易因此覺得沒有人愛自己。在跟別人互動，特別是在伴侶、親密關係裡頭，就容易提高自我防衛，害怕再度被拒絕被遺棄。

不過，月亮第八宮也代表很需要跟別人融而為一，建立親密的關係，才能滿足自己的情感需要，所以必須要面對及清洗自己的深層恐懼，然後打開心房去跟別人發展親密感。

月亮在第九宮

這個宮位跟探索、自我成長有關，月亮在第九宮，需要不斷地去學習、探索未知的東西、發掘人生意義，才會感到滿足，可以說是很需要「精神食糧」。所以在跟他人的互動、跟別人的相處中，也會渴求這種精神上的滿足。例如對方能否跟自己探討一些深入的話題、在人生的哲理、信念上，能否有連繫交流等。只有在這些地方有連繫，才能觸碰到這個人的內心。

經驗當中，母親可能是個喜歡探索的人，或對他傳授各式信念智慧，所以男性會比較容易被知性型的女性吸引，女性也會以此作為自己的模範。

月亮在第十宮

第十宮是代表人生成就、事業、公眾形象，相對於代表私人生活的第四宮，第十宮就是「外面的世界」。月亮在此，代表需要擁有自己的事業和成就，受到別人的肯定和認同，才會有滿足感，容易以自己的成就、地位去建立安全感。而對於女性而言，容易把自己世俗的成就投射到伴侶身上，所以月亮在十宮，會在乎一段關係，或對方給予自己的「名份」，是否會受到外界的認同，甚至讚賞。

對於男性來說，月亮十宮特別容易被一些事業型、有成就的女性吸引，又或在選擇伴侶時，會注重對方在社會上的地位、頭銜之類。

月亮在第十一宮

第十一宮跟社交、團體、朋友、以至整個社會有關。月亮在此代表這人在一群人當中，會擔當照顧者的角色，若感覺自己受到眾人需要，便會感到心滿意足，亦因此在團體當中，或身邊有一幫朋友，才會覺得有安全感。

此宮位也代表了共同目標和理念，所以在跟別人的關係裡頭，彼此要有共同的目標、對未來有一致的想法，才能建立情感上的連繫。

因為此人的情感滿足來自跟一大群

人的相處，所以在伴侶關係方面，要小心自己過度重視朋友團體，而忽略了身邊的伴侶。

月亮在第十二宮

第十二宮是一個代表退隱、回到內心最深處、甚至跟整個集體意識連結的宮位。月亮在此宮，比較喜歡獨處、靜靜的一個人，會特別感到舒適滿足。

這個宮位也代表童年不被接受的部份、或有所困難障礙的地方，他可能童年時被培養成不可將感覺輕易流露，所以習慣了把情感收藏，這樣子對於跟別人建立感情、連繫，就容易形成障礙。要學習解除這方面的制約，才能較容易發展健康的感情生活。

還有，在他的經驗當中，可能在情感上、或是實質上，「失去」了母親，跟媽媽之間缺乏了連繫，感覺若有所失，也容易形成在情感上的匱乏和失落，造成關係上的問題。可以通過在靈性上的追尋，去重拾那失落了的情感。

月亮之相位

（月亮跟太陽相位，請參閱太陽的部份。）

月亮－水星

當月亮和水星形成相位，代表此人的情感滋養，會跟溝通學習有關，當他跟人連繫時，也會牽涉到理智、思考、說話的層面。會比較懂得表達自己的感情，特別是在情緒上感到不安、甚至很高興時，也習慣要找人傾訴。如果月亮和水星是合相或柔和相位，這人會善於表達自己的情感，會懂得將感覺告訴別人。

如果是強硬相位，在表達自己的情感或想法時，可能會感到困難，又或讓人誤會，因而形成了摩擦。同時亦會因為別人的說法、想法跟自己的分歧，而感到情緒不安、受傷害。所以要學習好好地表達感覺，並注意跟別人的溝通。

月亮－金星

月亮和金星，代表了兩部份的女性特質，月亮是「母性」，金星則是作為一個女性的魅力。如果月亮和金星產生合相或柔和相位，代表此人的陰性特質比較容易展現出來，又或跟女性會有良好的關係。而對於情緒、感情、愛的表達，也會覺得舒暢容易，對於人際關係，總是能夠保持和諧。

如果月亮和金星產生強硬相位，代表此人的內在女性特質會彼此產生矛盾，需要經過困難、學習才能接受自己的內在女性和情感。而在人際關係上，亦容易跟別人因為價值觀、金錢的問題而產生衝突摩擦，並造成自己情緒上的

不安。

月亮－火星

月亮跟火星的組合，代表了在情緒上會相當的熱情、很有衝勁，但就算是合相或柔和相位，也容易有過度衝動、情緒較為激動的情況，而且自我保衛性很強，一旦受到攻擊或傷害，也會採取行動去保護自己或反擊。而在感情，亦容易意氣用事，衝動地一頭栽進一段感情裡頭。

如果是強硬相位，可以是脾氣暴躁、又或容易憤怒、動氣，但又不容易恰當地表達自己的情緒或憤怒。如果是對分相，則更容易把自己憤怒的情緒投射到別人身上，常認為對方惹怒自己。

月亮－木星

月亮木星的組合，會將情緒放大、擴張，所以容易表現出強烈、甚至誇張的情感。此人的情感滋養會來自哲學宗教，從靈性、對人生意義的追尋上容易獲得內心的滿足。

如果是合相或柔和相位，會有一顆仁愛的心，樂於去照顧別人、對人很慷慨。同時亦特別多機會去接觸女性，或跟她們有良好的關係。

如果是強硬相位，則過度敏感或強烈的情緒會為此人帶來困擾，又或引起跟別人的衝突。亦容易帶有一種傲慢的

心態去保護別人，讓別人感到討厭。

月亮－土星

月亮土星的組合，代表情緒上的壓抑，可能從小就習慣了不能將感情表露出來，所以總是把感覺埋在心裡，這樣在人際關係上，也就變得難以跟別人交心，或跟別人之間造成隔閡。

月亮土星的合相或柔和相位，雖然是把情感壓抑，但在關係上，也會較舒服及容易去接受當中的壓力，亦會表現出責任感，以實際的方式去表達自己的情感，例如幫對方去做一件事，又或買有用的禮物給對方之類。

如果是強硬相位，則情感的壓抑會為他帶來困擾，甚至容易有抑鬱的問題。如果是對分相，會認為是別人的問題來壓制自己的情感，又或總是不明為什麼自己會遇上一些冷漠又疏離的對象，需要察覺那是自己投射出去的東西才行。

月亮－天王星

月亮天王的組合，無論是哪種相位，都有一些共通點，就是突發、變動不定的情緒，而且會較為冷漠疏離，甚至讓人覺得像沒有感情似的，一切以理智去處理，就算心中再激動，他還是可以表現得相當的冷靜。這可能來自於跟母親之間的疏離、冷淡的關係，又或彼

此之間總是保持著一定的距離。所以在人際關係上，他可以很理智的跟人溝通，但在感覺、情緒的層面，則會顯得冷漠。

如果是強硬相位，更為為此人帶來困擾，可能很想表達感覺，卻被理智壓制著。特別是對分相，容易將此特性投射到對方身上，會認為對方是個不近人情的人。

月亮－海王星

月亮海王的組合相當地感性，極具同理心，很容易感受到別人的感受，所以也會樂於去幫助人，具有一份慈悲心。但也因為很敏感，容易感到受傷，可能別人一句無心的話，就解讀成對方是在傷害自己。

如果是合相或柔和相位，在跟別人的互動中，總是帶著一份關愛的心，但容易會過度遷就別人，而忽略了自己的需要。

如果是強硬相位，對於自己或他人的需要，可能會感到難以掌握，又或遇上問題時，會採取逃避態度，甚至覺得自己是個受害者，都是被別人拖累傷害。所以必須多加察覺這種心態，不但要對人慈悲，也要學會對自己關愛、接納，才不會老是覺得受傷害。

月亮－冥王星

月亮冥王星，會帶著強烈激動的情緒，但亦會將之隱藏，其實內心總是帶著恐懼、不安。這可能因為童年時候，家庭或母親經歷了危機、轉變，又或有一個很強勢、操控性的母親，讓他內心充滿危機感。在人際關係中，就會處處防衛，直至對對方有絕對的信任，才會減輕恐懼。就算是合相或柔和相位，難免都會有這種感覺，只是比較容易接受。

如果是強硬相位，恐懼感會更為強烈，甚至覺得難以處理過度激烈的情緒，跟別人的相處，自然容易出現摩擦、問題。對分相的話，會容易有權力鬥爭，或互相操控的情況。所以必須要好好面對內心的恐懼感，學會信任別人，才能跟別人建立深厚的感情關係。

案例5　美國前總統柯林頓（Bill Clinton）的月亮位置

　　續說柯林頓的月亮位置。他的月亮在金牛座，代表他極度需要安全感，渴望通過金錢和物質的累積，以証明自我的價值，並讓他感覺被需要。而他也需要別人做一些很實在事情來表達對他的關愛，他才會感受得到對方的關心，亦才會有安全感。

　　而他的金牛月亮在第八宮，一個代表分享資源、共同價值、親密關係、陰影、深層恐懼的宮位。所以在跟別人的關係上，無論大家多親密，在物質或錢財方面，他都會維護自己的一份，不會什麼都跟別人分享。

　　在親密關係裡，他會以實質的方法去照顧對方，例如用物質、金錢、送禮物這些看得見摸得到、有價值的東西，去表達自己的感覺。而他自己則很著重在親密關係中感官的享受，身體的接觸、性愛等（可以理解爲什麼會有他和李文斯基（Monica Lewinsky）的醜聞）。不過在情感上的層面，他的自我保護性很強，需要覺得很安全、很有熟悉感，才會放開枷鎖跟對方作更深入的情感連結。

　　至於在他的童年經驗當中，母親可能是個可靠、溫暖、又能給予實質照顧的人，不過月亮在第八宮也代表他有一種被母親遺棄、跟母親分離的原始恐懼，又或母親經歷過一些跟物質、身體有關的危機。根據資料，他出生不久父親就過世，而繼父卻是一位酒徒，會以暴力對待他的母親，所以他十三歲的時候，就跟繼父說明請他不要再打母親。在親密關係裡頭，這些恐懼、不安可能都會被引發出來，而他得到的女性，也絕不會輕

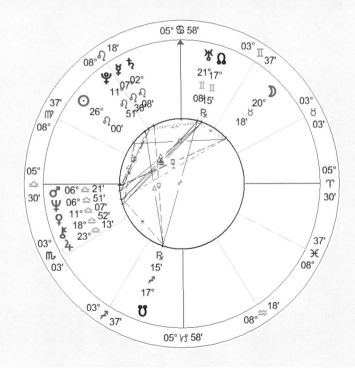

美國前總統柯林頓（Bill Clinton）的月亮位置

易放手，會死抱不放（月亮金牛）。

　　至於他月亮的相位，除了之前提過跟太陽的四分相外，還跟一宮的火星海王形成135度。火星海王的合相，代表可以把想像的東西執行，以行動表現出慈悲心，同時亦可代表暴力下的受害者，又或性的幻想。跟月亮形成135度，一個代表輕度障礙的角度，可以說火星海王所代表的東西，會為他的情緒、情感帶來滋養，同時當中亦會有所困擾。以上所展現出來的，例如柯林頓可以憑他的慈悲心、對別人的敏感度，去做一些有利大眾的事，同時亦再一次呼應他母親作為受害者，以及他的性醜聞等種種事情。

　　另一個較為重要的相位，就是跟凱龍形成了150度，這個代表不協調、讓人感到焦慮的相位。所以他在情緒上、或跟女性關係、母親經驗上，這都是他容易受到傷害，並讓他的情緒感到困惑、不安的地方。

　　柯林頓的月亮，跟其他行星所產生的都是強硬相位，所以對他來說，情緒、感覺、女性的東西，容易為他帶來壓力，必須經過努力、調整，才能將之平衡。

案例6 希拉蕊（Hillary Rodham Clinton）的月亮位置

　　接著，我們可以再看一下柯林頓太太希拉蕊的月亮位置。她的月亮在雙魚座第十宮。這代表她有一顆敏感、慈悲的心，她的情緒容易跟其他人、跟整個集體意識相連結。加上她的月亮在第十宮，她在世上所渴望得到的成就地位，就是可以表現出她照顧、甚至拯救世人的一面，從而備受尊重認同。而她作為一位女性，一位前總統夫人、現在的國務卿，這樣積極的參與政治活動，並有重要的地位，在政界來說畢竟是較為少有的。而月亮在十宮，代表她的女性形象可以為她建立社會地位。

　　她的月亮跟六宮的水星木星形成了三分相，代表知識、思考、學習、哲理的東西，都可以為她帶來滋養，讓她感到舒服，也難怪她會選擇修讀法律。而她在公眾層面上，也常常展露她的口才和思想。同時，這也再次呼應為什麼她會被柯林頓的知性面貌所吸引，因為這些東西會帶給她情感上的滿足，每天的對話、討論，可以讓她感到舒服自在。

　　不過，她的月亮跟天王形成了四分相，就是在情緒上會經常變化，她會以理智去封鎖她的感覺，但其實內心又有很大的困擾、痛苦。或許她已習慣展示自己冷靜、理智的一面（天王合上升點），而不去面對自己內心的感覺，又或因此在內心不斷掙扎。

　　另外，三宮的火星冥王星，四分五宮的凱龍，他們同時跟月亮形成135度，這組相位會為她的情緒、感覺、跟女性的關係等，帶來很大的壓力。在思想和表達上（三宮火星冥王星），她會有強烈的操控性，要別人都聽她的，同時亦可能會在說話言論上跟別人發生衝突，或受到別人的攻擊。而四分五宮凱龍，亦代表她在自我展現上容易感到受傷害，認為自己獨有的想法創意，人家不認同、或不接受。這些會讓她帶來很大的壓力和困擾。特別是對於她的情緒、感覺、公眾的形象、跟女性的關係，都造成壓力和障礙。她彷彿要不斷地掙扎、調整、努力，才能夠從中取得平衡，安撫自己的情緒。

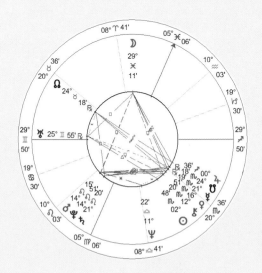

希拉蕊（Hillary Rodham Clinton）的月亮位置

第五章　個人星盤的金星

說到關係、愛情，金星當然佔著很重要的位置。金星本身就代表了我們建立關係的模式，我們如何跟別人打交道，對關係、愛情，抱著什麼態度。而且金星所強調的，是大家找出一些共通點，互相分享、達到共識，而建立和諧和平等的關係。

月亮和金星都代表了我們女性／陰性的部份，但各自掌管不同的東西。簡單去理解，月亮是母親，金星是情人和愛情。在愛情當中，我們都渴望被愛、都希望自己是很有吸引力的那位。所以金星掌管的是我們的魅力、吸引力，我們憑什麼去吸引別人，又會被什麼吸引？在我們眼中，什麼是最美？

金星也代表金錢、自我價值，如果我們要擁有健康平等的關係，自我價值相當重要，因為要覺得自己值得被愛，自己重視自己，別人才會同樣的喜歡珍惜我們。所以在探討「關係」這個課題，不能忽略自我價值。

女性比較容易去展現自己金星的部份，男性則會投射在女性、伴侶身上，所以金星也代表男性心目中的那位「女神」，從中看到怎樣的人會特別吸引他。

金星在12星座

金星位於牡羊座

牡羊座代表了熱情、衝勁、主導，金星牡羊在跟別人打交道時，往往表現主動，充滿了熱情，並希望在那段關係中當一個領導者角色，甚至會要別人聽自己的指揮，不喜歡跟別人妥協，未必能顧及別人的立場，所以容易跟別人發生衝突。

如果遇上喜歡的人，會比較積極主動地追求對方，亦會很衝動地一頭栽進去。此人的魅力在於他的熱誠和衝動，十分爽快和直接，而男性會被一些開朗熱情、運動型，帶有陽光氣息的女性吸引。

金星位於金牛座

金星位於金牛座，是回到自己所守護的宮位，金星的能量較為容易發揮。

在關係當中，雖然較慢熱，跟別人打交道也會很謹慎，需要一段時間才能投入一段關係中，但關係一建立，他就會相當地忠誠可靠，不輕易改變。他的魅力在於對人親切良善，給人一種溫暖感，跟他在一起好像很有安全感似的。不過佔有欲較強，對於一個人、一段關係，就算出現了什麼變化，也會死守不放。

自我價值相當強，尤其會以物質、金錢去肯定自我價值，但可能只懂以物質去衡量自己或別人，對人表示好感也傾向以物質、實際的東西去表達，卻未必能將感情釋放（這當然還要兼看月亮）。

金星位於雙子座

會很熱衷於跟別人打交道，對其他人總是充滿了好奇心，會有說不完的話題，著重人與人之間的溝通、思想交流，經常希望能夠跟別人保持聯繫，而且社交手腕靈活，易結交朋友。他的魅力在於他活潑有趣的說話，什麼都可聊一番，能輕易跟別人打開話匣子。

不過在一段關係當中，他會喜歡保持輕鬆的感覺，大家之間有一點空間，經常保持新鮮感，否則他會很易感到厭倦。男性會容易被一些機巧聰明，感覺活潑年輕的女性吸引。

金星位於巨蟹座

跟別人打交道時，起初的自我保護性較強，但當信任和熟悉感慢慢建立起來後，就會把感情投放，在情感上會較為依附，對別人會很照顧，給予很多的關愛，能夠感受到別人的需要，但同時亦很需要安全感，容易受傷害，怕別人離自己而去。如果發現別人不需要自己，會覺得自己很沒價值。

個人魅力在於他的溫柔細心，很會照顧人。男性心目中的女神，是那重傳統的賢妻良母型。無論男女，價值觀都較為傳統、重視家庭，亦渴望建立一個溫暖的家，所以不會只談浪漫的戀愛，反而在選擇對象時，會考慮對方是否能跟自己建立家庭。

金星位於獅子座

對人熱情、慷慨，充滿了魅力，有一種王者風範，特別容易引人注意。在一段關係中，可能會較為自我，喜歡自己拿主意，要別人聽命於自己。自尊心很強，如果被人拒絕、批評，就覺得很受傷害。在一段關係中，要學習顧及他人，不能過度自我中心。不過當他投入在一段關係裡頭，會十分地忠誠，不會輕易改變。

自我價值方面，需要別人都注視自己、讚美自己，才會覺得自己有價值、

值得被愛,其實他要學習的,就是自我欣賞。男性心目中的女神,是那種帶有貴氣,像女王公主一樣的閃亮女生。

金星位於處女座

跟別人打交道、建立關係時,他會去計算、分析,看看這個人值不值得交往。對於別人,他是比較挑剔,喜歡批評,不過也會為人服務,對人亦細心。

他不只是批評別人,對於自己也有諸多挑剔,常常只看到自己出錯、有問題的一面,所以容易有自我價值不足的問題,在關係層面,可能會覺得自己不夠吸引、不值得別人去喜歡。

其實金星處女座,可以去欣賞一下自己的魅力,像自己謙虛、單純、有頭腦的一面。而男性心目中的理想女性,則是這種低調、愛為人服務,有分析頭腦的類型。

金星位於天秤座

回到自身守護的星座,金星在此會有較強的發揮。相當重視人際關係,有不錯的交際手腕,凡事會考慮到別人的立場,希望達到共識,各取所需,以保持和諧、公平。但亦會較為害怕寂寞,需要有人陪伴。

自我價值來自別人的眼光和肯定,很在乎別人對自己的評價,但太容易受人影響,要學習去建立自己的觀點。

富有品味,對美學有良好的眼光,也能展現出一份優雅、帶有和諧感的美態。男性會被有藝術感、優雅、溫和的女性吸引,當然也會較著重女性的樣貌和外表是否漂亮。

金星位於天蠍座

金星天蠍的神祕感、深情、性感魅力,都是吸引別人的地方。但他不會輕易跟別人打交道,總會披上一層神祕的面紗,帶有防衛性,但一旦跟別人建立了關係,就會投放相當強烈的情感,而且愛恨分明,愛一個人的話可以全心全意、專一的去愛,但如果被人背叛、離棄,也可以把一個人恨之入骨,相當的絕決。而且在關係中容易混有複雜的情緒,像恐懼、妒忌、佔有、操控,因為金星天蠍總是害怕被人背叛、拒絕和遺棄。而最需要學習的,就是對別人的信任。

其實天蠍也代表轉化和治療,通過在關係上的學習,經歷當中的各種危機後,可以讓自己有所成長和轉化。

金星位於射手座

總是帶著一顆直率單純的心去跟別人打交道,不會過度投放情感,只抱著輕輕鬆鬆的心態,因為他最著重的就是自由,一段關係中,就算是朋友家人,也最好各自保留個人空間,不能依賴或

受到束縛。而且在關係上，他會抱著樂觀、冒險精神，勇於嘗試，不會那麼多疑慮。

金星射手所重視的，是一些關於哲理、人生意義的東西，所以如果他覺得能夠從對方身上學習、或跟他談論一些有深度的話題，就會被吸引。男性心目中的理想女性，會是知性、率直，或跟外地文化有關的人。

金星位於摩羯座

金星是一顆講享樂的行星，遇上了嚴肅的魔羯座，在跟別人打交道時，也就顯得小心翼翼，十分謹慎，對人較為疏離，著重彼此之間的一條界線。他或許會選擇一些可以對他有實際幫助的人，無論是事業上的幫忙，又或可以向他學習之類，總之是可以得到一些好處的，而不是隨便找個人吃喝玩樂。

金星魔羯在自我價值上，喜歡自我批評、貶低自己，總覺得自己不夠好，不值得被愛。愛自己、欣賞自己，是金星魔羯最需要學習的課題。

金星位於水瓶座

水瓶座是一個關於大眾團體的星座，金星水瓶喜歡跟不同人接觸，樂於參與團體活動，對人亦友善。不過，如果要建立較為親密的關係則不容易。他最重視的是自由、個人空間，以保持他

的自我獨立性，所以對人友善之餘，他也有冷漠疏離的一面，總是冷眼旁觀，沒法投入感情似的。

他對於關係這回事，抱著開放的態度，不會介意性別、身份、階層，對於一些非傳統的關係也會接受。男性心目中的女神，會是那種聰明、富有學識、但又帶點冷漠味道的類型。

金星位於雙魚座

雙魚座是一個沒有界線的星座，所以在人與人之間，他也不會設立什麼界限，能夠跟別人融而為一，總是會考慮別人的感受和立場，對別人充滿同理心、慈愛心，願意為別人服務、犧牲。所以金星雙魚的愛，不但是朋友、情人之間的愛，還可以將之昇華到大愛。不過，沒有界限、沒有防衛、過度的敏感，都容易為金星雙魚帶來傷害，也容易陷入混亂、迷惘的關係當中。

對愛情充滿了幻想，有很多的期望，渴望被愛，或一直為著別人犧牲、付出去找尋自我價值。男性容易被溫柔、敏感、甚至看來是弱小、受傷害的女性所吸引。

金星在12宮位

金星在第一宮

會別人一種優雅、和善的感覺，同時亦帶著一份吸引力、親和感。很在意自己的外表、打扮，總是希望以自己最漂亮的一面示人。

或許在小時候，已被教曉要以禮待人，要學會討人歡喜。所以他相當注重人際關係，在跟別人打交道時，會顧及眾人的利益、意願，務求做到皆大歡喜。

面對著這個世界時，很在意別人是否喜歡自己，以及很賣力地去維持和諧的人際關係，有時會忽略了自己的意願，將自我減弱。往往以別人作為出發點，卻忘了自己。

金星在第二宮

第二宮是一個代表物質、金錢、資源、自我價值的宮位，金星在此宮，會以自己所擁有的東西、賺錢的能力、外表去建立自我價值，認為越富有、越漂亮，自我價值也會提高。同時也會以此來衡量別人，所以在結識朋友、交往對象時，也會以這些東西去考量別人。

在表達愛情、向人示好時，同樣會以實際、物質化的東西去表達，可能是一些實質的行動、一些禮物，總之一定

要具體；而他也需要對方以同樣的方法去肯定對自己的愛，才會感到對方重視自己。

金星在第三宮

在人際關係上，會特別重視彼此之間的溝通、思想交流，認為知識、學習、思考能力，是相當有價值的東西，也所以往往會被有這些特質的人吸引，例如學識豐富、說話機巧靈活等等。而如果他想表現出自己的魅力，可以運用他的說話、他的知識去吸引別人，一般來說，金星三宮的人說話都會比較動聽，讓人感覺舒服。

想建立人脈、認識多些朋友、結識對象，大可以留意居住在附近的人，又或多參加一些課程，從學習活動中認識。

金星在第四宮

跟家人的關係和諧，認為家庭、根源是很重要的東西，能夠從家庭中感受到愛。在心理學的角度來看，如果自小成長在一個和諧愉快的家庭當中，長大後也較容易跟別人、伴侶建立良好的關係。不過，這除了要看金星四宮外，還需要參考星座、相位，以及星盤上的其他訊息。

由於對家庭的重視，所以在愛情關係上，會在乎家人對自己伴侶的評價，

也會先看看交往的對象是否能跟自己建立一個安穩舒適的家，並以此為交往的前提。第四宮也代表內在的家、安全感，所以愛情、關係對他來說很重要，因為那是安全感的來源。

金星在第五宮

第五宮是自我展現，金星在第五宮，可以盡情展現自己的美態、創意、藝術品味等，就會顯得很有魅力。而第五宮也是戀愛宮，所以此人會很重視戀愛，渴望被愛，才能從中找到自我價值。有時也可能會因為太愛談戀愛，所以變成為戀愛而戀愛，而忽略了關係中的其他考量。

第五宮代表小朋友，所以此人跟小朋友，又或自己的孩子，關係會良好和諧，而且會相當重視他們，親子關係不錯。

金星在第六宮

第六宮跟工作、日常生活、規律、服務有關，此人所重視的東西，會是工作、對別人的服務，尤其是工作上的人際關係，會去保持跟同事、下屬之間的和諧，讓工作氣氛變得良好，並且會在乎同事對自己的評價。

在日常生活當中，會講求舒適和享受，所以在伴侶、家人的關係上，在日常生活當中能否彼此配合，以維持舒適

的生活，對於金星在第六宮的人來說，會是一個需要考量的地方。

金星在第七宮

第七宮本身就代表了人我關係、伴侶、他人，所以金星位於第七宮，此人會認為維持人際關係上的和諧，讓大家和和氣氣是很重要的事情，而他自己也會有很好的人際技巧，很懂得跟別人打交道，態度和善，讓人感到愉快。而他的自我價值，會來自於他人的評價，所以容易變得依賴他人，亦很需要他人來肯定自己。

在人際關係上，他會很著重公平，他付出了多少，也會期望從別人身上得到相同的東西。而別人怎樣對待他，他也會作出同樣的回應。

金星在第八宮

第八宮代表親密關係、性、跟他人分享的資源。金星在此位置，在此人的價值觀當中，會認為跟別人的深層連結、情感的連繫相當重要，亦重視性生活的和諧及享受。而自己的價值觀，也往往會受到他人的影響，如果彼此的價值觀不一樣，也會盡量磨合。而此人亦特別容易跟別人建立基於金錢的關係，例如一起投資，又或把自己的資源投放在別人那裡等等。

第八宮也是我們的深層恐懼、陰影

的部份。在此人的深心處，可能會有不被愛、不被重視的恐懼，所以會盡量去配合他人，以獲取別人的愛和接納。

金星在第九宮

第九宮跟外國文化、宗教、高等教育有關，金星在此宮的人，在他的價值觀上，會特別重視自我成長、一些關於人生意義、道理的東西，又或宗教、外地文化等。所以特別容易被外國人、或來自外地文化背景的人吸引，甚至有較多機會發展異地情；又或會被一些有豐富學識、很有哲理、能夠帶他去探索人生、幫助他成長的人吸引。

要提昇自我價值、吸引力的話，可以多去學習探索，憑著自己從人生中提鍊出來的智慧，豐富自己的知性魅力。

金星在第十宮

金星在這個代表公眾形象、社會地位的位置，代表此人在大眾的眼中，十分富有魅力、很討人喜歡，相當的有吸引力。他認為自我價值來自於自己的成就、在社會上的地位，以及是否得到別人的認同或尊敬。不過亦因此，他也會在乎自己的感情關係是否得到別人的認同，會介意別人的眼光。所以對他來說，一段關係不是他和對方的事，也要視乎別人的評價。而吸引他的人，往往是那些有社會地位、受人尊敬、有事業

成就的人。

金星在第十一宮

第十一宮是團體、朋友、社會的宮位，金星在此，代表此人在一大班人當中相當受歡迎，可以展現出他富魅力的一面，而他亦能夠維持大家之間良好和諧的關係。他會特別享受跟朋友、團體之間的互動，只要跟大家在一起，他就會感到很舒適自在，當然他也很重視跟朋友、甚至整體大眾的關係。

而他的自我價值，會受到朋友、身處的團體，以及社會大眾所影響，別人怎樣看他，是否重視他、讚美他，都直接影響到他的自我評價。

金星在第十二宮

第十二宮是一個隱密的宮位，所以不少占星師說，金星在十二宮，就容易發生地下情、或一些祕密戀情。其實當中的原因，可能是來自他對自我價值的模糊，在童年的時候或許曾經歷自我價值被貶低、不受重視、甚至覺得不被愛，因此「愛」成為了束縛，也就不敢把愛拿出來，默默地將之隱藏。所以金星在此宮位，要學習去面對愛的課題，重拾自我價值。

而金星十二宮的愛，也可投放到一些弱勢社群身上，通過對社會上其他人士的關愛，去學懂愛這回事。

金星之相位

（金星跟太陽、月亮、金星的相位，請看前部份。）

金星－水星

金星跟水星只會產生半四分相、半六分相、合相及六分相這幾種相位。

金星跟水星的組合，代表此人在人際關係上會著重溝通、思想交流，又或能從彼此的互動中學習。合相或六分相的話，他會很懂得運用溝通技巧來跟別人打交道，例如跟別人交換資訊，又或很懂得說些甜言蜜語去討人歡心，人際上的溝通也有一手。

如果是強硬相位，容易跟別人在溝通上出現問題，或在思想上出現分歧，因而影響彼此的關係，但通過調整，還是可以鍛鍊出良好的人際溝通技巧，又或學習到一些跟「關係」有關的課題。

金星－火星

如果金星代表女性（陰性）、吸引力，火星代表男性（陽性）、性的吸引力，兩者的連繫就代表了陰陽的結合。火星可以給予金星推動力，金星則讓火星變得溫柔一點，而展現出來的，可說是強烈的吸引力，容易跟異性打交道，充滿了魅力。

不過，金星也可代表妒忌心、火星代表競爭，特別是強硬相位，則容易帶來愛情上的競爭，以証明自己的價值和魅力，又或在人際關係上容易跟他人形成衝突。這些感情上的競爭，往往就演變成三角關係，所以不少占星師認為這是一個三角戀的組合。不過，最重要的是了解當中的妒忌心和競爭心，自可解決這個三角問題。

金星－木星

金星木星的組合，代表了很多的人際及愛情機會，而且帶有強大的吸引力，也就是說，社交性較強，會有較多機會接觸不同的人，比較多的戀愛機會，並且在關係中會得到快樂，而跟女性的關係也會較和諧愉快。不過，就算是合相或柔和相位，也容易會有過度貪心、不斷追逐愛情的情況，讓自己在多段關係中游走。

強硬相位的話，可能是過度注重美貌、外表，不斷地追逐愛情，希望別人來愛自己，永遠都不覺得滿足，因而造成愛情問題上的困擾及障礙。

金星－土星

金星土星是對愛情、情感的壓抑，自我價值不足，常常貶低自己，認為自己不值得被愛，所以在跟別人打交道時，往往會變得疏離，害怕跟別人有深入的交流，造成人際關係及愛情上的障

礙。就算是合相或柔和相位，也容易有這些問題出現，不過當事人會較容易接受及調整。如果是強硬相位，內心會有很大的困擾和掙扎，需要經過多番努力，才能去建立及肯定自我價值。

不過，這個組合也有好的一面，就是對感情認真、負責任，亦願意信守承諾，較為專情。只要經得起時間的考驗，可以慢慢學會肯定及接受自己，並跟別人發展長久鞏固的感情關係。

金星－天王星

金星天王星的組合，代表在人際關係、愛情上，需要新鮮感和刺激，最好經常有些變化，否則容易感到沉悶。同時，在跟別人交往上也會保持一定的距離，顯得有點冷漠疏離，因為他需要大量的空間和自由，最怕私人空間受到入侵。另外，對於愛情、關係，也抱著開放的態度，一些非傳統的關係模式也會容易接受。

如果是合相或柔和相位，會覺得比較容易在關係上保持空間、獲取自由。如果是強硬相位，則容易覺得在人際關係、愛情上常碰上問題，這可能是基於天王星的自我，不喜歡遷就別人，甚至會不自覺地破壞關係，以保持自己的自由空間。

金星－海王星

當金星碰上沒有邊際界線的海王星，如果能夠正面的發揮，可以代表一種無私的大愛，愛別人是不分種族國界階級，認為人人都值得被愛，對人充滿慈愛及憐憫心。負面的，則容易沈溺在愛情的幻想中，過度的理想化，總是渴望得到像童話故事中的愛情。

特別是強硬相位，容易讓自己沈醉於虛幻、悲慘的關係中，會為愛情而犧牲，然後覺得自己是個受害者；又或會扮演救世者的角色，讓自己上演那些悲劇故事，彷彿從中才能找到自我價值。其實最需要的是察覺自己當中的心理動態，問問自己為什麼樂於去當個悲劇人物，而不是一直沈溺在其中。

金星－冥王星

金星冥王星的組合，代表了一種強烈、帶有神祕感的吸引力，對於愛情、甚至一般的人際關係都相當的執著，會投放很深的情感，亦帶有一種操控、佔有的欲望。

在關係當中，容易經歷危機、權力鬥爭，像被拒絕、被背叛、被遺棄，而牽動了內心的陰影和恐懼。柔和相位會較容易處理，強硬相位的話，則會造成內心更大的困擾衝擊，必須學習背後的功課，找出恐懼的原因，將之清洗，作出治療，好讓自己有所成長。

案例7　英國查爾斯王子（Prince of Wales Charles）

　　英國的皇室成員，查爾斯王子，金星在天秤座，代表了他相當重視人際關係、愛情，享受跟別人的互動，而且較為依賴他人、在乎別人的眼光。自我價值來自於別人怎麼看自己，又或自己是否受歡迎。一般來說，金星天秤都有良好的交際手腕，對別人友善親切。雖然我們看到的查爾斯王子比較冷漠深沈（冥王一宮），但根據關於他的資料表示，真正認識他的朋友，都認為他對人慷慨、親切、良善、會懂得顧及他人的立場。再加上金星跟海王合相，他對人總是充滿同理心、慈悲心，懂得從別人的角度去想事情，有時甚至樂於去遷就別人。不過，這些面貌都不是我們外界的人容易看到的，因為金星海王在他的第四宮合天底，所以這些都是在他的私人世界裡頭，只有跟他親近的人才較容易看到。

　　金星合海王在第四宮，亦代表他對愛情相當地理想化，而且這還需要符合家庭對他的期望。因為金星在第四宮，自我價值來自家庭，而自己也會認為家庭相當的重要。也因此，雖然他老早就認識了卡蜜拉，但因為她並非出身貴族，在身份上配不上，為了符合皇室的期望，他千挑萬選，最終選擇了純潔、出身於貴族的黛安娜，以編織那金星海王童話式的王子和公主故事。

　　相位方面，他的金星海王六分一宮的冥王，所以在愛情上，他還是需要操控和佔有，強烈渴望受到重視，需要別人大量的關心來証明自己的價值。就算是六分相這種柔和相位，冥王星始終是代表危機和轉化的，當中還有一些權力鬥爭。衆所周知，他和黛安娜王妃的婚姻很快便已經觸礁，各自有外遇，經歷了諸多問題。直至黛安娜王妃意外逝世，他最終還是堅持己見（冥王獅子一宮），不理會他人的目光，跟早就喜歡的卡蜜拉結婚。姑且不論外人如何評價這段第二次的婚姻，但查爾斯王子的確是在愛情上經歷各種危機問題後，努力地去爭取他想要的關係，也可說是冥王六分金星展現。

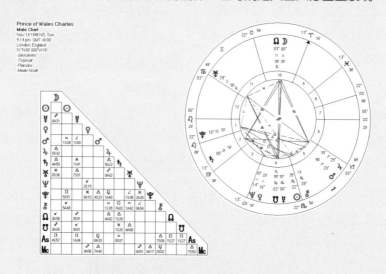

英國查爾斯王子（Prince of Wales Charles）

案例8　英國黛安娜王妃（Princess of Wales Diana）

　　再看看黛安娜王妃的星盤，她的金星位於金牛座第五宮，她總是能夠展現自己的魅力，而她的吸引力在於她帶給人的溫暖感，低調卻又富有品味，也難怪她會受到那麼多人的愛戴。

　　她在關係上需要很多的安全感，尤其是物質、金錢上的，並且會以此來展現自我。而金星在第五宮，更代表她相當享受戀愛的感覺，那是一種感官上的享受，並且渴望安穩。

　　嫁入皇室似乎能滿足以上的需求，不過再看看她的金星跟其他行星的相位，就能了解為什麼她的愛情關係總是充滿了困難和挑戰。

　　月亮水瓶二宮，對分八宮的處女火星，跟金星形成了T形相位（T-square），帶給金星強大的壓力。火星月亮的對分，容易帶來激動、憤怒的情緒，而且會從與別人的衝突中，感到自己的需要（月亮）或熱情（火星）不能被滿足。尤其是在價值觀、資源上的問題（二、八宮），最容易引起紛爭，這些問題都為她的自我價值、愛情關係帶來壓力。月亮水瓶渴望自由，金星金牛需要穩定，已造成了她內在的掙扎摩擦。火星金星的四分，亦代表了關係上的競爭、價值上的挑戰，在愛情上也容易挑起她的憤怒，這些內心的困擾，造成了外在跟查爾斯王子的衝突，也引發了婚外情。

　　另外，金星三分土星、四分天王星，都代表了她在愛情關係上的矛盾。金星三分土星，暗示著她渴望穩定長久的關係，一旦安定下來就不要變，呼應了她金星金牛的需求。但同時金星四分天王，代表她渴望得到自由戀愛，希望在關係上可以有自己的空間、獨立一點，這亦呼應著她的月亮水瓶。不過這個四分相帶給她不少壓力，作為皇

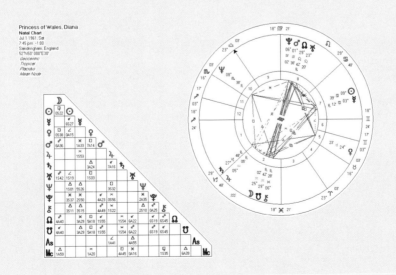

英國黛安娜王妃（Princess of Wales Diana）

妃，她希望的獨立、自由，似乎並不容易，所以根據維基百科的描述，她進入皇室後不久，就已經受不了巨大的壓力，變得脾氣暴躁、情緒不定。這些都表現出她滿受壓力的金星。

其實以黛安娜王妃星盤上的金星主要相位來看，都強調著同一主題：渴望穩定的關係，卻又同時需要自由、空間和獨立。而她一直在當中掙扎，給自己造成很大的壓力，也引發了相關的感情問題。在這樣的情況下，必須覺察內在真正的需要、當中的矛盾，並努力地作出調整，才能較容易地面對當中的問題。

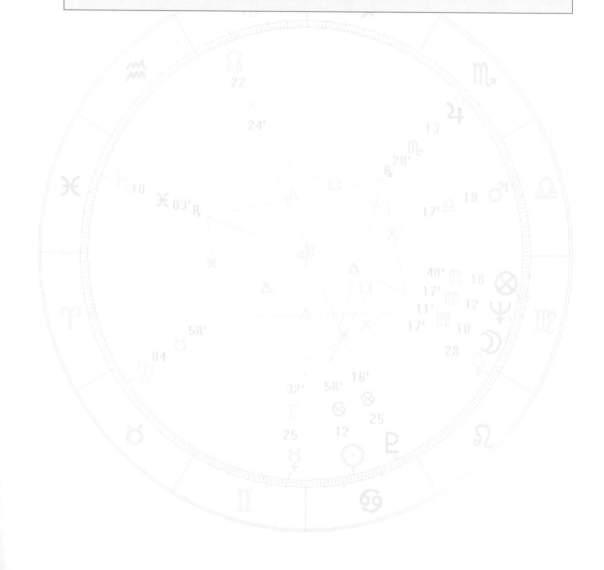

第六章　個人星盤的火星

太陽跟月亮是一對，金星跟火星是另一對，他們都代表著我們內在不同層面的男女特性。如果金星是用她的魅力、交際手腕去得到她想要的，火星則用行動、勇氣、競爭力去主動爭取。太陽是我們想要成為的英雄，火星則是帶領我們去達成目標的內在戰士，為了生存，我們就要勇敢積極的去競爭戰鬥。在人際關係上，火星代表著我們如何去跟別人競爭，如何去挑戰別人；當遇上衝突時，如何去處理。遇上很喜歡的人，我們會如何去爭取？為的只是「我要擁有」這個人。在愛情上，總是會經歷充滿熱情的熾熱階段，從火星就可看出這個「熱情」的部份，怎樣去擦出愛的火花。

男性比較容易認同自己火星的特性，展現自己的戰士魅力、男子氣概的一面；女性則較容易將之投射在男性身上，希望去找尋這樣的一位戰士英雄，去保護自己。

火星，也跟性有關，可以看到一個人的性愛態度與性的魅力。

火星在12星座

火星位於牡羊座

火星位於自己守護的星座，代表了高度的行動力、爆發力及競爭力。行動迅速、直接，一遇上自己喜歡的人，會相當的心急，會立即採取行動去追求，而且一定要把自己要的東西得到為止。就算是女性，也會較為直接主動，不會扭捏。

雖然充滿了熱情，不過牡羊追求的是快速和新鮮感，熱情來得快，也可以去得快，當失去了新鮮感時，就會容易感到沈悶，想去另找新的刺激。

火星牡羊的人，操控性較強，比較關心「我要」的東西，很容易忽略別人的處境想法，這在關係上特別容易造成問題。

火星位於金牛座

火星所代表的衝勁、熱情、行動力，落到金牛座，看似受到控制，不像火象星座那樣來得直接快速，但他們的

熱情和行動力，雖然有點慢，倒是可以相當持久。如果想得到一個人，他會小心翼翼，先看清形勢，然後才作行動，方式也會較為低調，但就算當中遇上什麼困難，他還是會堅持下去。

火星金牛相當重視身體、性愛上的享受，在一段關係中，這一點他們會非常在意是否能被滿足。

女性會特別會被一些可靠穩重型的人吸引，希望他可以給自己提供安穩的物質生活。

火星位於雙子座

精力會放在說話、溝通、思考上，所以腦袋總是不停在轉，說話也比較快速。要激起他們的熱情，可以是一些有趣的話題、活潑的言語、甚至是辯論鬥嘴，他們會覺得這樣才夠好玩刺激。不過，雙子座是個變動型星座，所以他們的熱情也來去如風，不容易持久。在一段關係中，必須保持新鮮感和變化，才能讓他們留著熱情和興趣。

男性會以自己的學識、聰明，運用機巧的說話去展示自己的男性魅力，而女性則會被一些頭腦靈活、口齒伶俐、輕巧活潑的人吸引。

火星位於巨蟹座

當代表熱情、行動力的火星遇上情緒化的巨蟹座，行動方面會受到情緒的影響，可以說是感情用事，熱情和衝動也會比較起伏不定，特別對於別人的挑戰和攻擊會相當的敏感，會極力地去捍衛自己，十分需要安全感。

火星巨蟹會努力地保護身邊的人，特別是家人、跟自己有深厚感情的人，同時也渴望被需要，好讓他去當勇士。一個弱者、或一個需要被保護的人，往往會激起他的熱情和英雄之心。

男性會以他溫柔細膩、很會照顧人的一面去展示自己的吸引力，女性則會被一些較為感性、家庭型的男性所吸引。

火星位於獅子座

相當地熱情，舉手投足較為大器，一副王者氣派，甚至有時在行動上會較為誇張，目的是為引人注意，讓別人對自己留下深刻印象。

對人主動、慷慨，會相當堅決、自信地肯定自己，但有時會顯得太過囂張自負。他要得到的人會極力去爭取；想一段關係怎樣怎樣，他也會當導演去操控。在一段關係中他喜歡主導，但可能會變得操控太過，讓別人覺得逼得太緊。

女性心目中的戰士，是那些會讓她感到驕傲、很有面子氣勢的人，她會特別容易被那些受囑目、看起來很有氣派的男性所吸引，渴望被他們保護。

火星位於處女座

火星的能量是外向、活躍的，落在內斂、重視分析的處女座上，行動力方面可能會較為溫和被動，又或精力會放在工作、服務他人，以及思考分析上。如果遇上喜歡的人，火星處女會為對方獻殷勤，又或不斷地提出自己的意見，強調自己的一些專業知識和技巧去吸引對方。

女性會被一些謙虛、生活有規律、樂於為她服務，又具有分析能力的男人吸引。至於男性，可能沒有典型的男子氣概，卻可以展現自己的謙謙有禮、細心的一面，以及為對方做一些實際的事情去吸引她。

火星位於天秤座

火星講求的是競爭、取勝，天秤座卻要妥協、和諧，火星在天秤，已經有一種內在的矛盾，希望在關係之中取勝、去堅持自己要的東西，但又想維持平等和諧的關係。

如果要得到想要的人，火星天秤會以溫和優雅的方式，運用他良好的人際處理技巧去贏得對方的心。不過，始終較為猶疑不決，總是思前想後，不知自己想怎樣或可以怎樣做。

男性會展示自己優雅平和的一面去吸引對方，女性則會被溫文儒雅類型的

人吸引。

火星位於天蠍座

火星在天蠍，也就是回到自己所守護的宮位。這代表強烈又深入的熱情、激情，愛得深也可以恨得透徹，佔有慾極強，想要得到的東西，會用盡各種方法去得到，不會輕易放手。

在性愛方面，他們需要的不單是激情或感官上的享受，而是渴望從中得到深層的情感連結，兩個人合而為一的感覺。也就是說，他們的激情，當中也混合了多重的情感、情緒，而不是純粹的火辣激情。

男性會以自己的權力、性感的魅力去展示自己的男性氣概，女性則容易被帶有強烈感情、看來神祕又具有權力的人吸引。

火星位於射手座

他們的態度坦率又直接，不懂得掩飾，也不會拐彎抹角，對於自己想得到的人，除了用直接的行動表示之外，還會以他的樂觀態度、人生哲理來突顯自己，讓對方被自己的智慧、豐富的學識所吸引。

火星射手愛冒險，去探索一些未知的東西，所以在一段關係中，起初總是充滿熱情，覺得一切都可以去探索，但如果這段關係慢慢失去新鮮感，他的熱

情和刺激感也會立即減退。

女性心目中的戰士，是那些可以教導她一些東西，帶著她成長、去探索世界的人，並覺得這類人特別有吸引力。

火星位於魔羯座

不容易流露自己的熱情，甚至顯得冷漠、嚴肅，不過他們的熱情和行動力倒是十分持久。一旦遇上喜歡的人，會先思前想後考慮清楚再做出行動，不會輕易冒險，且會一直堅持直到目的達成。

火星魔羯有強烈的控制慾，會把精力放在事業上，不過同時也很喜歡背負責任重擔，所以頗符合在社會中一般對男性的期望──願意背負重擔、做出承諾、並以事業為重。所以火星魔羯的男性，都會以這些特性去吸引別人，而女性則會崇拜這類有責任感又有承擔力的人。

火星位於水瓶座

行動方面相當理智，很清楚自己想達到什麼目的、得到什麼，又應該怎樣做。不過所做的事情往往出人意表，所以在愛情上若想追求一個人，總會用與眾不同的方式，讓人意想不到。不過水瓶始終是一個理智的星座，態度方面可能會顯得較為冷漠，甚至是一副愛理不理的樣子；又或他做某件事、追求某

人，有時可能只是為了好奇心，想做個實驗而已。

男性通常會以自己聰明理智的一面展示自己的魅力，而女性則容易被有點酷、帶點反叛味道，卻又很有頭腦的人吸引。若想激起他們的熱情，一些理念上的討論、又或新奇古怪的東西，都可以引起他們的興趣。

火星位於雙魚座

本來是集中火力的火星能量，落到雙魚座則變得分散、沒有焦點似的。所以到底想要什麼、又或怎樣才能得到想要的東西，往往顯得模糊不清。而行動力和熱情也會混著多愁善感的情緒，他想要的可能是溫柔和浪漫的感覺，多於身體感官上的激情。

在愛情上，他們未必會積極爭取，卻可能隱晦地去傳遞自己的感覺，希望對方感受得到。而他們為對方所做的事，目的是表現出自己是個拯救者，又或是受害者，以達到自己的目的。

男性會以溫柔、細心的態度去吸引別人，女性則容易被感性、陰柔、帶有藝術氣質，又或充滿理想主義的人吸引。

火星在12宮位

火星在第一宮

第一宮代表自我呈現，待人處事的方式。火星在一宮，代表此人做事急速、老是要當先鋒，充滿了活力，並會肯定堅持自己要做的事，一旦設定了目標就會採取行動，勢必將之達成。所以在人際關係上喜歡當領導者的角色，凡事要操控、充份掌握，但這樣也往往會忽略了別人的處境和需要。又或當他決定了要得到一個人的時候，也會勇往直前，一心要把對方佔有。

火星在一宮，會認為這個世界是充滿競爭的，並視其他人為對手，永遠抱著競爭的心態。為了取勝，在待人處事上總會帶著攻擊或防衛的態度，因此常與人產生衝突摩擦。

火星在第二宮

第二宮代表物質、金錢、自我價值，火星在第二宮，代表對金錢、物質有著強烈的欲望，會努力去爭取，並認為擁有越多物質和金錢，自己的競爭力也會提高，亦能以此來展示自己的氣勢。

自我價值方面，會以自己的競爭能力來衡量自己是否有價值，如果能夠成為勝利者，就會覺得自己是值得被喜

歡、被愛的。如果帶著這樣的價值觀，往往會帶來愛情或關係上的競爭，認為只要在當中獲勝，例如把別人的女朋友搶過來，又或戰勝情敵等，就足以肯定自己的能力。

火星在第三宮

第三宮跟溝通學習有關，也是早期學習、兄弟姐妹的宮位。火星在此，此人在說話思考、學習方面皆充滿了熱情衝勁，個性相當急躁，而且會堅持己見，老是認為自己是對的。這人在早期學習的環境中，又或跟兄弟姐妹的相處上，早就經歷了競爭、比較，因此已習慣攻擊別人或受到攻擊，長大後也容易延續這種特質，導致在人際關係上，態度總是帶有操控性，又或要別人都同意他、聽他說話，甚至容易跟別人在言語上發生衝突和摩擦。這種種作為都是源於要「生存」的心理動態，且認為如果不在思想話語上勝過別人，就會顯得自己沒有用、沒法去肯定和實現自己了。

火星在第四宮

第四宮是家庭宮，也是內在的安全感所在。火星在四宮，此人的成長環境或是跟父母之間的關係，可能充滿了競爭性、火藥味。例如家人之間總是吵吵鬧鬧，又或在家中必須要競爭才可以得到自己想要的東西，所以也習慣了要攻

擊、競爭、防衛，以保衛內在的安全堡壘。也所以在情緒上，一方面充滿了熱情，同時也容易變得焦躁不安。在跟別人的互動上，自然也容易導致跟他人的衝突。特別是當他建立了自己的家庭後，同樣的模式也會重覆，形成跟伴侶之間的摩擦。所以最好為自己焦躁的情緒找個出口，並建立內在的安全感，學習肯定自己，才能減輕這種煩躁不安的情緒。

火星在第五宮

第五宮是自我展現、創作、戀愛和子女的宮位。火星在五宮，代表此人相當熱衷通過競爭、取勝去展現、肯定自己，渴望將自己最優秀、有勇氣、最捧的一面展現出來，用來證明和肯定自己的存在價值。他的精力會投放在創作、或在生活中尋找趣味方面，當然，也少不了戀愛。他會渴望熱熾、充滿激情的戀愛，男性特別容易在戀愛中展示自己最有男子氣概的一面，而女性可能會將之投射在男性身上，希望找一位勇猛的戰士保護自己。

此人亦會把精力放在子女身上，想操控子女的一切，又或容易跟子女發生爭執摩擦。

火星在第六宮

第六宮是日常規律、工作的宮位，火星在此，代表此人在工作上相當拚命，希望在當中成為勝利者，並成為一個具有領導力、有權力的人。此人總是視工作環境中的同事們是競爭對手，會努力地把工作做好、擊敗對手，以證明自己的能力，因為他太害怕失敗而被淘汰。對他來說，工作場所就是「物競天澤、適者生存」的競技場。

這種競爭心態，好的一面是可以成為推動力，讓人在工作上奮鬥，但同時也容易引起跟同事之間的衝突。

火星在第七宮

第七宮代表他人、關係，火星落在此處，代表著此人在跟他人互動時，總是帶著競爭的心態，希望可以用勝過別人來肯定自己，所以對人會帶有防衛心和攻擊性，並且傾向操控別人，要別人都聽自己的。在人際關係上，往往容易與別人起衝突、樹立敵人。如果這些心理動態沒有在他自己身上展現出來，就會吸引到這種帶有操控性、好勝的人成為自己的伴侶。

還有，出於好勝心態，容易在關係上出現競爭的情況，例如三角戀、自己當第三者去爭別人的男／女朋友，又或碰上情敵之類，這些都是內心投射在外在環境的實相，重點是要覺察自己在這方面的心態，加以調整，才能避免這些情況出現。

火星在第八宮

第八宮是他人錢財、資源的宮位，火星位於此，代表容易跟別人因為資源、錢財的問題而發生鬥爭、衝突。此人希望從中取勝並佔有資源，進而肯定自我，同時亦會奮力保衛自己的東西，以免受到別人的侵佔。

火星在第八宮，此人在親密關係中會表現得相當激情，並渴望通過性愛、深層的情感連繫而佔有對方。

第八宮也代表了我們的一些原始恐懼，此人在童年時，可能經歷了一些為了生存而不斷掙扎的事情，因此在內心中壓抑了憤怒、焦躁不安的情緒。於是在關係裡頭，如果自己的慾望不被滿足、不能佔有對方，就會感到憤怒和恐懼。此時必須好好認清自己這種掙扎、慾望及恐懼，通過對自己心靈深處的了解，而調整蛻變。

火星在第九宮

火星位於代表信仰、宗教、哲理的第九宮，可以說此人對於自己的信念、信仰懷抱一腔熱誠，不僅會積極地探索，甚至希望從中找到一些跟生存有關的道理或意義。他會相當堅持和捍衛自己的信念、哲理，如果有人提出反對或攻擊，他會有相當大的反應，甚至做出還擊，以保衛自己堅守和相信的事情。

這些人比較容易因為跟別人在信念、信仰、宗教上的分歧而發生摩擦，因此如能認識一些跟自己信念相近的人，則比較容易激起當中的熱情而減少衝突。

火星在第十宮

第十宮代表一個人的志業、他想在社會上得到怎樣的成就而獲得認同。火星在這個宮位，代表這人會將精力投放在事業上，積極拚搏，以贏取地位和成就，作為對自己能力的一種證明。

在他的童年經驗當中，家長帶他看的世界，就是一個弱肉強食的世界，所以他了解到要在這個世界生存，就必須跟別人競爭、取勝。於是他通過建立自己的成就來肯定自己的存在。

由於女性較易將自己對成就的欲望投射到伴侶身上，所以也特別容易被一些有地位、很有競爭力、有權力的人所吸引。

火星在第十一宮

第十一宮代表了社交、團體、朋友、共同理念。火星在這個宮位，此人會相當熱衷於參與團體活動、社會運動或結識朋友，且會為了大家的共同理念而努力。在一群人中，他需要當有權力、先鋒、領袖的角色，以證明自己的存在價值。

不過，他同時也會帶著一種競爭的心態，總是認為人與人之間必然存在著高下、勝負之分，而自己必須戰勝他人，比別人優勝，自己才可以生存下來，否則就會被人擊敗且遭受淘汰。

火星在第十二宮

第十二宮代表一個人在童年時被批評、反對的部份，火星在這個宮位，代表此人可能在小時候被教導不應發脾氣、不要跟別人競爭、又或不要爭取自己的東西，所以形成了一種無力感。像是欠缺動力，甚至遇上自己喜歡的人也未必敢採取行動去追求爭取。

而這些被拒絕的部份，亦會變成隱藏的敵人，所以這些人總會覺得自己很容易惹來別人的背後攻擊，但其實只要看清楚自己這個被埋沒的部份，將這個內在潛能發揮，就可以再度運用自己的行動力、熱情和競爭力。

火星之相位

（火星跟太陽、月亮、金星的相位，請看前部份。）

火星－水星

火星水星的組合，一般代表快速的思考、說話強而有力，當中亦帶有一些操控性或攻擊成份，總是希望在言語說話上把人擊倒，又或急於去表露自己在思想上如何地比人優秀，並證明自己的頭腦很棒。另外，亦會以言語去表達自己熾熱的愛和熱情。

合相或柔和相位，在說話上有一定的權威性，容易說服別人，又或在學習讀書方面較容易有好的成績。如果是難度相位，則會渴望在學習、表達上贏過別人，但又總覺得力不從心，或是當中總是有些障礙，形成內心的困擾。特別是對分相，更容易跟別人在言語上發生衝突和爭執。

火星－木星

火星本身已經是充滿爆發力、熱情和衝勁，得到木星的擴張，變成了龐大的激情、行動力、競爭心。對於自己想要的東西、喜歡的人，會立即行動，務求想對方得到手。如果是合相或柔和相位，對自己很有自信，有很強的優越感，總認為自己可以打倒別人，並以成為勝利者為目標。

如果是強硬相位，則可能會有強烈的野心及憤怒情緒，卻不容易將之發洩而形成內在的困擾。特別是對分相，則更容易對別人發脾氣，常常為著一些信念的東西而爭執衝突。

女性可能會特別崇拜一些較自負、擁有龐大權力、極富男子氣概的人。無論何種相位，擁有火星木星組合的人最

好能多做運動，以發洩過多的精力，並減輕暴躁不安的情緒。

火星－土星

土星對於火星的行動力和熱情，可以是一種限制和壓抑，讓此人不會輕易行動，亦不敢隨便流露自己的感情。但同時，堅毅的土星也可以讓行動力變得持久，當他想得到一樣東西、一個人時，就算當中有障礙困難，他也會堅毅不撓地努力爭取。

合相或柔和相位，此人的行動會按部就班，作好規劃一步一步去做。在關係當中，或許會壓抑一些熱情，但卻會注重承諾，不會輕易放棄。

如果是強硬相位，則會覺得自己的行動備受限制，總是得不到自己想要的東西，內心總隱藏著憤怒。對分相的時候，更會認為都是別人的問題，都是別人阻礙著自己向前行，又或會責怪伴侶為什麼那麼冷酷、熱情不足，亦容易跟權威人士發生衝突。

火星－天王星

天王星帶有突發、突變的意味，遇上火星則代表在對人或對事的熱情或是行動力，都會突然轉變，可能突然間對某人發生興趣，當新鮮感減退後，又突然覺得沒什麼吸引力。而且他在行動上總想要保持獨立自主，最怕受到束縛，

所以在關係當中希望保持一定的獨立性，亦不能忍受別人對他下命令或操控。

合相或柔和相位，在行動上會較有刺激感和創意，例如在追求一個人時會有不少新技倆，常帶給對方新鮮感。如果是強硬相位，則容易冰封自己的熱情，而造成關係上的冷漠疏離。另一方面也可能將此投射在伴侶身上，認為對方飄忽不定、或欠缺激情。

火星－海王星

火星的能量是集中、目標明確的，遇上了迷迷糊糊的海王星，容易減弱行動力，又或讓人感到迷失，不清楚自己到底想要什麼，又或可以怎樣得到。不過這個組合倒是熱情又浪漫，讓人沈醉在激情當中，亦會認為性愛是兩個人靈魂之結合。

還有，此人會為著夢想而奮鬥，亦會將「男子氣概」、「英雄」這回事理想化，渴望尋找夢想中的戰士。特別是強硬相位，容易對自身內在男性特質有所懷疑，覺得無法發揮自己的行動力及競爭力，變得較為膽怯，女性亦容易吸引一些比較軟弱的男性。

火星－冥王星

如果火星是炸彈，那麼冥王星就是原子彈，兩者碰在一起，力量無比龐

大。這個組合代表了極度強烈地熱情、
操控性、企圖心、權力欲及佔有欲。充
滿了激情，甚至是一種要跟對方共存亡
的熱熾情緒。他要得到的東西，會不擇
手段地爭取佔有，並想要操控對方。這
些都可能源自於他們對生存有一種強烈
的危機感，如果不把握一分一秒，不把
東西據爲己有，就有一種備受威脅的感
覺。

　　特別是強硬相位，更會有不知如何
渲洩的憤怒和恐懼情緒，造成內心的極
大困擾。對分相的話，更容易投射在別
人身上，總是覺得有人跟自己作對。

案例9　英國查爾斯王子（Prince of Wales Charles）

查爾斯王子的火星在射手座第五宮，代表他的行動力、精力，都放在探索世界方面。他勇於冒險，且不斷地學習、尋找人生意義，而且又快又直接。對他來說，敢於冒險、學習，就是一位勇者的表現，而這些都是他的自我展現方式，以自己的智慧、探索家的精神來表現自己有多捧，並以此肯定自己。

在戀愛方面，他總是充滿了熱情，會積極主動地追求想要的人，並在當中擔任一個主導的角色。他渴望自由戀愛、不受束縛，這跟他四宮的金星，需要家人認同他的愛情形成了矛盾，或許這也導致他在黛安娜及卡蜜拉之間的掙扎。

相位方面，火星跟一宮的冥王形成三分相，暗示著強烈的權力欲和操控性，他需要全權主導，並且會堅持自己的信念而為。同時這也代表強烈的熱情和愛恨分明，愛起來可以很熾熱，但恨起來也可以很決絕。對他來說，一位男子漢就是要有權力，並且要把一切都掌握在自己手中。他要得到什麼東西什麼人，會不擇手段直至佔有為止。

而他的火星亦跟天頂（牡羊座）形成三分相，再一次呼應他強烈的火星／牡羊特性，除了展現在個人層面，還會展現在他的公眾形象上，讓他看起來是一個強而有力的人，而且是一位勇猛的先鋒、戰士，這些都是大眾對於一個未來君王的一個期望。

不過，他的火星跟四宮的太陽形成30度，水星成45度，看來如果他想按著自己的意思去行動，盡情做自己的同時，還是容易跟家人發生摩擦。他的人生目標（太陽），可能就是要滿足家人的期望，以受到他們的認同。他的發言代表著整個皇室，因此必須仔細思考自己到底該說些什麼（水星天蠍），這些都有違他的火星冥王的自作主張及直接性質，他可能需要經過一些調整磨合，才能滿足兩方面的需求。

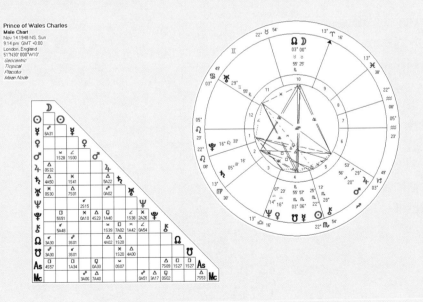

英國查爾斯王子（Prince of Wales Charles）

案例10　英國黛安娜王妃（Princess of Wales Diana）

　　黛安娜王妃的火星在處女座第八宮，她的行動力、精力，都會放在服務他人、工作方面，特別是跟金錢、資源有關部份。而她做事相當地仔細，力求完美，並且很講求效率。

　　對於她來說，怎樣的人會是男子漢和心目中勇敢的英雄？一個謙虛、勤奮、細心、注重細節，樂於服務他人又腳踏實地的人，才是她心目中的英雄。有趣的是，她的火星跟冥王合相，呼應著查爾斯王子的火冥三分。她渴望一個強勢、有權力的人來保護她，特別是在金錢、資源方面顯示權力的人，最符合她心目中的英雄形象。加上她的火冥合相北交點，這個更是她今生想要追求的東西。可見她被查爾斯王子吸引，二人能成為夫妻，當中就是有那樣微妙的共鳴。

　　當然，她自己也會是個帶有強烈情感，極富權力欲的人，在一段親密關係中（第八宮），她容易跟對方有權力鬥爭的問題，而她內在那些原始的恐懼、妒忌心、憤怒、競爭心、操控欲，往往會在親密關係裡頭被牽動出來，形成跟伴侶之間的摩擦，以至鬥爭。她可以在親密關係裡頭熱情、深情，但同時也可以變得決絕，甚至帶有摧毀性。而火冥在第八宮，也意味著她在人生中要經歷各種危機，以轉化自己。

　　如之前在金星部份所說，她的火冥跟二宮的月亮凱龍對分，並四分五宮的金星，形成T形相位。火冥八宮跟月亮凱龍二宮的對分，暗示著她會在價值觀、資源、金錢的問題上跟別人發生衝突，且為她的內在情感（月亮）世界帶來傷害。又或她可能會站在月亮凱龍的立場，把火冥投射到他人身上，認為是別人的操控、強勢，傷害了她的感情，讓她覺得自己是個無辜的受害者。這些東西都會使她的自我價值（金星）帶來很大的壓力。

　　她的火星跟七宮的水星形成六分相，可說是火星的唯一一個柔和相位。這代表經過學習鍛鍊，她倒是可以跟他人、伴侶作有效的溝通，把自己的熱情通過言語表達出來。

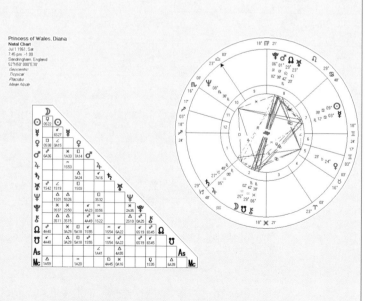

英國黛安娜王妃（Princess of Wales Diana）

第七章　從十二個宮位看你的關係

說到關係、愛情這些事，我們會很直接地去看第五宮、第七宮，不過，人與人之間的互動其實會牽涉各個層面，不能只是單純地看所謂的戀愛宮或伴侶宮那麼簡單。十二個宮位分別掌管了我們在關係當中的不同層面，想了解一個人在各式各樣的關係中的動態和需要，得先了解十二個宮位的意涵。

第一宮：第一印象

當我們與某人初次碰面，他給我們的印象已經奠下了對我們這個人的觀感，不自覺已爲這個人打了分數。我對他有好感嗎？他讓我覺得舒適嗎？還是莫名奇妙就覺得他「雖無過犯、面目可憎」？或者可能是一見鍾情？一些人際關係專家說，「第一印象」這回事不過是一秒間的事，我們從對方的衣著、談吐、樣貌、打扮、舉止，已不知不覺建立了對他的判斷。如果對某人的印象不佳，無論他真正的性格、內心的世界如何，或許我們都不會再給彼此機會進一步認識，又或日後可能要花很多氣力時

間才能改變對一個人的印象。同樣地，別人看我們時，我們帶著一副怎樣的面具，我們待人處事的方式，自然也會建立起對方對我們的印象。

這些東西，都是由上升星座／第一宮所掌管，代表了我們的人格面具以及跟別人互動的方式，甚至是一切的開始，包括我們如何開展一段關係。到底是小心翼翼（魔羯），還是一頭栽進去（牡羊）？對待別人時，你是十分保護自己（巨蟹），還是坦然相對（射手）？

沒有第一宮的第一印象、開始及互動，就不會有關係的出現，所以絕對不能忽略。

第二宮：金錢和價值

說到關係，第二宮的影響其實舉足輕重，只是很容易被忽略。

第二宮是關於價值觀和自我價值，也就是你覺得自己值得擁有什麼東西、有多值得被愛的宮位。如果一個人總是看輕自己，甚至覺得自己一無是處，那

麼他所遭遇到的，往往就是一些看輕他、不懂珍惜他、不重視他的人。又或如果你覺得自己不值得擁有好的東西，那麼就算有一個很好的朋友、情人在身邊，到最後你還是會不自覺地推走這個人。如果能夠正面發揮二宮的能量，至少你會較容易獲得健康、被尊重的關係。人得自重而後人重之，這就是二宮的課題。

價值觀當然也很重要，它影響了我們如何去選擇和做決定。如果在一段關係中二人的價值觀不協調，那麼便很容易發生衝突，又或各走各路。我們必須先認清自己的價值觀，在人際相處上才能加以協調磨合。

至於金錢，在不同的人際層面上，往往會牽涉到金錢、資源的事情，同時亦很容易因為錢的問題而發生衝突，所以一旦關乎金錢的事，第二、八宮亦會是重點所在。

第三宮：溝通、兄弟姐妹

第三宮是關於溝通和學習的宮位。人與人之間的相處，溝通是無可避免的，就算只是一個眉梢眼角之間的交流，也是溝通的一種。你如何表達自己的想法、你思考的方式、你看事情的觀點、你感興趣的東西，這些都跟第三宮有關。

兩個人關係中很重要的一點，就是要看彼此的交流。譬如說，你很愛一個人，或者對一個人很不滿，你願不願意表達出來？又或是如何表達？會不會造成誤會？很多時候，關係上的問題很容易來自於溝通不良，如果能夠認清自己跟別人的溝通問題，並加以磨合調整，便能有助彼此關係的滋長。

另外，第三宮也是兄弟姐妹及早年學習經驗的宮位，當中可以看到你跟兄弟姐妹的關係、你對他們的觀感、還有你在早期學習環境中的經驗。這些都是從你自己的主觀角度去看，屬於你的個人感受。而且兄弟姐妹、早期學習的同學們，是我們的成長過程中第一次的「社交經驗」，初次跟父母之外的人的互動，所以日後我們怎樣跟其他人相處，這些經驗都會有所影響。

第四宮：家庭和安全感

第四宮代表家庭、家族、我們的根源，那個「來自哪裡」的源頭。我們從一個怎樣的家庭環境中長大，跟家人之間的關係，定下了我們的情感制約。例如一個人來自一個很講規矩（魔羯）的家庭，他可能會習慣於守紀律、循規蹈矩，家人之間亦不習慣表達自己的情感，因此，他日後跟別人交往，也可能受到這個模式所制約。

而這個「家庭」，不單是我們源自的那個家，還有長大後所建立的家，無論你是自己出來獨居、跟別人同住，還是結婚生子，那都屬於你的家，而你跟當中的「家人」如何互動，你有怎樣的需要，也要看你的第四宮。

而且，第四宮掌管了我們的安全感和歸屬感，也就是怎樣我們才會覺得舒適、安心、安全，這是人類最基本的情感需要。無論任何一種關係，到了最後，我們都需要跟對方建立一定的信任和安全感，這段關係才會發展下去。例如一個商業的合作，如果對方不能給你一種安心、可信賴的感覺，你也很難跟他合作下去。所以，認清自己的安全感何在，在人際互動中看看對方是否能滿足你這個需要，便能夠對彼此的關係有更多的了解。

第五宮：自我展現、戀愛

很多人都關心這個「戀愛宮」，但在談「戀愛」之前必須先了解這個宮位的意涵，才能了解自己是在談一場什麼樣的戀愛。

其實第五宮當中很重要的原型意涵，就是「自我展現」和「創造」。也就是說，我們想怎樣表現那個獨一無二的自己，將自己獨特、唯我的一面呈現出來，那是一個不斷創造自我的過程。

我們都希望這個「我」可以被人欣賞、喜歡，這也解釋了為什麼這是一個戀愛的宮位，因為在戀愛當中，我們都希望那個獨一無二的我被喜歡、被寵愛、被欣賞，希望另外那一位，當我們如公主或王子那樣看待。所以在戀愛的關係中，我們最著重的就是那一個「自我」。

第五宮也是一個跟享樂、娛樂有關的宮位，當我們沈醉在戀愛當中，那也是一場人生的享樂，在那裡，我們盡情地展現、盡情地享受。

所以要了解自己的戀愛，必先了解自己到底想展現一個怎樣的「我」，以及希望怎樣被欣賞，如此才會知道自己在戀愛中扮演著怎樣的角色。

第六宮：工作、同事

第六宮是我們日常生活規律的宮位，也就是每天要做什麼以維持生活上的健全、規律，並維持自己的健康。在第五宮裡，我們都在談浪漫的戀愛，可是跟別人生活在一起，無論是家人、情人、朋友，總有一些很實在、每天要做的事要處理，例如一家人生活在一起，可能會為著爭上廁所而爭執；一對愛得火熱的戀人在一起，可能會為了牙膏怎樣擺放而需要互相配合。這些日常生活的習慣看似瑣碎，卻在人與人之間的相

處中扮演著重要的角色。或許大家都聽過很多人就是為了細微的生活習慣而導致摩擦，甚至無法同處一個屋簷下。

此外，第六宮也是工作、跟同事有關的宮位。所以如果要了解自己在工作上的人際事項，必須要好好解讀第六宮。例如跟同事的關係如何？是各自為政或是重視團隊精神？是互相幫忙還是一直有權力鬥爭？你怎樣對待同事？他們又怎樣對你？這些都可以在第六宮中得到答案。

第七宮：伴侶、他人、敵人

說到關係，第七宮就是一個名符其實的關係宮，那是我們跟他人、「非我」的一對一平等的關係。如果第五宮是在展現自我，那麼第七宮則著重在人與人之間的互動。我在關係上的表現如何？我期待在關係中得到什麼？我會怎樣對待別人？別人又怎樣對待我？

在之前的章節中提到過，第七宮是我們的一個投射，那個我們看不見、不認同、壓抑著自己的部份，都在他人身上展示出來。我們會被別人的一些特質吸引，但同時，別人也有些東西是我妒忌、討厭的。因此，第七宮可以是伴侶，也可以是敵人，說到底，那不過是我們內在的投射。如果想更認清我們面

前那個人的真實面貌，最好先了解自己是在投射什麼東西出去，否則我們一直在看的只是鏡中的自己，而不是真實的對方。

第七宮也代表一些單對單的關係，像醫生－病人、律師－客人、占星師－客人、生意上的合作夥伴等等，這些可以解釋為合約上的關係。總之，如果要了解這方面的東西，就一定得深入地研究第七宮。

第八宮：資源分享、親密關係

如果第二宮是「我的資源、金錢」，那麼第八宮就是「我們的資源、金錢」，或是伴侶、夥伴擁有的東西。所以一旦牽涉到金錢的關係，像借貸、稅項、信用卡、遺產、保險、投資這些東西，又或你跟別人一起做生意，跟伴侶一起買房子等等，都得看第八宮。

這裡所說的遺產，也包括了從父母身上給我們的「情感遺產」。當我們從媽媽肚子裡蹦出來時候，就已經帶著一些原始的恐懼，像怕被遺棄、怕受到傷害、還有憤怒、妒忌等等情緒，而這些感覺，特別容易在親密關係中被引動出來。

當我們在第七宮跟別人建立了關係後，可不可以再親密一點？可不可以有

一個情感上的連結讓二人融爲一體？這些都要看第八宮的狀況。因爲我們都害怕再走近一點的時候，自己的缺點會被人看見、被人厭棄和拒絕，於是處處保護自己。所以一段關係怎樣走下去，能否再接近一點，第八宮佔了很重要的一環。

第九宮：人生觀、外國關係

我們不能待在兩個人的世界裡頭，因爲外面還有很多刺激、未接觸過的東西，包括那位在你心目中的「神」，我們都想去探索和了解。所以第九宮是一個跟探索、冒險有關係的宮位，像是找尋一些更高更遠的事情，像外國的文化、人生的哲理等等。在當中我們會慢慢形成自己的一套人生觀、哲理觀、信仰、宗教的概念，而這些信念則影響著我們的思想行動、跟別人的互動。

比方說，如果你相信人是善有善報、惡有惡報的，那麼在跟別人相處時，或許你就不會讓自己當個「壞人」；又或當你認識朋友時，也想找一些跟自己的人生觀相近的。有些人彼此不能做朋友，可能就是因爲在信仰、宗教背景上的差異。

當然，第九宮也可以代表我們跟外地、外國人的關係，有些人特別喜歡跟外國人交往，有些則很抗拒，這些都要看第九宮。

第十宮：社會形象、上司、長輩

第十宮代表我們的社會形象，我們希望在社會上得到什麼樣的成就地位，以一種怎樣的面貌去面對社會，希望獲得怎麼樣的認同和肯定，這些都和第十宮有關，也代表了我們跟社會之間的關係。至於這個概念從何而來？那是小時候父母（母親）帶我們去看這個世界，告訴我們這個世界是怎樣的模樣，我們要怎樣才會被欣賞，因而在我們的腦海中慢慢形成這些概念。這不但形成了我們的社會形象，更影響著我們跟父母（特別是媽媽）、長輩、上司這類權威人物的關係。我眼中的他是怎樣？跟他之間的經驗會如何？我如何對待這些人？會是一直推翻權威（水瓶），還是一直被上司挑剔（處女）？當我自己成爲上司、權威人物後，又會如何對待其他人？

整體來說，天頂（第十宮）跟天底（第四宮）這條軸線，是我們跟父母之間的關係、也是跟家庭和社會之間的關係。我們跟父母之間的關係不僅會影響我們整個人格心理發展，更與日後跟他人、伴侶之間的關係有很大的影響。所

以要探討一個人的關係模式，當中有什麼制約、陰影、習慣，一定要看他跟父母的關係才行。

第十一宮：社交、團體、朋友

人類是群體的動物，所以我們無可避免地一定要跟別人接觸，一定會有團體生活和社交。第十一宮是我跟一群人的聯繫，大家可以是朋友、一個團體、組織、協會之類，抱著一個共同的理念或目標而做同樣的事情。

所以在第十一宮中可以看到你的社交生活，例如你會結交怎樣的朋友、你的交友態度、在團體當中擔任的角色等等。你會負責照顧他人（月亮十一宮）？還是當中的通訊者（水星）？又或你會喜歡加入怎樣的團體？或帶著什麼樣的理念和目標？

當一個個獨立個體連起來的時候，就組成了團體，也就組成了整個社會，因此第十一宮顯示出我們跟社會的關係，以及在當中擔任著什麼角色。你的價值觀（金星十一宮）會受到團體的影響嗎？還是你希望在團體中當一位領袖（太陽十一宮）？

現代人的生活講究人脈，無論你是在職場上打拚的上班族，還是在網路上結交了很多的網友，都可以從第十一宮看到你的人際關係。

第十二宮：背後的人

來到第十二宮，這是一個隱密、退隱的宮位，是一些我們不被認同接受的部份。例如十二宮的火星，代表此人的憤怒一直被壓抑著；水星在十二宮，代表溝通不被鼓勵，小時候可能一說話就被罵之類的。於是這些東西變成潛藏的弱點，而當這些弱點被投射出去時，就變成了隱藏／祕密敵人（第七宮是公開、看得見的敵人）。有些占星師會說這些就是小人是非的宮位，但如果真的理解背後的意涵，就會明白那是我們隱藏的部份。如果能夠覺察內在的原因，反可以將之變成隱藏的潛能，並加以發揮。

第十二宮也代表一種集體意識，全人類的共同體，同時也可以看出我們跟這個集體的關係。例如不少世界領袖或名人的星群和太陽都落在此宮，因為他們所做的事情影響著整體的感受、想法、生活。又或有些藝術家、作家，他們所說的東西代表著很多人的想法，讓世世代代都有共鳴，這也就是他們跟這個集體意識的關係。

另外，第十二宮也是我們在媽媽肚子裡的時候所經驗的能量，在還未出世時，已在我們的潛意識中留下烙印，影

響我們日後的人格發展。所以我們跟母親之間的關係，甚至跟這個世界的關係，早在未出生前就已經建立起來了。

案例11　瑪丹娜（Madonna）

　　不少人覺得第十二宮很難理解，那我們可以看看有四顆行星在十二宮的美國樂壇教母瑪丹娜。她的太陽、水星、冥王跟天王星都在十二宮，而十二宮是一個跟集體意識連結的宮位，從中我們可以看到瑪丹娜跟集體大眾的關係。

　　代表自我展現的太陽在十二宮，不一定是躲在幕後不敢見人的人，而是她的自我已經融入在集體當中。不少政客名人也跟瑪丹娜一樣太陽在此宮位，因為他們幾乎都沒有了私生活，自我貢獻給全人類，照耀著大家，同時也靠著大家的支持才找到自我或達成人生目標。再加上瑪丹娜的太陽在獅子，她就是全人類眼中的閃閃巨星，所以有人說帶給她最大快樂的伴侶，其實正是媒體的閃光燈。

　　她的水星也在十二宮合上升點，所以她的思想、她的說話，都在影響著大家，同時也得到大家的共鳴。

　　還有兩顆世代的行星天王及冥王都在她的十二宮，更強調了她對世代的影響。她唱

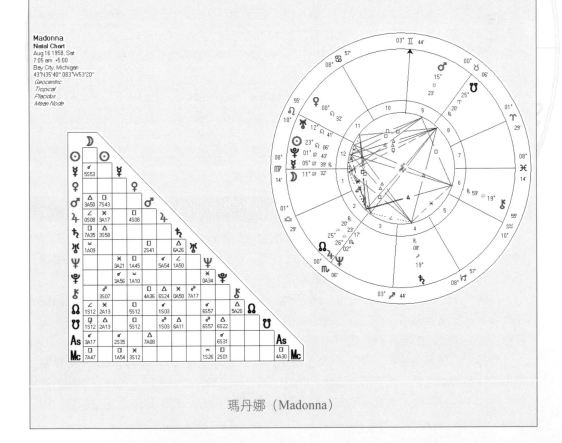

瑪丹娜（Madonna）

的歌、拍的電影，在媒體上的說話，甚至她吃東西的選擇、信仰的宗教等等，在在都影響著社會大眾，同時也代表著很多人的心聲，大家可從她的身上找到共鳴感。

至於她個人的情感關係，可以先看第一宮貼著上升的處女座月亮。她六歲的時候母親已患有重病，她一直渴望母親能康復，但最後還是看著母親離去。這對她的打擊很大，此後她還要當大姊姊照顧其他的弟弟妹妹。當她爸爸再婚時，她覺得那是一種背叛，並告訴自己要堅強，要學會不需要別人。而四宮的土星也呼應著這些事情，代表著與父親的關係疏離，且因為家庭環境而讓她學會要自給自足。

她的一宮月亮，代表了童年時候跟媽媽很親近，可是土星跟月亮四分，形成了看著母親離去後情感上的疏離，就像她要自己變得很堅強而不需要任何人一樣。也因為這樣，她在讀書時開始跟不同的男生交往，15歲時已經發生性關係，長大後更有多段跟同性、異性的戀愛及婚姻關係。可見月亮處女及四分土星，讓她一方面覺得情感不足，希望有人來愛自己，並渴望感情生活多姿多采，但同時也因為自身的疏離感，又或努力保持情感上的自給自足，而不容易跟別人有深厚的情感連結或建立長久的關係。

至於她的感情態度，我們可以看看她的金星。金星在獅子十一宮，代表她的自我價值是建立在社會人群當中的，能否受到大眾的欣賞喜愛，對她來說相當重要。在一段關係中，她需要當一個王者，一個有操控性的人物，加上二宮的木星，可見她相當有自信，甚至比較自我，她把自己看得很重要，其他人都要來配合她。而十分有趣地，她的情人、丈夫幾乎年紀都是比她小的，讓她得以發揮她月亮一宮的母性去照顧別人。同時還有金星獅子及木星天秤二宮，她要發揮她強勢的特質，那麼找一些年紀小的人似乎才能配合她的強勢。況且她的七宮是雙魚座，代表她在伴侶關係上對於什麼階級、性別等等的都不會很在乎。

從這個例子可以看到，一個人跟大眾、伴侶、家庭的關係，可以從不同的宮位中看到，並且息息相關、互相影響，如能從一個整合的角度去看，可以比較容易看到前因後果。

案例12 容格（Carl Gustav Jung）

容格是著名的心理學家，在研究的過程當中，自然有很多的諮詢個案需要跟別人互動，又或從「他人」身上去觀察，再發展出理論。所以這類型的學者、諮詢師、醫生等等，他們的第七宮通常會成為星盤的重點之一。

容格的第七宮是太陽跟天王位於獅子座，代表他的個人認同、自我展現和人生目標（太陽），都需要從別人身上以及跟他人的互動中而找到，所以他的人生就是放在「研究別人」上，並且提出嶄新的理論（天王）。

他的上升星座是水瓶，第一宮有土星，代表他總是帶著好奇、創新的眼光去看世界，同時也相當謹慎，甚至帶有恐懼。而且他跟爸爸的關係也不太好，他總是不相信爸爸的信仰。很多時候，土星一宮會有跟父親關係疏離的情況，加上他的土星在水瓶，還

有冥王在三宮合天底，總有一種想推翻父親的心態，特別是在思想方面。而且太陽合下降（對分上升），可以說一方面他渴望從跟爸爸的互動中得到自身的認同，但同時父親也跟他的自我（上升）有一種衝突、對立。

這樣的模式在他長大後，似乎也在他跟佛洛依德的關係上重覆。最初，他相當仰慕他的理論，彼此認識後更一起發展心理學，二人可以說是亦師亦友，甚至在他心目中，佛洛依德就像在扮演他爸爸一樣。後來因為容格開始不太贊同佛洛依德的一些想法，二人開始分家，完結了這一段「父子」關係。從這個例子來看，一個人跟父親的關係往往會在跟其他男性、又或帶有父親形像的人物身上一再重覆。

接著我們可以看看他的伴侶關係。他跟太太生了五個小孩，卻同時有另一位情人Toni Wolff，並長期處於三角關係中。他的太陽在第七宮，暗示著伴侶關係和婚姻對他來說相當重要，因為那是他的自我來源，也是他展現自己的地方。同時天王星七宮又代表著他需要在關係上保持自由、自主和獨立，並藉此獲得新鮮感。這種心理動態往往會製造出三角關係，因為從中可以滿足他對新鮮感、變化的渴求，還有不必對任何一個人真正的投入，變相地保持了自我的完整（這不是說天王七宮一定有三角戀，而是這是其中一個天王星心理動態展視出來的情況）。

從這個案例來看，在同一個宮位（太陽天王七宮）中我們已可以看到多種關係，包括一個心理學家跟他人的關係，他跟父親、佛洛依德、還有伴侶的相處，可見光是一個宮位就可以給我們多方面的訊息。看似不同的遭遇、不同的人物、情節，背後的動態卻是同出一轍。

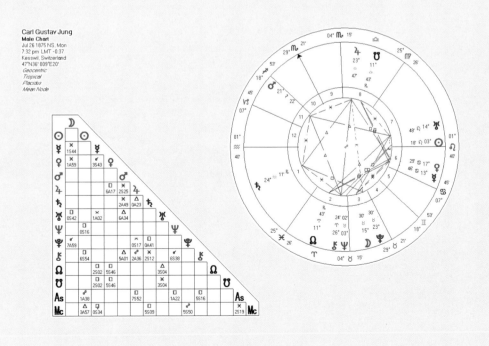

容格（Carl Gustav Jung）

第八章　各類關係的分析重點

愛情／婚姻關係

　　這是最多人關心，也是占星師最常碰到的諮詢問題。一個星盤裡頭蘊藏著許多資料，可以讓我們更了解自己的愛情關係，並藉著對自己和伴侶更深入的了解，才能創造更美滿的關係。

上升－下降

　　在之前的章節中提過，上升／下降軸線代表了「我－他」的關係。一般來說，我們都比較容易看到自己上升／第一宮的一面，而將下降／第七宮的一面投射到他人身上，雖然那明明是自己內在所投射出去的部份，但在我們的眼中，仍舊會覺得那就是對方，認為「他就是這樣」。例如火星在一宮，我們會很容易看到自己急躁、憤怒、衝動的一面，但如果火星在七宮，我們就會看成「他」實在是個急躁、易發脾氣、又衝動的人，卻忘記了他不過是自己的一面鏡子，而這面鏡子，有時讓我們覺得對方十分吸引人，有時卻又會埋怨他這樣不是那樣不對。如果我們能察覺下降點

的部份，明白那是自己內心發放出去的東西，那麼當我們看他人／伴侶的時候，就可以較容易看到他真實的一面，而不是投射在螢幕上那個虛幻的影象。所以，與其一直從第七宮去找自己到底會遇上怎樣的「真命天子」，不如看清楚自己這部投射器。當你越能夠接納自己那些壓抑、看不見的部份，或許你遇到的人所給你的感覺也會變得不一樣。例如如果你一直覺得伴侶總是一直在挑戰你（火星七宮），不妨看看自己內在那些「看不見的憤怒和競爭性」，當你明白、接納自己這一部份時，你自然也容易接納第七宮的他。

第五宮

　　第五宮所代表的是愛情上享樂、玩樂、浪漫的部份，當我們約會和熱戀階段，都是在享受那種戀愛的感覺，那種被人欣賞、喜歡的興奮感。所以要知道你在愛情當中想得到怎樣的享受，看第五宮便可分曉。而如果有些人，只視性為一種享樂，又或只喜歡隨便的交往、約會，沒有打算建立一段較長久的關

係，這類的愛情模式也可從第五宮看出來。此外，就算兩人已處於穩定的階段，卻想讓彼此的熱情持續，亦可以根據第五宮的需要來重燃熱情，爲彼此的關係再添一點趣味。

第八宮

第七宮主掌單對單、伴侶和婚姻關係，當兩個人再進一步，就邁入了第八宮的親密關係。所謂的「親密」，就是兩個人情感上的深層連結，兩人融而爲一，由兩個獨立的個體變成了一個更大的共同體。在這裡，大家彷彿就要將自己最深層的部份拿出來讓對方看見，而無可避免地，我們也會更容易看到對方的缺點，同時也害怕自己的缺點會被對方看見，害怕他會嫌棄自己。這是關係中的一道考驗，你能不能接受和包容自己和他？這也解釋了爲什麼這是一個危機、離婚、分離的宮位，因爲當大家無法接納自己和對方最深層的情感時，就很容易引起問題，導致分離。

而第八宮也跟性有關，跟第五宮的不同，第五宮的性是享樂的，第八宮則是情感精神上的結合。一段伴侶關係中，性生活是不能忽略的，你和他各自的性觀念和需求如何，都會影響到彼此的關係。

另外，第八宮也是分享資源、價值觀的宮位。兩個人一起生活，自然在用品、資源、金錢上會有連結，可能大家一起供房子，又或開支上如何分擔，甚至家中的沙發要買你喜歡的紅還是我愛的黑等等。所以我們必須理解自己和對方在這方面的需求、選擇、觀念，才能更加磨合協調。相信大家聽過不少例子，不少人就是爲了金錢問題而導致感情分裂，這些現實的事情在一段關係中也絕對不可以忽略。

以此來看，看自己在關係上的表現、需要，第八宮是很重要的一部份，它一口氣就包辦了我們的情感連結、性、及金錢問題。

太陽－月亮及中點

太陽及月亮在愛情／婚姻關係中佔了很重要的位置。那是我們的父母形象、內在男女、以及投射出去的男女部份。

太陽是自我，也是我們所認知的父親、內在的陽性部份，亦形成了心目中的一個男性形象。而在伴侶關係上，特別是女性，往往會找一個符合這個形象的人；而男性則較易將太陽的部份內化，轉化成自己的男性形象。

同樣地，月亮代表我們所認知的母親、內在陰性的部份，成爲了心目中的一個女性形象。男性特別容易去找一個符合這個形象的女性，而女性則較易內化，並表現出月亮的部份。

如果我們能夠多了解自己的太陽、月亮，也就是內在的男女，那麼不僅可以找出自己可能遇上的「理想對象」，亦能明白自己的情感需要，了解為什麼會被某些人吸引，明白在外面會找尋一個怎樣的內在投射。

而且，太陽月亮之間的相位也說明了內在男女的關係，會是融和、衝突，還是緊張的？當我們能夠覺察並整合自己的陰陽部份，那麼在外在世界顯現出來的男女關係，也會順利地得到改善。

更進階一些，也可看看太陽月亮的中點，那是我們內在陰陽的結合，亦是所謂的「內在婚姻」，它會給我們更多的資料，並告訴我們在關係中的渴求，以及怎樣會更為完整。

金星

金星是最為人熟悉的愛情之星，我們怎樣跟別人打交道、建立關係，或帶有怎樣的魅力，如何去吸引別人，讓人去喜歡自己，這些都是金星的工作。從星座可以看到我們怎樣去展現金星的能量，宮位則是在哪裡最易讓金星發揮作用。當然同時也要注意她的相位，有什麼支持或阻礙影響著金星的展現。

金星也代表著自我價值，當你認為自己值多少時，你就會吸引到同樣的人來滿足你的金星。例如金星海王的相位，會認為只有我為對方犧牲、奉獻了一切，我才值得被愛。因此，這人所經驗的愛情關係、遇上的對手，都可能會貶低或糟蹋他。

其實金星提供很好的資料，告訴我們如何提昇自我價值／個人魅力，當你懷疑自己是否值得被愛，害怕自己不能討人喜歡，甚至不知怎樣去展示自己的魅力時，不妨研究一下自己的金星，再好好地發放自我的吸引力。

而在男女關係上來說，金星是具有吸引力的女性形象，要看男性會被哪種女性吸引可看他的金星；而女性則較易去展示她自己金星的部份。

火星

在一段愛情關係中，少不了「熱情」（Passion）這一部份，兩個人互相吸引，當中總是存在著一定的熱情、火花，以及激動心跳的情緒，和那份追求自己所愛的動力。我們如何去爭取自己想要的人，這些都要看火星的動力何在。

很多人會認為在一段關係中，日子久了，熱情的火花就會減退，感情就開始變淡。但如果能夠了解自己和對方的火星，並加以適當的刺激，就可以讓愛火一直持續，也是保持熱度的好方法。

另外，火星也代表了衝突、憤怒，兩個人發生爭執、衝突時會怎樣？什麼最易惹怒他？都可以從火星找到線索。

而通過對彼此的了解，自然可以相處得更融洽。

在男女關係上來說，火星是我們心目中的戰士、勇士式的男性形象，男性會較易去認同展現，女性則會嘗試在男性身上尋找。

土星

關於愛情、婚姻關係，較少人會提到土星，一個這麼乏味又不浪漫的行星能有什麼作用呢？除了浪漫、激情外，在一段關係中，不少人還是很著重承諾、名份、責任的。從星盤中的土星位置，可以看到這個人對承諾的態度是重視還是想逃避？例如，如果土星落在第七宮，則這人在伴侶關係中會相當小心謹慎，不輕易投放感情，但一旦確定了，就會相當長情，重視承諾和婚姻。

案例13　伊莉莎白・泰勒（Elizabeth Taylor）

伊莉莎白・泰勒可說是劃時代的好萊塢巨星，極具女性魅力，且有「世界頭號美人」之稱。除了她的電影及美貌外，最被人談論的就是她曾結婚八次（其中兩次是跟同一人），也可算是一個傳奇。我們可以從她的星盤中，嘗試找出這位美豔巨星多次婚姻背後的心理動態。

首先可以看看上升／下降軸線，射手－雙子代表著她最認同自己的部份是對哲理意義的追求、對自由的渴望，並希望不受束縛、不斷地探索未知的東西。而雙子座則是她較不容易看見的部份，像活潑多變、靈活機巧、聰明敏銳，善於溝通及搜集資料等等。她很容易將這部份投射在伴侶關係上，例如吸引到有這些特性的伴侶，又或在關係上她總是帶著好奇心，希望去嘗試新的東西。這也暗示著她會渴望在關係中找到新鮮感，經常變化才不會讓她覺得沉悶。

接著我們可以看到她的火星、太陽、第七宮的守護水星同時合相在第三宮雙魚座，這再一次暗示她在關係上會著重溝通，並且存有很多美麗的幻想和渴求。而會吸引到她的男士都是那些比較浪漫溫柔的類型，甚至是一些會扮演著受害者／拯救者角色的人，讓伊莉莎白在當中可以發揮她的大愛和慈悲心，又或當一個受傷害、值得同情的人。這一點她的五宮凱龍同時也正好呼應著，在她的自我展現或戀愛當中，她總是覺得自己會是一個無辜的受害者，容易覺得受到傷害。這也解釋到為什麼她在一次又一次的婚姻破裂後，卻又繼續展開下一斷婚姻，或許她就是要一直去滿足這種受害／拯救的心態。同時，太陽火星雙魚座也暗示著對於她的父親、內在的男性總是有種迷失感，總是希望可以找尋那個理想國度中的男性，所以才會過多次的婚姻去尋找。

　　還有，她的金星在四宮牡羊，跟天王合相。這一方面代表著她對別人有一種刺激的吸引力，同時在愛情關係上，她其實是追求多變、刺激、新鮮感的，並希望有個人空間和自由，不要受到束縛。而當天王金星在第四宮時，亦代表她不容易紮根在一個地方、一個家，希望自由自在，不易建立歸屬感，所以她也就不容易跟一個人建立長久而穩定的關係。

　　至於她的月亮，在天蠍座第十一宮，所以在社會、團體當中，她是一個極富性感誘惑力的女性，而她的情感需要是希望可以跟別人建立深層的情感連結。不過跟凱龍對分，又會害怕受到傷害，形成了內心的掙扎矛盾。

　　所以，伊莉莎白一方面努力追尋理想中的男性、童話般的關係，並且跟別人做情感的連結，但同時又害怕受束縛和受傷害，而一直維持著自我獨立。在愛情方面，內心實在存在著不少矛盾和壓力，而她在現實中的選擇，就是在一次又一次的婚姻中作出嘗試、持續尋找她的愛情。

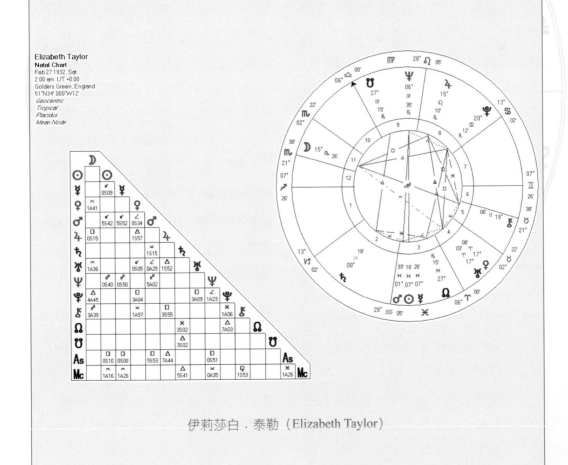

伊莉莎白．泰勒（Elizabeth Taylor）

工作／生意夥伴關係

關於在工作、職場、生意上的人際關係，很多人也相當關心，因為在現今社會中，人脈的重要性有時甚至超過實力。如果在人際關係上搞不好，你再有實力也未必可以發揮或得到機會。所以不妨看看你自己和合作夥伴的星盤，找出關係上的潛能。

上升－下降

上升／下降軸線不單只應用在愛情／伴侶關係上，第七宮也代表了合作夥伴及客人。例如你是做生意的，第七宮會是你的商業夥伴，也可以是你的客人，又或當你需要聘用律師、會計師時，他們也會是你的第七宮。

上升／第一宮是你最看得見、認同自己的部份，而第七宮則是你以為自己沒有、羨慕別人擁有的部份，通常會跟第一宮互補不足，就像在合作夥伴上大家必須互相配合一樣。例如如果上升是雙魚，那你會看到自己充滿理想、創意的一面，但可能會忽略日常工作上要落實執行的東西，而在下降的處女座身上，就會找到這種實際的能力，並從夥伴身上找到互補平衡之處。

而從第七宮，你也可以看到你跟對方的互動關係，會是各自保持獨立的關係（水瓶下降），還是平等、互相依賴

（天秤）的模式？當你更了解自己跟他人的互動模式，自能選擇更適合自己的方法及夥伴來合作。

另外，第七宮也是代表敵人的宮位，在商業、職場上，總少不了敵人或競爭對手。根據第七宮的意涵，你會視對方為敵人，就是他擁有一些你覺得自己沒有的特性，可能出於妒忌或感覺受威脅，於是將對方視為敵人。如果能夠退一步，看清楚這個你眼中的「敵人」的特性，那其實是你自己所壓抑或看不到的一些東西，反而有助你去了解及改善自己。例如下降是雙子座，你可能會討厭對手的巧言令色，靠著一張嘴就可以拿到生意，那麼或許你可以檢視一下自己的溝通技巧，又或改為欣賞對方的長處，從中找出自己這方面的潛能，那會比光是妒忌或咒罵對方更有建設性。

第七宮也代表合約，所以在工作、生意上有什麼合約事宜，也可藉第七宮去看看相關的狀況。假設海王在七宮，那麼就得小心在合約上有條款不清、或被欺騙的情況。

第六宮

第六宮代表同事、下屬，也就是在你的工作環境中要經常面對的人。如果第七宮是平起平坐的夥伴，那麼第六宮就是泛指同事以及下屬，那些替你服務的人。很多人工作不愉快不是因為工作

上實質的困難，反而是各式各樣的人際問題。所以要了解並改善自己在工作上的人際關係，就要研讀一下你的第六宮。例如如果火星在第六宮，則較容易跟同事們競爭、甚至出現衝突，因此我們得察覺自己這種愛競爭的心態，如何將之轉化為動力去把工作做好；又或當金星在六宮，你會很著重跟同事之間的關係，著重和諧且樂於妥協，在職場中也會有較佳的人際手腕。

第十宮

第十宮是我們的社會形象、事業成就的宮位，也代表了我們所認知的權威人士和上司。要看看你跟上司、職場上一些前輩的關係就可以看此宮位。像如果你有天王星在第十宮，可能會有一個給你較大自由度的上司，又或你總是喜歡挑戰權威。如果是土星在十宮，則可能會常常覺得上司要求嚴謹，給自己很大的壓力。因此了解第十宮，可讓你多了解跟上司的關係。

第十一宮

現代商業社會中很講究人際關係與人脈，你的朋友圈子、網上的社群，以至在一些團體當中，你是否容易找到別人幫忙？你在當中扮演著什麼角色？這些都會影響到你的事業。假設你做的是業務方面的工作，如果有很多朋友幫你

推廣，你會事半功倍；又或當你要把產品在大眾層面上宣傳，你跟整個社會大眾的關係也可從第十一宮中找到線索。

第十二宮

在人際關係上，第十二宮代表了隱藏的敵人，跟第七宮公開的／看得見的敵人不同。套用我們的日常用語，那就是所謂的小人、放暗箭的人。其實第十二宮是我們隱藏、小時候不被認同的部份，潛藏在心理層面，變成了隱藏的弱點，於是在現實中就變成了隱藏、在背後的敵人，他們似乎在攻擊我們的弱點。假設金星在十二宮，可能你會覺得有人一直在貶低你的價值；火星在十二宮，可能你會覺得有人在背後跟你競爭，暗暗地把你的東西搶去。如果我們能夠看清十二宮中代表的潛藏弱點和自我束縛，就能了解那些所謂的背後敵人，不過是自己的心魔罷了。

第二宮－第八宮

第二宮是個人價值觀、個人擁有的金錢，而第八宮則是分享資源的宮位。在生意、商業合作上，自然會有很多金錢上的關係，例如大家合作投資，共同分享一些資源等等。看看自己的第二、八宮，會理解到自己跟他人在價值觀上會否融合或有所衝突，以及有什麼地方需要注意。特別是第八宮，亦能看到自

己跟他人在金錢關係上會是怎樣的情況，又或採取什麼模式會較適合等等。例如木星在八宮，可能有很多機會跟別人合資，又或從中可以獲取財富。例如火星在八宮，就得注意跟別人在金錢上有衝突、競爭的問題。當然，在二人星盤比對或在合盤中，也需要理解彼此的二、八宮。

水星

水星是貿易、商業之星，亦代表了溝通連繫。在職場關係上，溝通是無可避免的事情，無論你是跟同事、客戶、上司對話，又或一些文件、合約的往來，都可透過水星的位置去看看相關的性質、可能性及挑戰。如果大家是商業夥伴，有生意上的往來，則個別及合盤上的水星也要多加留意，看看大家的交易是否順利，又或有什麼地方要注意。

金星

金星代表了一個人的理財方式、價值觀、賺錢的模式。以生意的角度來看，了解自己和合作夥伴的理財方式及價值觀可利於彼此的合作。例如你的合作夥伴的金星落入雙魚座，則他可能對於金錢的概念模糊，如果彼此在金錢上有來往，則要多加注意。

另外，金星也掌管整體的人際關係，這人如何跟別人打交道，交際手腕

怎樣，都可從金星來看。例如你的金星在天秤座，則你可透過良好的社交技巧來賺取金錢，或以此來幫助你的事業。

土星

在愛情關係中我們著重承諾，而在職場或生意當中，誠信、可靠度、管理模式也相當重要，而這些都是由土星掌管。一個人的承擔能力、責任感、紀律度、企圖心等，都可以從他的土星位置中了解相關的模式。你不單可以用來了解自己，也可以從合作夥伴、下屬的土星位置中了解他能夠擔當何種責任，又或他是否忠誠可靠等，因為這些性質對於一家企業營運來說，亦是相當的重要的要素。

案例14 史提夫‧賈伯斯（Steve Jobs）

　　史提夫‧賈伯斯（Steve Jobs）是蘋果電腦的創辦人，在他的事業生涯當中，由創辦開始便是與他人合作，然後又經歷了多番的人事變動、鬥爭。所以我們不妨看看他星盤中的合作關係。

　　上升水瓶，太陽在一宮雙魚，他給人的印象、處事的方式可說是相當自我，表現出自己與眾不同的一面，同時也顯得獨立、創新並渴望得到整體社會的認同（太陽雙魚），他以豐富的想像力來打造一個理想國度，並造福社會。

　　他的第七宮是獅子，冥王在七宮。這顯示出他在合作關係上會欣賞一些有領導才能、具創造力，甚至是有權力的人。他跟工程師史帝夫‧沃茲尼克（Stephen Wozniak）一起創辦蘋果電腦，無獨有偶，沃茲尼克正正是太陽獅子座。沃茲尼克低調而富創意，卻不喜以名人自居，正巧符合賈伯斯冥王獅子七宮的特性。

　　冥王七宮也可以代表一些關於權力鬥爭的事情，加上獅子座，更暗示著一個王者的爭奪。1983年，蘋果電腦越做越大，賈伯斯找來百事可樂的約翰‧史考力（John Sculley）當CEO。可是到了1985年，經過一番權力鬥爭，史考力以業績不佳為理由，把創辦人賈伯斯趕出了蘋果。可見第七宮可以是合作夥伴，同時也可以是你的敵人，而冥王七宮往往也暗示著權力的爭鬥。到了1997年，賈伯斯才重返蘋果，重掌大權。

　　至於他的第六宮，有木星天王合相在巨蟹座，代表他會給予下屬、同事自由發揮的

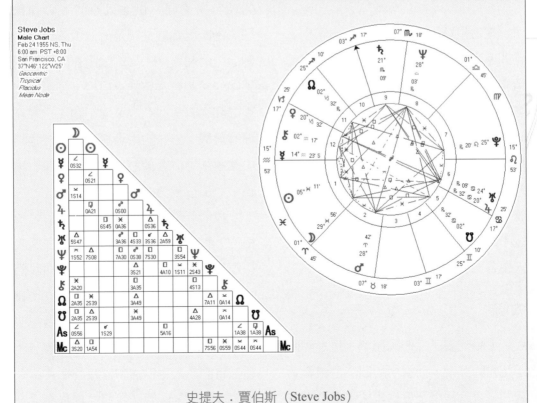

Steve Jobs
Male Chart
Feb 24 1955 NS, Thu
6:00 am PST +8:00
San Francisco, CA
37°N46' 122°W25'
Geocentric
Tropical
Placidus
Mean Node

史提夫‧賈伯斯（Steve Jobs）

機會，工作時也會尊重別人的獨立空間及創意，而這些正是美國不少科技公司的特性之一。不過，他的員工形容他「古怪、情緒起伏不定」，他的管理模式是「進取、要求高」，而財經雜誌Fortune更形容他為極端自我的人。這些都可以從他的水瓶上升，太陽一宮，而上升及天頂之守護星天王及木星皆落入工作宮第六宮中展示出來。可見他給別人的形象、待人處事的方式、對待下屬和作為一個老闆，都是極具創意卻又相當自我的，有人甚至形容他相當極權強悍（這也是木星天王合相的特性之一）。

　　另外在金錢關係上，海王位於天秤第八宮，代表他可以跟別人在財務資源上連結、合作，並達到理想。一開始他就跟沃茲尼克合作，一起籌組資金去建立蘋果這個王國。而他的海王跟二宮的火星形成對分相，代表他跟別人在金錢、價值觀上容易發生衝突，而火星白羊二宮，也暗示著他可以獨立去開創、爭取自己的資源。所以他離開蘋果後獨自創辦了Next電腦，表現出火星二宮的開創力，他是可以憑自己的能力打造出自己的價值的。後來蘋果又收購了Next，再度表現了海王八宮的特性。就在一次又一次的創辦、合資、收購的過程中，展示了火星對分海王的「獨立／融合」的一面。

家庭關係

　　在占星諮詢裡頭，很少人會特別去詢問家庭關係，因為大家都比較重視愛情和事業。但在很多時候，當占星師跟客戶探討他在愛情事業上遭遇的問題時，就會追溯到他的童年、家庭生活、以及跟家人之間的關係。其實我們的成長環境、過程，以及跟家人之間的經驗，會一直烙印在我們的心靈當中，日後不斷影響著我們的愛情、事業，甚至人生各式各樣的事情。

太陽

　　太陽代表了父親的原型，也是我們所認知的父親，而當中的觀感是絕對主觀的。也就是說，兄弟姐妹當中，大家都擁有同一個父親，可是每個人所認知的便有所不同。例如大姐的太陽在獅子，她所認知的父親是一個很有氣勢、創造力的父親；二哥的太陽在天蠍，他認知的父親是帶有神祕感的，甚至跟父親之間會有一些鬥爭，父子關係也容易經歷危機；三妹的太陽在雙魚，在她眼中父親卻是個溫柔慈悲的人，不像大姐眼中的那位強勢的爸爸。

　　我們可以通過太陽的星座、宮位及相位，也就是太陽的整體組合，去看我們跟父親的關係。跟父親的關係在我們的成長過程當中有多重要？他建立了我們內在男性原型，包括了內在的陽性部份、對於「男性」的整體概念和觀感，甚至我們的人生目標和自我（也是由太陽掌管的），影響了我們的自我展現，

以至日後跟男性的關係。特別是女性，在找尋伴侶時往往會受著父親經驗所影響，會尋找有類似特性的人，或將跟父親的經驗重覆。

曾遇過一個諮詢案例，她的太陽位於八宮處女座，合相土星，她來作諮詢的時候本來是問愛情的問題，她在每次戀愛、約會的時候，總是無法表達自己的想法，雖然她是個很有想法的人（太陽處女），卻不敢說出自己的感受，又或對著喜歡的人總是相對無言，感情就這樣因為沒有溝通而變淡消失。她很想知道自己的戀愛運是否永遠會這樣糟。

究其原因，太陽土星合相於處女座，就算很有想法，也會因為過度謹慎而沒法說出來，因為她害怕自己不夠好，怕別人會嫌棄她。再追溯下去，就是小時候，爸爸十分的嚴厲，只有批評沒有讚美，做得好是應該的，犯一點小錯誤就罵個體無完膚，因而讓她形成了有話不敢說的性格，而碰上的對象又往往是一些會批評她的人。

所以，我們會不自覺地重覆父親帶來的經驗，不但自己會展現出來，也會在外在世界中找尋同類的人、同類的遭遇。就算你很討厭自己的爸爸，也無可避免地會被那種經驗制約，在你身上，還是會找到他的影子。

檢視一下自己的父親經驗，想想他對你有什麼影響，從中你攝取了什麼，再對比一下生活上的其他遭遇，你便能找到一些線索。

月亮

月亮是我們的母親經驗，跟母親的關係、眼中的她，從她身上又攝取了什麼性格能量。而月亮更代表了我們的家和根源，家庭是歸屬感、安全感的來源，從月亮的位置中可以看到我們跟母親之間的經驗和家庭生活，安全感是建基於什麼？我們要怎樣才覺得安全？或是很容易就覺得惶恐不安等等。而這些對於日後我們自己所建立的家庭、各式關係，特別是伴侶關係，都有重大的影響。

「安全感」是人類最基本的情感需要，它影響著我們跟別人的聯繫以及建立的關係，甚至在生活上各個層面也會影響到。例如月亮在金牛座，極度需要物質上的安全感，而母親、家對他來說，是可靠、不易變化的。所以當他跟別人建立關係後，習慣了、熟悉了，就希望永遠不變；又或他在工作上較容易對公司建立歸屬感，因為當他習慣了那份工作後就不想再改變，也因此不會輕易轉換工作。

月亮也代表了我們「家的經驗」、對家的看法、跟家人之間的關係。所以月亮不但可以代表母親，也可泛指「家人」。而這個家或家人，不單是童年時

成長身處的家，還有我們長大後自己所建立的家，以及當中的家人。

另外，月亮很重要的一點，就是跟母親的關係，形成了我們內在陰性的人格部份，也是我們習慣了、熟悉的一些特性。所以無論男女，在人際關係以至伴侶關係當中，也會傾向於尋找這類的人，因為這種人會讓我們覺得安全又熟悉。對於男性來說，他也會傾向把這個母親形象投射出去，尋找相類似的女性。正如太陽一樣，我們可以檢視一下自己從母親身上攝取了什麼特性，而又在日常生活中，重覆著哪種跟母親相關的經驗。

第四宮－第十宮

第四宮（天底）及第十宮（天頂）這條軸線，代表著我們的家庭與父母之間的經驗。第四宮和第十宮，哪個代表父親？哪個代表母親？不同占星師有不同的見解。有說第四宮相對於巨蟹座、第十宮相對魔羯座，自然第四宮會代表母親，第十宮代表父親。但亦有占星師認為第十宮是一個代表外在世界的地方，而一般來說，都是母親帶我們去外頭玩、去接觸這個世界，而爸爸因為要常出外工作賺錢，就是較為隱蔽、看不見的一位家長，所以歸四宮掌管。當然，這沒有特定的分野，可視乎每個人父母的角色而定。

所以，除了看太陽月亮外，還要兼看四宮與十宮去了解我們的父母經驗跟關係。

第十宮既然代表了母親，特別是她帶我們去看這個世界，告訴我們外頭的世界是怎樣的，於是形成了我們對日後的事業、成就的概念，例如第十宮是白羊座，可能你眼中的母親是一個很有活力又愛競爭的人，她告訴你這個世界是弱肉強食的，所以日後你也會希望在事業上成為一個勝利者。這就解釋了為什麼第十宮代表母親也代表事業成就，並讓我們了解我們跟母親的關係、經驗，也影響著我們日後所渴望建立的社會形象。

至於第四宮，則是我們回去休息的地方，那個讓自己感到安心的內在保壘。我們的家庭生活氣氛如何，以及跟家人的相處，也是看第四宮。例如金星在四宮，代表家庭生活和諧、跟爸爸的關係融洽，甚至會傾慕父親；如果土星在四宮，則可能對家庭很有責任感，爸爸也是個嚴謹的人，可是彼此的關係卻有點疏離。第四宮的經驗也會延伸到日後的家庭，甚至影響其他方面的生活。例如有一個個案，冥王在四宮，小時候爸爸經常打打罵罵讓他很害怕，也沒有安全感，長大後，無論在事業還是感情上都沒法安定下來，因為他沒法子建立歸屬感。

如果上昇／下降是伴侶關係的重要軸線，那麼天頂天底則是家庭關係的支柱。

水星、第三宮

至於兄弟姐妹的關係，則需要看水星的星座、宮位，相位，以及第三宮的狀況。同樣地，這也是我們的主觀，一家當中幾個兄弟姐妹，個別的觀念和經驗都會不同。兄弟姐妹可以說是我們早期的「社交生活」，跟他們的相處，也會影響到我們日後跟同學、朋友、以及其他人的交往互動。

第五宮

第五宮除了是戀愛宮外，同時也是子女宮，想了解自己跟小朋友、子女的關係便可看此宮位。例如土星在五宮，則你對於子女可能會較為嚴謹，很負責任但也較有距離；木星在五宮，則可能在你眼中子女都是樂觀、愛學習的。如果想多認識自己跟子女的關係，一方面可看自己的五宮，另一方面也可看子女的太陽、月亮、四宮、十宮，這樣才能了解彼此眼中的對方，從中作出協調，並增加彼此的了解。

案例15　英國威廉王子（Prince William）

　　英國的威廉王子是英國皇室一位很受矚目的成員，亦是王位的第二號繼承人。他的人生自然深深受到家庭的影響，所以不妨以他的例子來看看他的家庭關係。

　　他的太陽月亮合相在巨蟹座第七宮，可見他的人生目標、自我展現，又或自身的需要，都跟家族有密切的聯繫。巨蟹座是一個代表家庭、家族、遺傳的星座，太陽月亮在此，暗示著威廉王子的人生重點以家庭、父母為重，特別是太陽月亮在第七宮，他會傾向於滿足別人，並期待得到他人的認同（而當中的「他人」，也就是家人、父母），才可以找到自己、才會有滿足感、安全感。加上海王合他的上升，他對於自我容易感到模糊，特別是海王位於十二宮，他彷彿就是活在集體大眾的期望下，從大眾的目光下去找自己。

　　而他跟父母的關係具有緊密的情感依附，會受到家庭、父母的保護、照顧，而他也會以保護、照顧家庭、家族、甚至是國家為目標。他所認知的父母是對他很照顧、給予保護，且在情感上較為親密的。

　　自從黛安娜王妃離世後，大家都把對她的傾慕和愛轉移投射在威廉王子身上。無獨有偶，他們倆同樣都是射手上升，太陽巨蟹在第七宮。看似是巧合，但如果你仔細研究一些家庭成員的星盤，你會發現當中的一些重點，往往會有相當近似、雷同的地方，彷彿就是家族中的遺傳一樣。

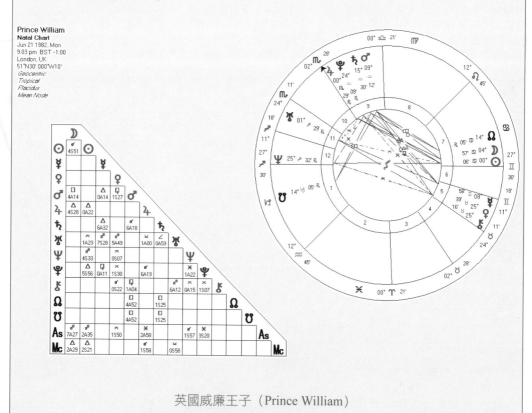

英國威廉王子（Prince William）

另外，我們可以看看他的十宮和四宮。

第十宮是天蠍座，合九宮的木星。如果第十宮代表母親，那麼可以說他跟母親的關係相當的密切，情感上有很深的連繫，不過同時也可能要面對一些跟生死、危機有關的議題（天蠍），並從中學習和成長（木星）。母親帶他看的世界，可說是一個充滿了危險，需要極度保護自己，但同時也要去探索的世界。或許這也形成他在公眾形象方面，相對於他的父母，會顯得較為低調但仍然受到大眾歡迎的原因。十分有趣地，他的弟弟亨利王子也是天蠍十宮、金牛四宮，不過天頂合土星，所以相對地，亨利王子在大眾眼中似乎就是一個較為疏離、乏味的人，亦沒威廉那麼受歡迎。

至於威廉王子的第四宮是金牛座，代表他來自一個安穩、可靠、傳統的家庭，給予強烈的安全感（特別是物質上的），而他跟爸爸的關係牢固、堅定、感覺實在。不過四宮守護星金星於五宮合相凱龍，可以說家庭帶給他的可能是情感、價值上的傷痛，特別是在自我展現上，他可能會羞於去表現自己，又或覺得自己是被拒絕或被視為另類的。加上金星凱龍更是跟九宮木星及十二宮海王形成上帝手指[1]，所以他人生中其中的一個課題，就是面對從家庭中帶來的在自我價值、自我展現方面的傷痛。這些可能來自於父母婚姻破裂、早年喪母的問題，同時亦呼應著早前提到他需要受他人認同，且常活在別人的眼光、期望下，很容易質疑或迷失自己的特質。而學會去肯定、展現獨特的自己，將會是他其中一個要處理的課題。

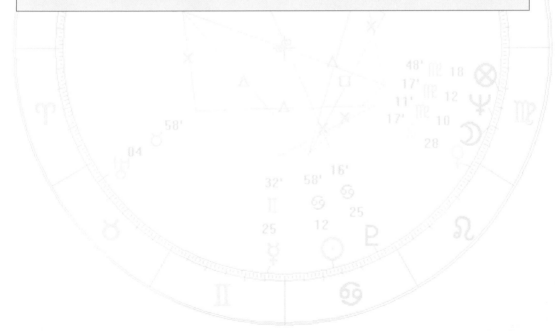

上帝手指（Yod, the pointer）

圖形相位的一種，當兩行星同對另一行星產生150度相位時稱之。在占星當中暗示著渴望被滿足、或期待調整補的失落感，常會帶來焦慮的感受。

第三部

比較二人星盤之技巧

唯有透過不同的人際互動，我們才可以察覺到內在的優點和弱點。

每一個新認識的人，都可讓我們多了解自己一點。

而那些需要我們費心力去保持和諧的關係，比那些順暢、容易的關係，能教曉我們更多關於自己的事情。

隆那・戴維森
（國際知名占星師）

第一章　二人星盤之初步比較

當我們解讀完個人星盤之後，我們應該對每個人對於生活、情感、職業、未來期許等等有相當程度的瞭解。在進一步解讀兩人星盤的相互影響之前，我們應該先「比較兩張星盤整體特質的不同」，而別總是急著解釋「他的行星對你的影響」。

無論兩人的關係是情人、親子或同事，我們都應先比較兩個人星盤的整體表現，並在瞭解到兩人的不同點之後，再進一步地分析這兩個人是否能夠理解或接受彼此之間的不同。

請記住一個重要的觀念，占星師在看合盤時，不是看這兩個人「合不合」，而是他們在彼此的生活當中會帶來哪些差異，能夠帶給對方哪些感受？哪些成長的契機？我們常聽到一些人說：「你們兩個差異太大了，不適合！」真的不適合嗎？難道我們不能夠從彼此的差異當中體驗世界的不同，同時帶來刺激與成長？相似的星盤或許相處起來容易與契合，但是對於成長的刺激相對較小。在你比較不同星盤的同時，如果你看到相似之處，我們可以解釋爲契合或是彼此容易理解，如果我們看到不同之處時，或許除了不合兩個字之外，還能夠多一些正面影響的解釋。接下來讓我們看看有哪些重要事項，是我們必須先行解讀的。

元素與性質

解讀元素與性質，是我們在分析個人星盤時的第一個步驟。也就是說，必須先分析兩人之間的元素，比較彼此之間最強的元素與缺乏（最弱）的元素。我們在學習解讀星盤時，都知道一個人最強的元素就是他用來體驗生活的管道，但是我們也不要忘記一個人缺乏的元素（或是僅有一個行星落入的元素），卻往往成爲我們無意識中不斷追求且用以滿足自我的項目，例如一個缺乏土相星座（土元素）的人，可能會在生活當中不斷地找尋與土元素相關的物質安全感、踏實、實際、可以信賴依靠的人、事、物。

不同的元素象徵著不同的生活切入點，水元素強的人，會以感受與情感爲

主軸來衡量生活當中的事物；火元素認為生命重在成長過長當中自我的呈現；有較多行星落入風相星座的人，認為溝通協調與知性是生活當中不可或缺的部份；具有很強的土元素的人，認為秩序、架構與物質所帶來的安全感比起其他事情都來得重要。當兩個人星盤上擁有的最多元素相同時，我們可以解釋為兩人對生活的切入點相似，彼此之間容易感受到相似的共鳴。

最弱元素甚至是星盤當中缺乏的元素，在解讀個人星盤時是相當重要的關鍵，因為我們往往會在無意識中去追求這樣的事物。缺乏火元素的人，或許在大家眼中表現得較不活潑，但很可能不由自主地，在生命當中會被充滿主動熱情活力的人、事、物給吸引，他可能從事活動量大的工作，或者從事表演性質的工作，亦或是易被這樣的人吸引。缺乏土元素的人，可能表現起來像是個生活白癡，但他會在生命當中尋找物質安全感，所以踏實穩重的人就比較容易吸引缺乏土元素的人。缺乏風元素的人不知不覺中尋找知性上的刺激，可能是需要溝通與動腦的工作，或是擁有這樣特質的人。缺乏水元素的人，或許實際、理智，但是不太容易表現出自己側重感受與感性的那一面，於是這樣的人有可能會無意識地去接觸強調感受的工作，或是被感性的人吸引。

兩人擁有相同的最強元素，代表彼此之間的契合度相當足夠，但這還不足以說明兩人就一定是「天生一對」，如果最強的元素不相同也不用感到沮喪，兩人之間的關係或許正因為如此，而有著更多的刺激或互動也不一定。但是更重要的是，我們都必須知道對方最強的元素是他切入生命的觀點，若兩人最強的元素不同，我們接下來要作的分析工作，就是去瞭解對方最強元素會用什麼樣的觀點來切入生活，並且學會接受這樣的他。如果這一段關係是愛情與伴侶關係的話，請記住這句簡單的話：「愛一個人就是要去接受他」，不是嗎？

同樣的概念也可以應用在星座性質的分配上，但是解讀方式稍微有些差異。星盤上的性質代表我們習慣用什麼樣的態度去回應生活當中的挑戰，星盤中開創性質強的人會採取主動出擊的態度，而且有一定程度的自我；固定性質強的會強調永恆不喜歡躁動；變動性質強的重視未來與調節。遇上最強性質相同的人並不代表就能契合，例如同樣是開創性質強的人，步調可能一致但卻可能朝不同的方向前進而造成干擾；同樣固定性質強的人很不容易輕易踏出第一步或做出改變；同樣是變動性質強的人，則容易抓不到對方前進的方向。

遇上了不同特質的人，我們必須先認識那個性質強的人的處事態度，以及

對我們的干擾與幫助。若開創性質強的人遇上固定性質強的人，開創性強的人可以學習到耐心，固定性強的人亦能學習主動出擊的好處。若開創性質強的人遇上變動性強的人，開創性強的人可以學習靈活的處事態度，變動性強的人則能學習掌握時機。當固定性強的人遇上了變動性強的人，固定性強的人可以學習放眼未來，並調節過於僵化的態度，而變動性強的人則可以從固定性強的人身上學會某種程度的堅持。以上這些分析，都是我們在做完個人星盤分析之後，兩相比較之下所給予自己或對方在相處上的建議。

太陽與月亮

當我們完成了整體的元素與性質的分析比對之後，對兩人生命的切入點與對挑戰的回應方式便有了基本的瞭解。接著我們要透過解讀星盤當中最明顯也是相當重要的太陽與月亮，來進一步認識兩人在生活當中的需求和重視。我們都知道太陽在個人生活當中象徵著重要的領域，以及生命當中的追求目標和自我的認同。同時也可能暗示著我們與父親的關係，並透過父親關係的延伸，進一步影響我們如何看待生活中的男性伴侶、丈夫等。

在比較兩人的太陽差異時，我們可以從太陽的星座、宮位來切入，藉此我們可以了解這個人透過哪些特質來認同自我，或覺得什麼樣的生活領域是重要的。而太陽與其他行星的相位則增添了明顯的個人風格。若兩人的太陽在相同的星座，代表兩個人有著相近的自我呈現方式，雖然這不代表一定合得來，但是卻相當容易將心比心彼此瞭解。因此若兩人的太陽落入同樣元素的星座，那麼在互動上會有共鳴，彼此之間對重要事物的看法也會有一定的和諧默契。

當兩人的太陽星座中間隔了另一個星座時（例如一人在牡羊另一人在雙子，中間格了金牛座），在占星學的相位觀點上，會形成一種有趣刺激的互動模式。這時候兩人會以一種友善且輕鬆的態度來相處，並學習彼此對自我的認識。如果兩人的太陽既不在相同的元素也不是相距一個的星座時，就需要雙方付出更多的努力，同時接受與包容彼此的不同。若兩人的太陽落入同樣性質的星座，那麼往往暗示著雖然對事物回應的態度一致，但卻不一定有相同的目標，必須更重視彼此之間的協調，甚至在關係上需要更多的包容。例如當天蠍座遇上獅子座同樣都是固定星座的狀況下，兩人對生命的態度都有一定的堅持，但是卻因為這樣的堅持，而使得彼此都習慣於等待對方改變，而不願自己先採取行動。

若兩人的太陽不是同樣的星座也沒有相距一個星座，更不是同樣性質，千萬別以為你們就真的不合，在占星學上這樣的關係多了許多的挑戰，彼此沒有相同的切入點，對事物回應的態度也不同，卻可以因為彼此的信任、尊重與愛，來帶領彼此學習不同的處事態度。特別在占星學當中更認為相距150度星座的太陽—太陽或太陽—月亮的搭配，雖然具有挑戰性，但也像是歡喜冤家一樣，可以帶來極為活躍與創造力的伴侶關係。下面的表格列出了每一個星座有這樣關係的配置，例如在表格的第一欄

中，對應牡羊的是處女和天蠍，這可以解釋為對太陽或月亮在牡羊座的人來說，若遇上了太陽或月亮其中之一落入處女或天蠍的人，就容易產生這種具有挑戰性卻又相當刺激活躍的關係當中，但是挑戰與刺激很可能會透過爭執與不愉快來表現。

月亮也是個人星盤當中相當重要的一個象徵，特別與我們的伴侶關係有著直接的影響。很多人會誤以為月亮所象徵的是女性伴侶（男生的老婆），事實上這個答案只對了一半，在占星學當中，月亮不但代表了我們無意識中的情緒層面，更可能是我們投射出去的明顯特質，且因為月亮代表我們與母親之間的連結，於是也直接影響了我們與伴侶之間的互動。所以無論男女，月亮都有伴侶的意涵，更重要的是，月亮在心理占星學上象徵著我們每天生活中「一定要」接觸的事物，如同食物和飲水一般，沒有了月亮星座所代表的事物就容易飢渴不安。例如月亮雙子座的人，對溝通與思考有著如同飲食一樣的迫切需求。同時月亮也象徵著每個人的情緒表達方式，在比較兩人月亮的同時，或許可以看出兩人在情緒表達上可能會產生的衝突。

相同的月亮星座象徵著生活需求的一致性，因為能夠理解缺乏該事物就會造成雙方的不安，因此大大降低了發生

你的太陽或月亮星座	相對應的150度星座
牡羊	處女、天蠍
金牛	天秤、射手
雙子	天蠍、摩羯
巨蟹	射手、水瓶
獅子	摩羯、雙魚
處女	水瓶、牡羊
天秤	雙魚、金牛
天蠍	牡羊、雙子
射手	金牛、巨蟹
摩羯	雙子、獅子
水瓶	巨蟹、處女
雙魚	獅子、天秤

衝突的機率（並不代表不會有衝突），並大幅增加生活當中的和諧感受。當彼此的月亮星座在同樣元素時，生活當中會有著稍微類似的需求，彼此能夠理解溝通，日常生活的互動也較為協調。當彼此的月亮星座中間相隔一個星座時（例如金牛與巨蟹中間相隔了雙子），可以帶來輕鬆的刺激，或許兩個人要的東西不盡然相同，卻仍然可以輕鬆地透過溝通來互動。當月亮進入了相同性質的星座時，生活態度雖然有些類似，但是卻可能因彼此不同的需求而引發較多的衝突。例如月亮在雙子座的人在生活中需要把話說清楚，在情緒的表現要有邏輯，但這對月亮同樣在雙魚、處女、射手的眼中，並不符合生活中真正迫切的需求。同樣地，對於月亮在不同性質或元素，也沒有相隔一個星座的夥伴或伴侶來說，每天生活當中的挑戰增加了，對方每天生活當中迫切需要的東西也和你不同，因此，如何透過溝通與包容來接納彼此之間的不同，便成為相當重要的事情。而同樣地，相對150度的星座也一樣會帶來活躍與強烈的互動。

上升ASC.／下降DSC.

與社會接觸的方式以及如何看待人我關係

在占星學當中，對於上升點的看重不亞於日月星座，特別在心理占星學上，上升／下降這一條軸線象徵著我們與外界互動的主軸，上升點暗示著我們希望他人怎麼看待自己，下降點暗示著我們將哪些自我特質投射到期盼的伴侶身上。

在這裡，投射再一次扮演了重要的角色。當我們分析兩人星盤時，並不是說B的星盤上有行星落入A所投射的下降點時，兩人就是合，相反的就不合。這樣的投射往往會帶來許多不必要的問題，就如同我們在本書前面討論個人星盤所說的，其實下降點這一類投射的暗示，我們可以透過察覺以及努力的實踐來完成。一個每天期盼遇到有錢對象並提供安穩生活的人，事實上若能察覺自己對安穩生活的要求，同時去實踐、滿足這部分的要求時，就不會被這部分的投射給干擾，在伴侶關係的互動上受到的制約亦會相對減少。

在上升與下降的比較關係當中，我們不但可知道對方希望別人怎麼看待自己，對方期待什麼樣的伴侶，更可以清楚地看見自己把哪一個部分強烈的投射

上升 / 下降	你渴望呈現的自己	投射在伴侶關係上的特質 （也是你應該學習實踐的特質）
上升牡羊 下降天秤	充滿行動力的特質 熱情的自我	重視對等、尊重彼此的特質 重視溝通、重視人際互動關係的特質
上升金牛 下降天蠍	踏實穩重的自我 重視物質安全感的自我	能夠深入事物的核心，突破表現蒙蔽的特質 與伴侶共享資源的特質
上升雙子 下降射手	具有溝通精神的我 與周圍人事物有著密切互動的我	具有遠見、視野遼闊的人 樂觀且具有積極行動力的人
上升巨蟹 下降摩羯	重視情緒安全感的我 具有關懷與照顧他人能力的我	思考與行動上有條有理的特質 踏實且重視實際經驗的特質
上升獅子 下降水瓶	才華洋溢的我 熱情且能夠溫暖他人的我	冷靜客觀的特質 具有遠見且擁有全方位思考的特質
上升處女 下降雙魚	重視細節與具有細微觀察能力的我 擁有調節事物的架構與秩序的能力	感性且不受物質生活限制的特質 不拘小節擁有寬懷的包容能力
上升天秤 下降牡羊	擅長溝通協調的我 重視人際之間的對等互動	熱情積極有行動力的特質 多替自我著想的特質
上升天蠍 下降金牛	具有洞察事物的能力 深不可測且對情感堅持的自我	簡單可靠的特質 舒適安逸寧靜的特質
上升射手 下降雙子	具有強烈的理想與前瞻性 樂觀具有協調精神的自我	重視溝通與從小處著手的特質 能夠清晰表達自我的特質
上升摩羯 下降巨蟹	重視秩序倫理與實際的自我 擁有經驗的踏實自我	感性溫柔的特質 照顧關懷他人的特質
上升水瓶 下降獅子	具有全方位視野的自我 關懷公眾事物卻又希望維持超然立場	熱情的展現自我的創造力 重視自我的特質 有膽識有勇氣的特質
上升雙魚 下降處女	關懷眾人感受的自我 不受物質限制的超脫	處理事務有條有理的特質 重視實際生活的能力

到他人身上去，最後反而容易在伴侶或合作夥伴的選擇上受到限制。例如一個擁有強烈火象元素特質與開創性質的人，擁有牡羊上升，那麼他的下降則落入天秤座，並強調伴侶關係上的和諧對等。他或許一直想找一個勢均力敵的夥伴，卻發現對方不夠「聽話」，也可能他想找一個聽話的溫柔夥伴，卻發現和對方在一起時不夠帶勁且缺少刺激。此時若這個人能夠學會實踐位在天秤座下降點投射出去的特質，對等、禮貌、重視人際互動，就會明白該給勢均力敵的夥伴對等的地位，才能減少衝突的機會。透過比較上升下降軸線，我們可以看到彼此對對方的期待，也更清楚知道有哪些事情是我們可以自己完成，而非無謂的寄託在他人身上。

其他的比較重點

我們除了比較上述的重要特質之外，若有時間不妨比較一下兩個人的水星與三宮所代表的溝通與思考特質，以幫助我們在溝通上能夠有更多的理解與包容。從思考的層面來看，我們可以藉由對方不同的思考切入觀點，來彌補自己在思考上的盲點。同時我們也可以透過觀察此人的金星與二宮，來觀察兩人價值觀上的差異，這無論在情感上或在工作上，都是相當重要的一點。瞭解彼

此價值觀的特質，對情感有著莫大的幫助，因為有些人寧願多花點錢買奢侈品犒賞自己，但有些人卻完全無法忍受不必要的奢侈花費。同時，若你對心理占星學有足夠深入的瞭解，你會知道價值觀對我們在情感上的影響不只如此，甚至還可以深入到為什麼我對情感如此的不安？或是為何我總想替對方犧牲？透過金星與二宮的價值觀比較，可以讓雙方有更深入的瞭解，透過火星則能明白彼此之間對性愛的態度和看法，以及受到刺激的表現。

比較兩人星盤之間的差異，是合盤當中最常被人忽略的部分。由於大家都太急於尋找所謂「星盤上兩人的交互影響」，卻忽略了當我們簡單的比較兩人的基本特質時，就能簡單的預測兩人之間可能有的互動。沒有這一些重要的基礎比對而直接作星盤的交互分析，就好像沒有房子卻跑去買了一組高級沙發一樣徒勞無功，這些分析都有助於我們在進入合併星盤分析之前，對命盤有更全盤的瞭解。

第二章　十大行星、chiron、南北交在關係盤上的意義

在心理占星學當中，行星象徵著我們心靈當中的原型，每一個行星在個人星盤上都有著最基礎的意涵，無論是太陽所象徵的自我意識、男性原型與散發光和熱的特質，或是月亮代表的需求、女性原型，或者土星所代表的責任與限制，在合併星盤上都不會改變。而對方的太陽在你星盤上所帶來的互動影響，象徵著他的自我意識和他的男性特質對你所帶來的影響。尤其是當本命的星盤中沒有行星的宮位，可能會因為對方行星的加入，而引起你更深層的覺醒。例如你本身象徵自我認同的第一宮沒有任何行星，而對方的太陽進入你的第一宮時，就可能透過他的自我表達、或是他的光、熱和生命力，或是他的父子關係，來激起你對自我認同的追求。或者他的海王星進入你的第一宮，可能讓你渴望在更抽象的精神藝術領域當中尋找自我，也可能讓你對原本意識到的自我感到一陣模糊。不過重要的是，行星到了對方的星盤上是不會完全改變的。

太陽

在心理占星學當中，太陽象徵自我的意識、我們所認同的那一個我，同時也代表了父親（或是類似父親角色的男性長輩），以及在生活當中認為重要的事情，和我們追求的重要事物。在關係盤當中，對方的自我，或是他發光發熱的方式，很可能引發我們反向的思考，像是：那我呢？我自己呢？我怎麼看待我自己？我怎麼去實踐我的生活目標？

太陽象徵著生活當中我們覺得重要的事情。但是彼此之間如何透過星盤上的太陽交互影響呢？由於每個人都是獨立的個體，成長的過程與思考的模式都不同，對方覺得重要的事情在你眼中可能再平凡不過，對方考慮到一件事情物質層面的重要性時（他的太陽二宮），你除了接收到他傳遞出物質的重要訊息之外，更可能因為不同的思考與成長背景影響（你的星盤），你卻看到了父母的箝制（或許是因為他的太陽在你的四宮）。

同時，關係盤上對方的太陽也可能

反射出我們與父親（男性）關係當中，平時自我無法輕易察覺的那一面。對方眼中的男性特質是什麼？對你來說他的男性特質展現在那個層面？這些都是太陽在關係合盤上必須注意到的特質。

再一次提醒，兩個人太陽星座的不同，帶來的是明顯生活重點的追求差異，彼此的目標是否協調一致？還是具有刺激競爭衝突與壓力？若是後者，這樣的刺激與競爭來自於哪裡？有志一同合作或彼此相愛的人就必須設法克服這樣的差異。

月亮

如同我們在本書前半部份所討論到的，月亮象徵著我們每日生活當中的需求、飲食的喜好、生活習性與方式、情緒反應的特質、與母親、女性的關係、可能投射在自己或伴侶身上的部分女性原型。仔細一看，這些特質幾乎是一段伴侶關係當中相當重要的一部份，特別是在觀察兩人的情感關係時，若考慮到日後成為伴侶時，月亮甚至是相當重要的一個象徵。月亮不但象徵了日常生活的作息，透過月亮反射太陽光這個意涵，更直接點出了月亮在星盤當中象徵著伴侶關係的相互投射。

從關係盤上的月亮，我們可以看到彼此在生活當中的需求，有些人每天都需要和周圍環境有些互動，有些人則是每天在生活當中尋找實質的安全感，有些人每天不動一動就會渾身不舒服。這些都是月亮在自己星盤上呈現出來的特質，但是套入關係盤中，你怎麼看待這件事情，就如同有些時候別人的溫暖關心（對方的月亮可能在巨蟹或雙魚），對你來說卻十分的刺耳或不舒服（對方的月亮落入你的八宮，或是與和你的行星產生強硬相位）。這時候我們必須瞭解對方的初衷，而不是以個人的成見來解讀對方的習慣，有人每天就是要找些機會恍神一下（月亮在雙魚或月海有相位），但你不能夠用自己的角度來苛責對方，或許我們可以用引導建議的方式，讓他用其他的形式來展現這樣的生活需求，或許是接觸心靈藝術或宗教，讓他可以暫時地回歸到心靈的世界。

更重要的像是情緒的刺激，一個人受到外界刺激之後，如何進行自我防衛？如何保護自己？瞭解這個層面之後，我們才能清楚為什麼這個人會在這個節骨眼上鬧這麼大的彆扭。除此之外，有些時候我們可能會懷有成見來看待這樣的事情，但若你能深入的檢討，便能反映出了你對伴侶關係的看法、你對生活需求或情緒的回應，這些或許都和家庭、成長、或母親的主題有關。在關係盤上，有時候對方的月亮所照亮的不是對方的祕密，反而是自己的祕密。

水星

在心理占星學上，水星暗示著我們思考與溝通的模式特質和領域。在互動關係中，水星所象徵的溝通扮演了相當重要的角色，有時說者無心聽者有意，有時你的讚美聽在對方耳朵卻很不受用，這些都可能是水星在合盤上的位置影響。例如你的水星摩羯落在你下屬的第十二宮，無論你解釋得再怎麼有條不紊，你的指令下得再怎麼清楚，你的下屬還是會聽得模模糊糊似懂非懂，可能要問上好幾遍，最後仍無法完成你交代給他的指令。而同樣的狀況當然也可以用在親子或愛侶關係上。

這時候我們便瞭解到彼此的水星相對位置帶來的影響：彼此溝通頻道是否協調？你的話可能造成對方哪些額外的想法？或是對方單純的一句話對你來說可能已踩到地雷，這些我們不能不重視。

同樣地，不同水星星座的思考模式，也可能造成不同的溝通障礙。開創星座的水星可能會覺得固定星座的水星是個悶葫蘆，也可能覺得變動星座的水星說話閃爍其辭、語帶保留，這些都是我們在觀察合盤時必須考量的要點。

金星

金星所象徵的價值觀，在我們的情感生活中扮演著極為重要的角色。我們對自己的評價往往會在伴侶關係中帶來無法想像的影響。你或許會懷疑價值觀怎麼會和愛扯上關係？事實上每個人對自我的評價決定了自己在情感當中的地位。在諮商過程當中我們常遇到這樣的案例，一個美若天仙卻經常否定自我價值的人，她找上了全世界最爛的男人卻仍覺得自己「配不上他」，必須徹底的為他犧牲才可以。相對地，也可能因為這個人認為自己不夠好，不值得被愛，當她接受到別人的愛意時便立即產生更多的懷疑。金星的美麗、喜好都與價值有著直接的關聯，也因此我們才會用自己的價值觀來解讀他人給予我們的愛。

此外金星在占星學當中亦暗示著我們覺得舒適舒服的特質，對方的金星所進入的宮位，往往可能是他讓你覺得安靜舒適、可以享受甜蜜生活的領域。當然我們也不要忘記了金星象徵的部分女性原型，會融合個人的月亮並展現在自我或女性伴侶身上，這一點是我們在判斷關係之前必須理解的。金星是我們表達喜好與情感的象徵，不同的金星星座，有著不同的情感表達方式，對情感的解讀方式自然有所不同，喜好的事物也不一樣，這些都可能進一步在關係當中帶來影響。

火星

火星是我們直接勇敢的呈現出自我的方式，不同的火星星座會用不同的方式來表現自己，它可能是直接的、迂迴的、有計畫的、或是隨性的。火星的宮位也象徵著我們最常呈現自己的領域，同時也因為火星的陽性特質，暗示著我們投射在自己或他人身上的部分男性原型。個人的火星也與性愛的表現方式和態度有關，這些都可以在個人星盤的解讀當中發現到。於是在進入伴侶關係的討論時，火星的性與刺激或許是我們更需要重視的地方。

在伴侶關係的合盤當中，火星很可能是我們展現自我的地方，但卻也是最直接明顯地威脅或刺激到對方的地方。當我們展現自己的急切焦慮，不顧他人感受而呈現自己或保護自我的同時，在另一個人的解讀上可能不太相同，但是兩人同時都感受到威脅了，你感受到「不那樣做生命就會被威脅」，而對方卻覺得他的安全被你威脅或刺激到了。

若從正面的角度來思考，對方的火星除了威脅到我們之外，也象徵著對方的積極態度（或者脅迫），會給予我們某種程度的刺激，迫使我們成長，也讓我們有機會展現自己回應與挑戰的能力，特別在職場和合作競爭關係的合盤上相當有用。而在情感關係上，對方火星帶來的刺激，甚至有可能是對方讓你覺得他在某些領域相當性感，而激起你對性的渴望或幻想。

木星

木星在心理占星學中象徵我們的理想與信念，同時木星本身的特質亦有擴大、擴展、展開、成長的意涵，在性質上有愉快與冒險的特質。當我們將木星放在合盤當中，我們可以看見他人的信念如何給予你啟發？他人的信念如何幫助你成長，或者讓你在某一個領域上有更多的關注，或者去探索那些你從來未曾想要去探索的領域？對方如何讓你在生命當中與外界社會有更多的接觸，甚或是他怎麼影響你所相信的事情。

在關係的合盤中，有些時候木星也會相對地替我們帶來歡樂、愉快、不受拘束的感受。對方的木星若直接與你的行星產生相位，那麼就有可能帶來這種歡樂刺激又帶點不受拘束的感覺。木星在占星學當中也常常暗示著幸運與獎賞，或許除了幫助彼此成長和開闊視野之外，木星也能夠解釋為因為對方的影響、對方的信念、或對方的幸運，讓你也沾染上好運（或僅只是帶來幸運愉快的感覺）。

土星

在傳統的占星當中，土星有壓抑限制和嚴肅冷漠的特質，現代的心理占星則用責任、挑戰、恐懼擔憂來看待土星。有些時候我們會看見對方星盤上的土星替他自己帶來的挑戰、責任和壓力，也可以看見他所憂慮的地方，或者覺得不夠的地方。這些憂慮不但會作用在他自己身上，同時也會替雙方在關係與互動上帶來些許困擾。不過土星的象徵往往會隨著時間和經驗的累積而好轉，越是成熟越有經驗，星盤上的土星不再是挑戰，而是一種穩固的磐石，但責任的特質仍會存在，同時過去陰影的恐懼仍會不時挑戰著這個人。

土星是一種責任，對方覺得他對你有什麼樣的責任，往往會透過合盤上的互動來影響。例如某人的土星在你的第十宮，他可能認為他對你的社會地位與職業有些責任存在著，因此對你在這方面要求的更為嚴格，同時也願意傳授經驗給你。在合盤的互動上，當對方的土星落入你的宮位時，我們可以簡單解釋為對方無形之中替你在某個領域帶來壓力，這種壓力往往是我們不樂於承受的，但是別忘記對方卻會將他的經驗傳授給你（當他沒有經驗時又另當別論了）。

天王星

天王星是我們為了追求美好未來而突破自我限制的象徵。當我們的生命不願意再受到侷限時，會自動打破一些僵局，有時這種破壞是自我在無意識中進行的，等到我們受驚嚇而察覺時，往往相當震驚且無法接受。但是從正面的角度想，卻是一個改變自我的大好時機。但由於天王星屬於每七年才會移動一個星座的世代行星，在關係合盤上，如果彼此之間的年紀沒有相差兩三歲以上，天王星可能只會有相差五度以內的距離，在沒有其他複雜條件的影響下，這樣的天王星不用做過多的解釋。

解讀關係合盤中的天王星時，如果對方的天王星和你本命星盤上的天王星宮位若相同時，對你的影響較不明顯。如果宮位不同，則象徵著對方會替你在該領域帶來極大的變動與震撼，迫使你與某些事物作切割分離，但這一切都有一種對未來懷抱某種程度期許的感受。

相似的狀況還會出現在相位上，如果對方的天王星和你本命盤的行星產生相位，同時你自己本命的天王星並沒有與該行星產生相位時，那麼這樣的改變與驚嚇，將可能讓你明顯地察覺到。特別當一方的天王星與另一方的太陽、月亮、金星、火星之間產生明顯的強硬相位時，往往帶來一種驚嚇、刺激，有

時這種刺激甚至會被解釋成一種致命的吸引力，特別當彼此的天王星與金星產生相位的合盤，這樣的互動最常出現在閃電戀情的情侶星盤上。

海王星

海王星在心理占星學上暗示著我們對生命的遙遠夢想，這些無法用言語只能夠感受的夢想，可以透過許多不同的方式呈現，而最容易被我們找到的切入點就是藝術與精神宗教領域。雖然海王星帶來這樣美好的夢想，但是這樣的願景卻很少能夠符合現實世界的期待，於是我們會看到海王特質強烈的人被形容成愛作白日夢、心不在焉，或太過理想主義的特質。

同樣是世代行星的海王星，在黃道上的移動比起天王星更緩慢，於是同樣的規則必須注意，如果你們出生的年紀相差兩三歲，或許海王星對彼此的交互影響就不大，不必過度解釋。

但如果對方的海王星落入了你星盤上海王星沒有落入的宮位時（例如你的海王星是射手座10度在第五宮，而對方的海王星在射手座14度卻在你的第六宮），我們就得注意海王星所帶來的影響，這樣的海王星可能會引發你對那方面事物的狂熱，並且感到迷惘。簡單來說，對方在那個宮位領域中，給了你一個夢讓你衝動讓你迷惘。如果對方的海王星在你的四角時，這樣的迷惘或狂熱會更為明顯，甚至可以說他對你下了某種程度的魔咒，想要在那裡進行一場冒險或作一場美夢。

當對方的海王星與你的行星產生相位時，他的夢想與願景或幻覺，很可能會讓你衝動迷惘，甚至削弱了那一個行星該有的表現。例如對方的海王星與你的太陽形成四分相，那麼他的偉大夢想或他的幻覺，讓你不知不覺得削弱自我的重要性（犧牲自己）來幫助他，注意！你自身的海王若與相同行星產生一樣的相位，那麼這種模式早已存在你的個人情節當中，這時就不用再解釋他的海王星對你的影響了。

冥王星

同樣是世代行星的冥王星，對於年齡相差四五歲的人來說，帶來的往往只是一種時代環境背景的相似，或被時代的潮流推向相同的環境當中。但是有些時候因為逆行或順行的關係，而造成相似年紀的人冥王星卻落入了不同的宮位，或因為彼此年紀相差五六歲以上，造成冥王星進入與自己冥王星不同的宮位，這時候我們就必須謹慎的解讀冥王星的特質。冥王星代表了我們所感到恐懼、害怕與擔憂的事情，陰影以及禁

忌事物，這時對方的憂慮會在你的那個宮位帶來一種有如生死危機感的迫切壓力，這種壓迫會促使你進行某種程度的對抗，並帶來轉化的契機，同時替你帶來想要深入探討或挖掘真相的衝動，冥王星如果落入另一個人的四角，我們不必太過緊張，因爲相同年紀的人也都會對你產生同樣的影響力，我們可以當作是不同世代之間彼此的壓力影響。

更明顯的是，當對方的冥王星與你的個人行星產生相位時，這時候你能夠明顯地感受到對方的恐懼與憂慮投注在你身上，特別是當你自身並沒有這種冥王與該行星相位時，這個感受會更爲明顯。我們會說他帶來了迫切的危機感，甚至可以說是生死關頭的壓力，同時他會讓你有一種受到無形箝制，不可抗拒的感受，迫使你更深入探索那種恐懼感。此時無論是他的或是你的恐懼，都必須深入心靈與過去生活當中去探索，藉此換得轉化與獲得力量的機會。否則這樣的窒息力量只會讓對方想要將你緊緊掐住，換得很難被滿足的安全感，同時對彼此的關係與生活都沒有助益。

凱龍星

凱龍是近代心理占星學當中相當重視的小行星，同時在關係上扮演著極爲明顯的角色。因爲投射到他人身上的傷痛，正是凱龍的重要特質之一，在成長的過程當中，我們會將一些過去的傷痛遺忘，好讓自己順利地朝著目標前進，但在這時候，我們會無意識地將這些傷痛特質投射到周圍的人們身上，於是我們會假想成別人所受到的傷痛就是我當初承受到的痛苦，因此想辦法幫助對方解決困擾。由於這種推己及人的感受，始得我們可以給他人最精確的建議，但是我們卻繼續假裝自己沒有這樣的問題而繼續活下去。

凱龍所代表的人生傷痛與幫助他人的模式，也可能會在伴侶關係當中帶來明顯的影響。對方的凱龍落入你的某個宮位時，他的傷痛可能會投射在你的那個領域，或許是在那方面幫助你，也可能在那方面替你帶來困擾。例如你自己的凱龍並不在三宮，但是對方的凱龍卻進入了你的三宮，這時候他可能有意或無意地，讓你察覺了自己在言語、學識還有和鄰近環境互動上的弱點。這些弱點你過去可能想也沒想過，但此時卻因爲他的出現，而讓這些變成好像是讓你感到羞愧和十分困擾的問題。

我們無法假裝沒有看見那樣的問題或傷痛，因此必須動手去處理這個問題。同時也要知道凱龍的問題沒有什麼「解決了」這回事，就和高血壓或糖尿病一樣，我們得學會和這樣的問題一同生活的方式。

南北交

　　月亮的南北交點在現代的心理占星學當中越來越被重視，特別在關係合盤這個主題上，占星師發現了這個過去被人忽略的節點，竟然暗藏了不為人知的莫名吸引力，特別是某人的行星與你的南北焦點合相或對分相時，兩人的相遇就像有一股相吸的磁力一般。或者你會說這是受到宿命的召喚，但是研究過許多密切互動的伴侶星盤時，我們確實發現許多這樣的特質。例如美國總統歐巴馬與美國的國家星盤就有著類似的組合。歐巴馬的南交點緊密的和美國國家出生圖的月亮合相，這時候我們可以解釋為美國人民（月亮）深深地被歐巴馬所吸引。對方的南北交點在星盤上也可能是你們互動過程當中，在精神生活上彼此受益而獲得幫助和成長的領域。

第三章　當A的行星進入B的宮位

在我們的星盤上，行星象徵著我們的原型，亦是我們的人格特質的一部份。在我們與他人互動的過程當中，這些特質或人格原型，會因為對方的成長環境或看事情的角度而產生不同的效應。同樣的關懷舉動，對某些人來說可能會看做是一種情緒的勒索，但對某些人來說可能就會用輕鬆的態度來面對。同樣的舉動對某些人來說可以幫助他在事業上有所表現，但是對另一個人來說卻會產生莫名的恐懼，這些都是我們在下面的章節中所要探討的主題。十個行星加上凱龍，就如同我們送給另一個人的十一份禮物，至於對方要怎麼看待和怎麼應用，則要從對方的星盤當中說明。

當A的太陽落入B的宮位

當一個人的太陽落入另一個人的某一個宮位時，暗示著他將能量與活力帶入了另一個人的某個生活層面。這可能是他看見了對方在該生活層面的重要性而被吸引，但對另一個人來說，他會透過那一個層面的事情來認識對方的「自我」，也會在那個層面中看見對方的男性與領導特質。

太陽在第一宮

在一段關係當中，若有一方的太陽落入對方的一宮，最直接的感受莫過於我們會非常直接地認同對方，說得直接淺白一點，就是你把對方當作另一個自己，想要變成對方的樣子。此外我們也會受到對方散發出來的活力，認為這就是我應該去做的事情。或許你不會被對方牽著鼻子走，但這時他對你自我的啟發變得相當重要。許多人可以在這樣的關係當中感受到更明顯的自信，但是亦有可能需要一段時間的互動來培養，而非你一遇見這樣的人自信就能立即出現。

當對方的太陽進入你的第一宮時，意味著他所表現出來的態度，讓你覺得具有相當程度的影響，無論有意或無意，他所表現出來的行為都會刺激你去思考與自我有關的主題，或讓你從許多不同的層面去感受這件事情。例如你可能覺得對方是一個比較強調自我的人

太陽

月亮

水星

金星

火星

木星

土星

天王星

海王星

冥王星

凱龍星

南北交

（換句話說你可能覺得他非常自私，或者他比較少從他人的角度來考慮事情），從另外一個角度來看，這也表示他在提醒你必須多替自己著想（這個時候你或許不會覺得他是一個自私到極點的傢伙），也或許他什麼事情都不用做，就已經讓你覺得應該更認真地考慮自己的未來。在心理占星當中，太陽與第一宮都有著自我的意涵，當我們解讀關係合盤且有太陽進入對方的一宮時，這暗示著對方的出現，為你帶來了與自我察覺有關的主題。

有時我們會直接認同對方所追求的事物，甚至覺得這也是我應該去追求的目標，或認為這樣的事情會帶來全新的自己，甚至可以增加自己在這段關係當中的重要性。在心理占星學當中，太陽象徵著生命的活力，對方活力或熱情的表現將直接推動你對某些事情的關注。如果你自身第一宮沒有任何一顆行星，但是遇到了一個太陽在你第一宮的人並且與你有許多互動時，你會突然覺得自己的身份、自己的表現、自己的外在、自己和外界社會互動的方式，都顯得十分重要。並非過去你沒有自我，而是過去你不太在乎這樣的事情，遇到這樣的人之後，你才開始察覺這些事物的重要性。如果自身的星盤上已經有其他行星在第一宮，對方的太陽又進入第一宮，此時會更情強調自我的重要性，也會帶來更強烈的自我認同。

太陽在第二宮

當對方的太陽進入到星盤上的第二宮時，我們可能透過對方的價值觀、對物質的看法、認為珍貴的事物這一類的事情來衡量自身的重要。例如對方可能帶給你一種「你真的是他重要的寶物」（實際的物體）這樣的感覺，當然狀況也很可能會是你發現對方很明顯地當你是一件物品來衡量你的價值。不過，這樣的狀況也可能暗示著，你透過認同對方的價值觀或物質觀點，而進一步地發現自己的重要性。反過來說時一個原本不是十分重視物質影響或是物質安全感的人，很可能會因為遇到一個太陽進入他第二宮的對象，而受到此人的影響，並開始覺得物質安全感將可以帶給兩個人更多的成就與榮耀。例如因為這樣的刺激，促使這個人開始重視自己的財務狀況、自己的能力、自己手上所累積的資源，甚至開始注意自己的身體狀況，透過兩人之間的更多互動，物質安全感、資源這些特質的事情會對此人帶來更多的活力，並進一步的展開追求。

第二宮在占星學當也暗示著身體、資源與能力，當對方的太陽進入我們二宮時，我們可以清楚的感受到對方所帶來物質與身體上的活力，可能是透過他的太陽替你帶來源源不絕的活力，

亦可能產生一種和他在一起就有安全感，甚至自己也感覺變得活潑許多。當然別忘記第一段所說的，他可能像是發動機或者火車頭一樣帶著你追求物質生活，同時也因為這個原因，讓你感覺到物質與身體上的感受在這段關係當中顯得相當重要，如果重視或展開這方面的追求，就會有一種榮耀與成功的感受，當然這也暗示著在某種程度上，對方對你的性吸引力還不差。

當對方太陽在你的第二宮時，我們容易從物質層面看待對方，甚至覺得對方太重視物質（注意這可能是我們自身的錯覺）。也因為太陽有獨當一面的特質，所以讓我們有一種財務上必須獨立的感受，而當我們本性並非如此時，就會覺得被吸引或是感覺上有壓力，此時難免產生對方總是向錢看的感受。

太陽在第三宮

當對方的太陽落入了你的第三宮時，對於他自己、他的個人驕傲、自信，和他想要表現出來的創意或態度，都會強烈的對我們造成一種知性上的刺激，讓你想要和他溝通或討論。其它人出現在你身邊時你還不會想那麼多事情，但是當一個太陽在你第三宮的人和你在生活中產生互動時，你的思考很可能不由自主地變得相當活躍，讓你開始思考許多事情，特別是那些生活當中隨

時都會用到的資訊。同時你也會覺得只要對方出現，似乎就帶來一種溝通的重要性。例如對方讓你覺得有些話非說不可，不說就覺得自己被看扁了或委屈了自己（這是太陽的刺激），也可能是你覺得在和他溝通談話的過程當中，可為自己帶來許多活力和勇氣。他可能是那個用言語鼓勵你的心靈捕手，或讓你感覺像是鄰家大哥或姊妹一般的熟悉感覺，很自然地就能讓你吐露心情。無論是哪一種感受，說話、溝通、思想上的刺激與交流，在這段關係當中顯得相當重要。他很可能是刺激你讓你察覺自己知識的不足，而體認到學習重要性的人。

第三宮在占星學當中與兄弟姊妹鄰人有關，對方的太陽出現在這裡，不一定就只代表著他對你來說像兄弟姊妹的關係，這只是其中一種可能呈現的狀態。有些人面對太陽在自己第三宮的時候，不一定有兄弟姊妹的感受，反而讓他想到小時候一直欺負他的鄰居也不一定。在某些時候，這樣的人會替你帶來一種覺醒，讓你突然發現和周圍環境的互動其實算是一件蠻重要的事情，或許你以前忽略了，但是透過他（無論他做了什麼或他有沒有意識這樣作）你察覺了過去忽略與生活周遭人事物交流的重要影響，對方的太陽可能照亮了這些事物、以及生活周遭相關人事物的互動，

太陽

月亮

水星．金星

火星

木星

土星

天王星

海王星

冥王星

凱龍星

南北交

還有可以立即掌握應用和促進交流的訊息。

太陽在第四宮

當一個人的太陽進入了你的第四宮，家庭的重要性再一次地帶入了你的生活。對大多數人來說，這樣的關係有一點過份強調父母親的影響，但我們可以從不同的角度來討論這樣的影響。或許你和對方的互動十分強調一種家人般的緊密歸屬感，或許對方喚起你對童年、家庭還有和父母之間互動的記憶，但有些時候這樣的人會讓你產生一種錯覺，認為對方不只是扮演伴侶的角色，更類似父母親的角色，而這或許是因為那種莫名熟識的感受而帶來的影響。但是如果我們因為這樣而混淆對方的角色，不將他視為伴侶，且讓過去家庭記憶中的不愉快、或將那些家庭當中得不到的滿足轉嫁到他身上時，都很可能會帶來伴侶關係的阻礙，這一點是我們在許多合盤諮商當中常見的。

在心靈上，太陽在你第四宮的人會帶來熟悉的感受、似曾相識的感受，在某些時候的確暗示著心靈上的安全感，彼此之間的歸屬感在這段關係當中扮演著相當重要的角色，或許你們之間的成長過程有一些相同之處，也或許因為來自同樣的環境，讓你們以歸屬感將彼此綁在一起，更或者你只是很單純的強調

一種我們屬於彼此的感受，以及一種情緒上的安全感。對方的自信和活力可能讓你有一種被長輩保護引導的感覺，但有時候過去家庭的暗示也可能帶來不愉快的感受。無論如何，它強調了家庭在這段關係當中的重要性，太陽這一方不但點出了這一層影響，同時也希望對方能夠專心獨立地處理家庭所帶來的影響，而被影響的人也因為太陽進入四宮，而期待對方能夠在兩人的家庭當中佔有重要性。

太陽在第五宮

當對方的太陽落入強調自己的存在與目標的第五宮時，刺激了我們在自我表現上的渴望。或許我們看到對方多采多姿的生活，或是他的才華洋溢，而我們也有點不甘示弱或是也想要展示我們的才華，以表示我們匹配得上對方。這是一種自我呈現的刺激，兩個人的互動很有可能像是一場才藝競賽一樣，彼此都使出渾身解數想要讓對方對自己另眼相看。這可能暗示著透過對方，我們可能發現更多自己的才華與能力，這也包括了付出愛給對方的能力，這也正是為什麼許多人稱第五宮為愛情宮。

在愛與自我呈現的刺激下，我們會覺得我應該更「用力」地呈現出我自己。於是在某種情況下，和他在一起，我們的行為可能會表現得稍微戲劇化，

這雖然是另一種創造力的表現，但我們有可能會因為這股強烈的自我呈現渴望，而讓自己的表現太過誇張、過度悲傷或是對很多事情大驚小怪。對方促使我們用不同的、或獨特的方式來呈現自己，當然更多時候我們可以透過創作、寫作、繪畫、表演、音樂、藝術等事情來適當地呈現這樣的創意力。

第五宮在占星學上強調喜愛的事物（不是只有代表愛情），一種因為享受自我而得到的歡樂活潑的氣氛。在這段關係當中，我們可能覺得以對方為重心的生活相當喜悅活潑，太陽的重要與引導特質，暗示著對方期待在這段關係中你能更享受自己，同時因為對方的出現，你有更多想說的想做的事。這也是為甚麼受到對方的刺激會讓你的行為更戲劇化的原因，因為你強烈覺得自我表現在情感當中的重要性，或許你想強烈的表現出自己的熱情，也有可能是透過彼此的互動去享樂、去呈現自己喜歡的事，或去達成自己覺得重要的目標。

太陽在第六宮

比起其他的宮位來說，第六宮在星盤當中因為排列在象徵對等關係的第七宮之前，所以並不是一個十分能夠代表對等關係的位置。甚至在傳統的占星學當中，強調六宮互動的關係比較像是醫病關係、主從關係、雇主與勞工的關

係。在這樣的關係當中，總有一方在引導另一方，或總有一方在服務另一方，總有一方感覺比較像是服務人員。當太陽落入這個位置時，我們會感受到彼此幫助與服務的重要性，如果對方太陽進入了你的六宮，你或許會明顯地感受到似乎總是對方帶頭而你在追隨，也可能覺得他在下達指令讓你覺得十分不公平。事實上兩個人的關係是建立在一種彼此提供服務的互動上，彼此都得到了禮物。六宮這一方看到了服務的重要性，對方提醒你每天的生活細節、規律生活模式的控制、飲食工作睡眠，都值得去尊重和重視，且幫助你在每天的生活當中找到規律、獨立和自我，而太陽這一方則可透過服務找到自我以及自己的重要。無論如何，雙方都可透過服務對方、關注對方的健康與飲食，而找到榮耀這段關係的方式。

由於六宮的不對等關係，往往形成其中一方引導而另一方追隨，特別在工作與生活每一步驟的建議，太陽進入對方六宮的人會期待對方在工作與事務安排上更好，好讓他可以信任。但這樣的互動關係是互相的，也就是說可能對調，特別當這個太陽與自己或對方的行星有交互的強硬相位時，這種期待很可能會帶來壓力、嚴苛的批判分析。雖然強調服務，但是處於這樣的關係當中，尊重彼此的生活與獨立的特質，是更需

太陽

月亮

水星

金星

火星

木星

土星

天王星

海王星

冥王星

凱龍星

南北交

要被強調的。

太陽在第七宮

　　當對方的太陽進入第七宮時（或與下降點合相時）會照亮彼此的伴侶生活。這暗示著雙方都可以透過伴侶與對等的互動，來得到生命力與活力。在傳統的占星學當中，一方的太陽在對方的七宮時，對方會被認爲是理想的伴侶，但是謹慎的近代占星師並不會急著下這樣的定論，因爲太陽進入對方第七宮的人，會讓對方看清楚彼此之間互動的重要性，而感受更強烈的是七宮這一方，會察覺對方在自己生活當中佔有強烈的重要和影響力。有趣的是，這一宮不僅代表伴侶，同時也代表實力相當的敵手，於是要怎麼處理這段關係，就必須看我們用什麼眼光來看待對方。這個位置往往是我們與外界互動的盲點，可以說透過太陽這一方的人，使得我們看清了自己不太熟悉的事務，當我們用謙虛、感激的態度來面對時，對方會是一個誠實可靠、值得信賴、能夠互相幫助的伴侶。但是如果我們用一種敵對的態度來觀察一個人時，這個人則會是一個公開的對手。

　　透過太陽在第七宮的人，我們可以在伴侶生活上找到更多的自我，變得更爲獨立。許多人誤解了伴侶關係當中的互動，認爲我必須幫助他，所以我得犧牲自己的事情。事實上，最得體的方式應該是在伴侶關係當中先重視自己，照顧好自己，才能夠行有餘力地去照顧對方。太陽在你第七宮的人，在你眼中看起來或許相當自我，但是請了解他必須照顧好自己才能照顧你，而你也一樣，透過彼此的對等互動與尊敬，才能找到自己在伴侶關係中的位置與重要性，並且互相幫助。第七宮與下降點常暗示自我性格當中我們不熟悉的一面，若希望自己的生命能透過伴侶生活而更圓滿，那麼我們應該進一步增加互動。因爲我們若只是不希望面對自己不熟悉的部份，而用討厭對方的方式來面對對方，事實上只會喪失認識自己另一個的機會。

太陽在第八宮

　　對於許多人來說，遇到一個太陽進入你第八宮的人並不是一件相當舒服的事情。光是我們對第八宮的粗淺了解，第八宮包括了死亡、遺產，在心理上象徵著禁忌與恐懼，還有想要遺忘的事情。遇到這樣的人就像有人拿起鏟子挖開土壤，讓陽光照進那平時無法接觸到陽光的土地。這時你會看到那些平時不習慣陽光的小蟲蚯蚓四處亂竄，想想那些蟲子的感受，慌亂急忙、不知如何是好，只想快點逃離這個地方。的確，當我們內心的隱憂、恐懼、禁忌被人照亮時，我們會產生一種急著逃離的感受，

若是逃離不了，就會進一步地自我保護。有些時候對方有許多吸引我們的地方，也有些時候我們無意識的期待這樣的人進入我們的生活當中，好幫助我們認識自己的缺點，讓自己變得更強壯。然而這一切都發生在意識之外。面對太陽在第八宮又對我們產生吸引力的人，我們會感受到一種說不出口的被吸引的感受，很多人說這是命、上輩子欠他的。不同的信仰帶來不同的解釋，心理占星學會解釋為我們渴望認識自我陰暗的一面，好讓生命更為完整。

太陽這方被八宮這一方的神秘特質所吸引，太陽這一方被對方的性感和對深層結合的渴望所吸引，也希望對方能夠透過對恐懼和他人的影響而成長。太陽在你第八宮的人容易替你帶來恐懼，但卻也讓彼此之間產生一種更為緊密的結合。因為彼此的關係可透過內心深層的危機克服來榮耀。就像溺水的人想要緊緊地抓住身邊的一切，靠近他的人很容易被他拖下水，因此我們總是對陪我們一起度過危機的夥伴特別親密，因為我們不願意在面對恐懼時一個人孤單面對。太陽在你八宮的人因為挑起你的恐懼，也讓你想要緊緊抓住他，希望透過與他的身心靈、物質資源能力種種的結合，而不再感到孤單。

太陽在第九宮

當你遇到一個太陽在你第九宮的人時，你會被一種特殊的氣質所吸引，有人說這種氣質具有異國風格，並不一定會是個外國人，但卻可以為你帶來大開了眼界的感受。或許是他的成長經歷吸引了你，也或許是他對未來的看法吸引了你，更有可能是他啟發了你在思想與信念上的新視野。第九宮可以代表地理上的遠方，也可以代表時間上的未來，更代表著你不一定要被現在的生活所侷限，他的出現照亮了不太相同的道路，並且替你帶來了希望和夢想。

許多占星師認為行星落入彼此的第九宮會帶來緊密的結合，但並不是每一個人都想要緊密結合的關係。如果對一個人來說，信念相同、一起成長是他對伴侶要求的重點時，那麼一個太陽落入他第九宮的人會是相當適合的人選。太陽進入你的第九宮可照亮你所要尋找的信念，並幫助你找到未來和成長的方向。對他而言，他被你的信念所吸引，或者被你所表現出的異國風情所吸引，也可能暗示著兩個人之間靠著對未來的期望而變得重要。這樣的關係並不是十分強調親密肉體或深刻情感交流，透過不斷的成長與蛻變，有時會讓兩人發現彼此對生活的目標不同，而使得彼此的距離逐漸拉開。就算如此，這仍可能是

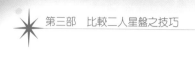

一種想法和行動上都十分契合的好夥伴。第九宮在占星學上除了代表信念之外，也暗示著長途旅行和學習研究，有可能這樣的夥伴會透過信念的交流、學習研究的互動、或者一起去旅行而強化彼此的關係。

太陽在第十宮

第十宮是一個相當強調權威與社會經驗的位置，這也是除了第六宮之外另一個強調地位差距的宮位。當一個人的太陽進入你的第十宮時，在某方面來說對方扮演著一種「老鳥」的角色，他可以是你的長官、上司、老闆、或者擁有權威的人，也可以是社會經驗豐富的人，他對你的幫助是引導你尋找自己的社會地位，或者發展你自己的事業。太陽這一方的人看到了對方在事業成就上的可能性，也因為彼此的互動而覺得自己該貢獻自己的經驗以幫助對方，當然他也可能看到了之後所能享受到的成果才願意付出。無論是不是利益的驅動，兩人之間在職業與社會地位上互相幫助的關係是可以確定的。十宮這一方在職業領域上接收到了太陽這一方帶來的的活力，並把對方視為一個值得尊敬的前輩。但要注意的是，太陽這一方可以給予經驗意見和引導啓發，但不是被依賴，如果你將一些錯誤的印象投射到對方身上而有了錯誤的期待時，很容易為

這段關係帶來影響。

在親密關係當中，當一個人的太陽進入你的十宮或與你的天頂合相時，這個人對我們的影響十分顯著，不僅僅是職業或社會地位的重要影響，另一方面他也可能讓我們有一種被照顧的感受。這個人在我們的生命當中扮演著重要的角色，並提醒你和父母親以及原生家庭之間的一些重要的議題需要討論。他的某些行為舉止會讓你感到熟悉安全，或是引起你不愉快的回憶，他說的話可能會讓你覺得十分有壓力（像是父親一般的權威），許多時候我們必須先去解決這些來自原生家庭的問題，而不是先將重點關注在對方和你之間有多不公平或對方帶給你多大的壓力，這些問題或許可以在解決原生家庭的問題之後，便可輕易地解決。

太陽在第十一宮

十一宮在占星學上是一個強調友誼關係的宮位，即便如此，我們仍不能因此斷定這兩個人就只會是朋友。我們往往對朋友這一個字詞的定義有著許多模糊的概念，在十一宮當中，我們強調志同道合的感受，並且強調共同興趣或對未來有同樣的期待。所以在占星學當中，太陽出現在我們第十一宮的人會替我們帶來一種對未來的期盼，當對方太陽進入你的第十一宮時，亦會強調未來

夢想的重要影響，而對方也可能被你所帶來的新鮮感受給吸引。這是一種雙方都想擺脫過去影響的期盼，對方吸引你的是彼此對未來共同擁有的理想，也可能是共同的興趣。我們可以在許多期待塑造新的形象的伴侶當中，看到這樣的關係。

看在外人的眼中，這種關係的親密度似乎不太足夠，這比較像是朋友關係，亦或是具有革命情感的關係，而非親密的伴侶關係。十一宮在某些程度上強調著個人的自由，會選擇這樣關係的伴侶，某些程度上其實是渴望對方給他更多的自我空間。有時候我們必須問自己，究竟是對方所提供的自由和夢想吸引著你？還是對方這個人完全吸引著你？在許多實際案例當中，我們都看到太陽出現在對方第十一宮的人負責提供對方一個不同的未來，但同時也透過對方而取得新的生活與清新的形象。湯姆克魯斯的太陽就出現在凱蒂荷姆斯的十一宮中，查爾斯王子的太陽也落入戴安娜王妃的十一宮中，這並不是說當對方的太陽進入你的十一宮時就會讓你麻雀變鳳凰，但這兩位男性都透過這樣的伴侶關係，換得一種比較清新的形象，而兩位女性也都將他們對未來的夢想和期望，寄託在這樣的關係之上，並與原先的生活有著徹底不同的改變。

太陽在第十二宮

在合盤當中，當對方的太陽進入你的第十二宮時，如同替你的生活帶來許多迷霧。很可能這個人對你來說如同一個謎題，當你對他產生好感時卻不知道為什麼為他著迷。對他而言，你可能有一種莫名的吸引力，但是他也說不上來，雙方很可能覺得彼此的相處很舒適愉快，卻又說不出有什麼特殊之處。或許他看到許多你需要幫助的地方，且願意貢獻自己的力量來幫助你，但對你來說，卻可能完全感受不到他的幫助或是他的重要性。你只知道他是一個不錯的對象，但是真的好在哪又說不出來。甚至你會認為在這段關係中你們都有些失去自我，或者對方正扮演著為你犧牲的角色。在合盤關係當中，當一方的內行星進入另一方的四、八、十二宮時，往往會帶來一種說不出口的吸引力。有人說這是前輩子的影響，我不是很清楚，但是這樣的人的確會勾起你內心當中無法理解的部份。

在這樣的關係當中，如果兩個人的互動夠多，你會發現對方具有一種特殊的熟悉感受，彼此之間存有一種默契，但是當你想要努力尋找時卻又找不出來，常常給你一種使不上力的感覺。特別當你想要刻意去做些什麼事情來幫助這段關係的時候，就會產生一種無可奈

太陽
月亮
水星
金星
火星
木星
土星
天王星
海王星
冥王星
凱龍星
南北交

左側邊欄：太陽　月亮　水星　金星　火星　木星　土星　天王星　海王星　冥王星　凱龍星．南北交

案例16　大衛佛司特 V.s 尼克森

　　關係的合盤不只可以看出一對情侶，也可看出一段合作的可能發展性。因為水門案而下台的尼克森總統在我寫這本書的時候再一次贏得了世人注目。當年尼克森因水門案下台之後沉寂了一段時間，然而英國脫口秀主持人大衛佛司特提出訪談的要求，讓尼克森希望能夠藉此改變形象並重振自己的聲威，但這個訪談卻間接讓尼克森承認當年的行為。大衛佛司特因此成為歐美新聞界的英雄，更被譽為是電視上政治人物專訪的早期先鋒之一。在電影〈請問總統先生〉當中，演員們更透過影片與當事人的互動，重演當年訪談過程的明爭暗鬥。

　　尼克森的太陽落入自己星盤的摩羯座第五宮，追求權力與地位以證實自我，火星在射手座九度與木星水星合相，並且與冥王對分，他的急躁與好勝讓他鋌而走險的安裝竊聽器，事發之後又不斷的辯稱自己對整件事並不知情，火星射手的競爭與木星的冒險逃避都暗示這些發展的可能性。

　　大衛福司特的太陽在牡羊，展現出勇往直前喜歡追求挑戰，在訪談當中的前四天，他讓尼克森佔盡上風，就在幾乎所有人都認為大衛福司特無法讓尼克森承認自己的錯誤時，他不服輸的研究了所有的資料，比對尼克森發表相關言論的時間點，並且在最後一天咄咄逼人的讓尼克森承認自己的錯誤。佛司特的水星逆行，有著審慎卻具有攻擊性的思考和語言模式，並且合相太陽，同時與土星行成了牡羊座第十宮的星群。

　　在合盤當中顯示，尼克森的太陽落入佛司特的第六宮十分靠近下降點的位置，對佛司特而言，他做的是對等的專訪（下降點與夥伴和公開的敵人有關），然而第六宮這個不是很對等的位置，迫使佛司特比以往更注重細節與準備工作。他或許想要將佛司特當作漂白自己重振聲威的工具（工具與僕人屬第六宮的管轄），不料卻陰溝裡翻船，意外地成為佛司特名流千古的代表作（太陽在六宮不一定是誰服務誰，但很明顯的指出了不平等的地方）。將星盤反過來看，佛司特的太陽與土星落入了尼克森的第八宮，他照亮了尼克森極欲隱藏的過去，並且透過水星與土星的謹慎，挖掘出尼克森的黑暗面，並讓他承認自己的錯誤。在這個星盤的互動中，顯示出佛司特成功的挖掘出真相的可能性。

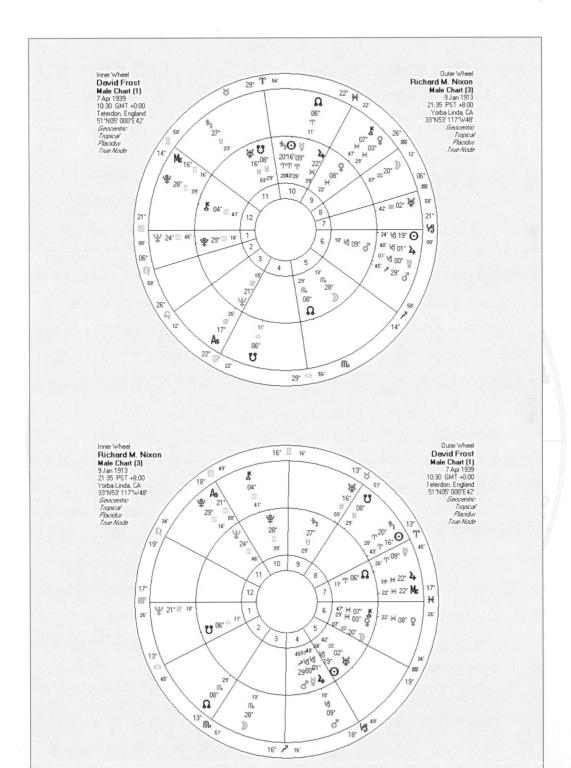

大衛佛司特 V.s 尼克森

太陽
月亮
水星
金星
火星
木星
土星
天王星
海王星
冥王星
凱龍星
南北交

何的挫敗感。十二宮是一個教你用平常心體驗愛的位置，透過他的引導，你會更了解愛如何在人生和宇宙運行的道理。

當A的月亮落入B的宮位

當一個人的月亮落入另一個人的某一個宮位時，暗示著他將關懷與照顧帶入另一個人的生活層面。他可能看見了對方在該生活層面的熟悉過去而被吸引。同時對另一個人來說，他會透過那一個層面去認識對方的情緒與需求，也會在那個層面看見對方的母性與不安。月亮在合盤當中的互動往往被視為一種緊密的連結，當一方的月亮出現在另一方的某個宮位時，暗示著兩人在這方面將緊緊聯繫在一起。

月亮在第一宮

當A的月亮進入對方的一宮時，明顯的就是被對方的外表、身份、特質所吸引，對於他的談吐和應對進退之間總有一種熟悉溫暖的感覺，甚至覺得在心靈上的某一個需要被照顧的部分被觸動了。當內行星進入了對方的一、四、七、十宮時我們都會有強烈的感受，而月亮和太陽一樣都有這種強烈的引動。

在月亮進入對方第一宮的互動中，A可能會產生一種對方需要我來關懷與照顧的感受，事實上在潛意識中，A也希望對方能給予他類似的關懷，而這亦是一種變相的依賴。更重要的是A會期待對方感激的回應，而有時這種感受在雙方認知與互動不足的情況之下，反而很可能變成一種憂慮或嫉妒。當一方的月亮進入另一方的第一宮時，與其說讓我來照顧你，你來依靠我，還不如說讓我們彼此照顧、彼此依賴，卻仍保有二人的個人特質比較恰當。因為B這一方會在外表與互動的層面上清楚地看到A的需求、A如何關懷照顧他人、以及他和他母親（或女性）的關係。如果A是個女性，我們可以更清楚地在她的外表與儀態還有互動中，看到強烈的母性特質。

我們也會發現在這段伴侶關係當中，關於自我身份地位、伴侶互動與外表上的事情，兩人都會變得特別敏感，特別當A試圖扮演照顧者的角色時，若兩人之間月亮有較明顯的強硬相位，就很容易引發那些過去（童年）生活當中不愉快的回憶，或是B的反應使A無法順利取得他所想要的溫暖回應時，就會從心中升起不安全感。

月亮在第二宮

物質或財務上的關懷與叮囑，會發生在A的月亮進入B的二宮時，並可能轉變為A對B變相的依賴。月亮代表著

我們在成長環境過程當中熟悉的事物，這代表著A在B的物質生活環境中看到了相當熟悉的景象，就算B的財務狀況有一餐沒一餐的，對A來說仍有一種無意識的安全感，而這種安全感只是來自於成長過程當中的熟悉景象。但更重要的是，A渴望在B的財物與物質生活當中扮演重要的關懷照顧者的角色。他可能給予對方財務上的意見，或者真的在金錢或物質生活當中扮演著B的供應者。也可能是心理層面上帶給B在物質安全感上的舒適感受。形成一種「我瞭解你的能力和你所擁有的資源」、「我會幫助你好好的發揮這些特質」、「我會每天提醒你，盡我的力量幫助你」。

當A在伴侶關係當中涉及對方的金錢財務資源或身體的議題時，B會看到對方的溫柔照顧和母性特質，有時A並沒有意識到這種過度關懷Intensive care會帶給對方一些壓力，伴侶關係並非親子關係，但月亮在這一方很容易表現出強烈的母性態度，並在某些時候引發B想要掙脫母親控制的衝動而引發伴侶之間的問題。同時如果A的關懷與照顧沒有得到「實際、有形體」回饋的話，也可能引發A的沮喪或不安。

月亮在第三宮

當A的月亮進入B的第三宮時，暗示著A對B的溝通、思考有著一種熟識的感覺。這樣的感受像是一種親人或伴侶之間的親密溝通，或是小時候習慣的溝通方式，這對A來說會有一種比較輕鬆的態度，來面對彼此之間的互動。相對地，A也會覺得B在溝通、學習、以及思考上面需要他提供更多的關懷照顧。二人可透過溝通讓彼此之間的關係更為緊密，有時這樣的關係會呈現出一種比較不強烈的牽絆與依賴，倒是比較類似好朋友、好夥伴、兄弟姊妹一樣的互動關係，輕鬆而且強調溝通、互動以及生活當中意見的交流。

對於B來說，他在溝通與思考的層面上雖然可很明顯地看到A對他的關懷，但是也很容易在這方面察覺到A的不安情緒，有時反而會有一種被依賴的感受，甚至引發彼此之間較為情緒性的對話。這通常會出現在A覺得自己在思考與溝通上的付出並沒有被B所接受，或者B沒有對於他所付出的心思給予適當的回應（感激）。由於三宮也掌管鄰居和兄弟姊妹，在兩人互動當中，A會促使B在面對這些人時，用一種較為關懷的態度去面對，但也可能讓他對這些事情變得比較敏感或者稍微情緒化一些。A必須時時提醒自己，有些時候過多的涉入反而會成為一種生活上的干涉。由於三宮也代表著短程的旅行，或許在出遊和短程的旅行當中，A能夠提供B更多的意見和幫助。

太陽
月亮
水星
金星
火星
木星
土星
天王星
海王星
冥王星
凱龍星
南北交

太陽
月亮
水星
金星
火星
木星
土星
天王星
海王星
冥王星
凱龍星
南北交

月亮在第四宮

家庭事物是第四宮與月亮都共同強調的主題，當一方的月亮進入另一方的第四宮時，家庭、父母關係、歸屬感與安全感的議題很明顯地成為兩人互動中的主題。這並不是說A一定會扮演B的父母，但A可能透過不同的形式來呈現與父母相關的主題，而扮演對方的父母只是其中一種而已。可能A會以父母親或長輩的態度來面對B，但也可能是在如何與父母相處這個主題上，提供B一些意見。因為A可能認為在家庭和親子相處的主題上，B需要更多的幫助，但另一方面，其實也可能是A深深的被B的家庭關係給吸引，而那可能是他熟悉的家庭（親子）運作模式。

有些時候A可能對父母的主題並不是很感興趣，那麼這時他可能會涉及其他第四宮相關的層面，例如心理上的安全與歸屬感。A希望能夠提供給B一種彼此之間如同家人般的親密情感（不一定有父母的影子），或者希望彼此之間有一種緊密的歸屬感，例如讓對方感受到「你屬於我、我屬於你」的這種緊密依附的感受。在物質生活上，第四宮可以反映居家環境，所以A也可能在居家布置和家庭生活方式上與B有更緊密的互動，並透過餐飲、關懷照顧以及比較柔性的古式表現。然而在與父母或家

庭、居住環境的主題上，B會更明顯地感受到A的情緒變化以及他內心當中的需求，A渴望得到B的回應，若B忽略在這時給予回應或互動，很可能會引發A內心當中更強烈的不安。

月亮在第五宮

當A的月亮進入B的第五宮時，可以透過多采多姿的方式來呈現彼此的關懷與互動。許多時候A會被B所呈現出來的想法、創意、創造能力（作品）、或者他所追求的目標以及他強烈的自我特質給吸引，那是一種對A來說似曾相識的感受。或許那是他成長過程中所習慣的互動模式，也或許是他生活當中所需求的刺激，當然如果有許多強硬相位的話，激起的互動可以是正面亦有可能是負面的。A往往能夠替B帶來許多想法，或許可以說是創作的靈感，如果B仰賴創作為生，或者習慣進行一些生活當中的創作，那麼這將會是一個不錯的互動。如果B不習慣創作，那麼這樣的特質可能會改為生活當中的樂趣（飲食居家布置等等），或是生活當中的興趣。五宮的互動往往具有愉快的特質，A的月亮進入這裡就好像是對B說：我很關心你快不快樂，我很關心你能不能盡情地作自己，讓我來幫助你快樂地作自己吧！在某方面，A可能認為B並沒有真的做到這些事情（自我壓抑或不快

樂）也不一定。

第五宮也和子女互動的主題有關，對A來說，他會認爲子女或小孩相關的主題會帶給B更多的幫助，或者他認爲B在照顧小孩的議題上需要他提供更多的建議或幫助。小孩可能是這兩個人緊密相互依附的一個重要主題，當然並不一定說有這樣配置的人一定會很喜歡小孩，亦有可能是彼此之間的對待方式就像對待孩子一般。B可以從A的興趣與孩子般的態度當中觀察到他的需求與不安。

月亮在第六宮

當A的月亮進入B的第六宮時，暗示著這一段關係涉及了強烈的務實部分，生活當中的柴米油鹽成爲焦點，同時B的生活態度、健康狀態、工作的方式、生活的步調都成爲A所關注的焦點。這一段關係感覺上似乎不是那麼對等平衡，A可以表現的像是一個老媽子一樣照顧伺候著B，或者擁有媽媽及照顧者的地位，但是A也同時做了僕人的工作，表面上看來B被照顧、被呵護，但是B也可能像小學生一樣不斷地聽從著A的訓令。看在A的眼中B似乎是一個生活大小事情打點得不怎麼周到的人，或者說當這兩個人的關係稍微深入時，A會看見熟悉的生活細節，並帶來一種似曾相識的緊張。他想著：「我

的親友就是犯下這樣的錯誤才會如何如何」，所以不希望B也犯了同樣的錯，而不由自主地去干涉B在生活當中的大大小小事情。

傳統占星學的六宮是屬於病人或僕人的位置，亦可以延伸解釋或某一方的地位稍低。我們常看到強烈的醫病或主僕關係出現在強調六宮的關係當中，有經驗的占星師從不急著去判斷誰是主誰是僕，因爲在互動關係當中，其實這兩個人互爲主僕互相服務，而這才是現代占星師所關注的重點。A透過關注生活步調、每日例行事物、工作態度、生活態度、飲食調配與健康狀況來照顧對方，也期待對方在同樣的領域中表現出他的回饋與感激。當然如果B完全不領情或不給予回饋，那麼便會引發A的焦慮不安。但如果A過度干涉B的生活大小事，或是這個進入B六宮的月亮帶來強硬相位時，就可能引發兩人之間對日常生活瑣碎事物以及健康規劃上的焦慮與爭議，也可能帶來情緒上的困擾。

月亮在第七宮

在星盤當中的一、四、七、十都是重要的宮位，與個人生活息息相關，當對方的行星進入這四個宮位時，往往顯示出重要的互動議題。他們分別是自我身份（第一宮）家庭與父母（第四宮）事業與社會地位（第十宮）以及第七宮

所代表的伴侶關係。特別是如果對方的行星靠近這四個宮的起點前後八度時，影響更為顯著。

許多傳統占星教材會寫到，當A的月亮進入了B的第七宮時，就會成為對方的伴侶。但我必須修正這個說法，雖然這樣的配置暗示著A會用照顧伴侶的態度來面對B，但並不代表B就會接受，這僅只代表在對等互動或伴侶關係上，B會有比較明顯的情緒感受而已。A可能會認為B在伴侶關係的主題上需要幫助或關懷，卻不表示B不擅長伴侶關係或與他人互動，甚至有些時候A就是因為著迷於B在和他人互動時的態度，而深深地被吸引。當然這不一定代表B就是萬人迷，或許B用冷峻的態度與人互動，但是對A來說，這就是他所熟悉或需要的「伴侶關係」，並因此而被吸引。

這樣的星盤也暗示著A十分渴望成為B的伴侶，渴望在伴侶生活當中給予B關懷和照顧，若兩人之間星盤的互動良好，同時A對B也有同樣的期待時，我們可以推測這兩個人會是不錯的伴侶或合作夥伴。但是若B不習慣他人過度關懷照顧，或是B對A沒有感覺、甚至拒絕他的照顧，那麼我們便可看到A在伴侶與合作主題上會變得十分焦慮與情緒化，甚至有強烈的不安與嫉妒。如果這兩個人不是情侶關係，那麼A可能會

扮演一個「伴侶或合作關係諮商者」的角色，引導B如何在生活當中處理伴侶或和他人合作的議題。

月亮在第八宮

當A的月亮進入B的第八宮時，常常會引發許多複雜的牽連。由於第八宮涉及的事物相當的廣泛，許多都是無法以理智探索的層面，這時候往往會讓人有一種業力的深刻感受。無論你相不相信命運或業力，當對方的月亮進入你的第八宮時，你所吸引他的正是連自己也不明白甚至不想觸碰的禁忌之地。內心當中的憂慮與恐懼，或是一些自己不願意面對的事件。這些童年的陰影或是人生的黑暗面，在某種程度上被我們所遺忘，但當A的月亮進入B的第八宮時，A會嗅到這一塊問題所帶來的嚴重影響，而願意在這裡幫助B，面對B的陰影且幫助B走向轉化的道路。

然而這不是一件輕鬆的事，當A希望幫助B接觸這塊陰影的同時，A自身不一定準備好，也不一定是有意識的要探索這一塊，或許他會更宿命的說，他是不由自主被捲入這場風暴的。事實上B無須愧疚，或許A本身無意識當中的另一個自我，也正在呼喚著A去接觸自己不願意面對的陰影。這雖然使兩個人都陷入了強烈的危機當中，但是卻透過雙方價值觀的交流、能力資源的分享，

太陽
月亮
水星
金星
火星
木星
土星
天王星
海王星
冥王星
凱龍星
南北交

一同幫助彼此克服恐懼達成轉化。

因此第八宮所暗示的金錢的交流以及肉體性愛的交流，在危機當中更顯得重要。（911事件後曾有心理學家解讀為什麼那陣子許多人瘋狂的做愛以尋求心靈的慰藉。）這兩個人必須在身體、心靈、情緒與物質上互相合作互相照顧，但首先這兩個人必須克服對對方的厭惡投影，我們常會指責對方：「因為你我才變得這麼糟」，事實不然，對方指出（或引發）我們內心當中的恐懼害怕與黑暗面，我們以為是對方的醜陋和黑暗，事實上卻是自己的醜陋與黑暗的投影，唯有察覺與接受，才能開啟生命轉化的第一步驟。對方可以是你的精神靈修導師、也可以是你的冤家孽緣、更可能是你的逆行菩薩。 月亮進入八宮容易帶來兩人不願意接受，卻又不得不緊密關懷，彼此互相支持以度過困難達成轉化的狀態。

月亮在第九宮

當A的月亮進入B的九宮時，帶來了成長與心靈上啟發的幫助。在某方面來說，A對於B所選擇的未來深感興趣，那可能是他所熟悉的過去，或是他生活當中所需要彌補的部分。這樣的互動強調了成長，也強調不同文化背景的交流，更強調兩人之間信念的互動可以幫助彼此。在伴侶關係當中，我們可以

說這是強調成長的靈魂伴侶，對方用一種關懷照顧的方式，來幫助你熟悉不同的文化領域，熟悉你未來的環境，熟悉你成長過程當中必須擁有的信念，甚至幫助你去實現你的夢想。但是和其他宮位比起來，三宮與九宮十一宮的互動雖然輕鬆，但卻不是那麼深刻強烈，有些時候比較像是教友、同學、同伴或同修，但我們卻不能因此認定兩個人在伴侶上的互動就不重要。

在實際生活中，有可能A看到了B對某一個未來的領域感到陌生，而這個領域對B來說又有相當重要的影響性，這引發了A想要照顧B的母性，不僅如此，更可能A本身也經歷過相似的狀態，而願意貢獻一己之力。這可能是幫助B適應不同文化，或是幫助B在國外生活，或是幫助B踏出社會面對成長，或者這樣的互動會出現在信念與宗教的交流上。A會提供B成長茁壯時需要的幫助和養分，不過在面臨信念議題、或是對未來的觀點展開遲疑時，B有可能會看見A所顯現出來的情緒與不安。這更可能進一步引發如果無法以尊敬的態度來接受雙方不同的成長文化背景，或者無法包容對方想走不同的成長道路時，就很容易引發伴侶之間的焦慮與不安。

月亮在第十宮

　　當A的月亮進入B的第十宮時，代表著這段關係十分重視雙方與父母之間的議題，這是一個很重要卻很容易被忽略的環節。因為在第十宮我們往往只看見更重要的事，那就是社會觀點與社會地位，且往往在現實生活中透過職場的表現來呈現。A認為B在職場上應該更加積極，有些時候A會扮演老闆或是職場顧問的角色來幫助B在工作上有所發揮，甚至幫助B處理一些公眾關係的事情，就像是明星藝人的經紀人或是保母的角色。這樣的關係也可能是老闆與員工的關係、老師與學生的關係。因為A這一方認為自己必須「管理」另一方，或者貢獻他們的經驗給對方。因為A自身對於職場領域的熟識，不願意看到B再重複一些不必要的錯誤，但有些時候過多的干涉反而會影響兩人的關係。

　　B很容易在公眾場合的互動當中，看到A的擔憂與需求，從某方面來說，兩人都會對與B有關的公眾事物感到特別敏感，B在職場上面臨的大小事情都會牽動著兩個人生活中的喜怒哀樂。但事實上這兩個人的互動不僅侷限於工作上，因為外在的生活反映著私人的生活，在私人領域上，A扮演著母親或父親的角色，照顧著對方，當A的月亮與B星盤上的其他行星產生更明顯的強硬相位時，這樣的互動常常會引發伴侶之間的爭執，事實上，這會突顯兩人與父母之間未解決的議題，嚴重的話甚至會影響兩人的關係，這時候透過家庭的諮商與探討，可以幫助我們釐清問題。

月亮在第十一宮

　　當A的月亮進入B的十一宮時，暗示著兩人的互動具有強調共同興趣的友誼性質。A對於B面對朋友或追求未來目標、實現理想之類的事情感到相當強烈的興趣，A也希望能夠替B的未來進一己之力，有時我們會說這樣的關係相當類似於好友或同好之間的互相幫助。同時A也透過對於B所帶來的新想法、對未來的看法，或者一些前衛的思考方式來滋養自己。這兩個人在一起往往會用彼此的共同興趣將兩人緊密的連在一起，如果兩人能夠尋找一些共同的興趣，透過共同的興趣與目標來呈現新的生活，或者發揮創意，將對於彼此之間的親密關係有所幫助。

　　這樣的關係不一定只展現在共同的興趣上，也可能展現在社會議題、社會福利之上，這呈現出第十一宮的另一個層面：對未來的關注，因為兩人對於未來的在意，所以願意結合彼此以及相同目標的同志，來實現自己的理想。這樣的互動有些時候會呈現出強烈的社會運動或是政治運動的色彩，而其中一方通

案例17　鋼琴師與占星師，赫夫考夫婦

　　電影鋼琴師「Shine」翻拍自澳洲鋼琴師大衛赫夫考的真實故事，他的月亮就在妻子吉利安（澳洲占星學院創辦人）星盤上的第五宮當中，吉利安看到了他的才華與表現，他也看到了吉利安的創造力，並帶給他孩子般的天真快樂。兩個人雖然沒有子女，但是吉利安在面對大衛的情緒問題時，就像對待孩子的態度一樣包容，而吉利安的月亮太陽與一整個星群則全部進入象徵著大衛伴侶關係的第七宮。

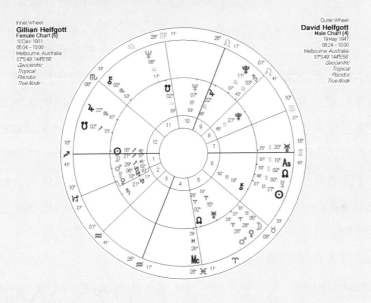

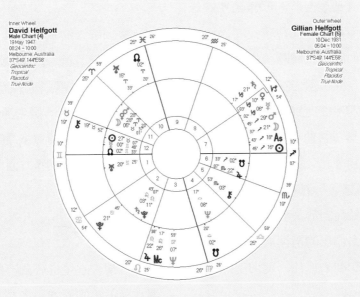

鋼琴師與占星師，赫夫考夫婦

太陽
月亮
水星
金星
火星
木星
土星
天王星
海王星
冥王星
凱龍星
南北交

常會扮演著另一方的後盾與照顧者。當然這僅只是可能性當中的一種，並非每一個月亮進入對方十一宮的人都會因為政治理念而結合，我們必須把眼光注重在兩個人對於「未來」、「共同目標」上的互相吸引才對。

月亮在第十二宮

占星大師阿若憂認為四、八、十二都有強烈的業力意涵，的確，占星師們看到代表關懷憂慮與連結伴侶關係的月亮進入對方的這些宮位時，雙方之間的牽扯便多出了許多無法用理智去分析理解，也無法用現實的利益互動交換的情況，因為更深刻的情感與愛恨糾葛早就在這兩個人相遇之前就出現了。這並不是說他們有前世的連結（當然如果你的信仰包含了前世今生的話，你也可以這樣解釋），而是兩個人在成長的過程當中，有著類似的情感體驗，但很可能隨著歲月的增長而被遺忘在意識之外，直到兩個人相遇，彼此挑起了這一塊無法輕鬆面對、無法言語表達的憂慮。當A的月亮進入B的十二宮時，他挑起了一種莫名的鄉愁，一種說不出的孤獨感受，可能是幼兒對於失去母親的憂慮，或是對於生命循環的徬徨與無助，這常會引發我們想要去抓住一塊海上的浮木好支撐自己。

當A看到B在生活當中面對孤獨，

或面對大環境的影響而掙扎時，A可能會忍不著想要出手幫助，但卻往往徒勞無功。相同的B也可能期待著A給予幫助，但是卻發現就算A盡力了卻還是什麼都沒改變。或許B不會怨恨對方，但是卻有一種誰也幫不上忙的感受，因為同在一條船上受苦，誰也不能夠怨恨對方。同時也因為這樣的狀況，對於人生有著更深刻的尊敬與瞭解。這樣的結合反而可以讓彼此用更多的同理心來面對生命所帶來的困境。這使得A能夠瞭解B心中的遺憾，而B能夠看見A的憂慮與感傷，這樣的關係或許能給彼此適當的安慰，而這樣的相遇亦會有一種相濡以沫的唯一依靠的感受。

當A的水星落入B的宮位

當一個人的水星進入另一個人的宮位時，暗示著這一段關係的溝通主題會偏向某個生活領域和層面，而思想與學習也可能偏向那一個生活領域。A可能會刺激B在那個領域多加思考，同時A也可能反映出B在哪方面需要加強溝通技巧和靈活度。

水星在第一宮

當某人水星進入對方的一宮時，強調水星主題的溝通思考相當重要，這兩個人喜歡討論我是誰？我該如何表現自

己？我該如何與他人有更多的互動？或者我們應該用什麼方式增進兩人之間的溝通。簡單的說，溝通與討論在這段關係當中扮演著重要的關鍵。

當A的水星進入B的第一宮時，象徵著A可能感受到B在自我表達上的言語相當有趣，這並不表示B擅長溝通，但卻暗示著當B與A一對一溝通時，B的言語和思考刺激吸引著A。同時A對B有一種好奇，想要更進一步地了解他，A會覺得在某些時候，他有必要幫對方多做一些關於身份或與他人互動的討論。言談當中B亦可能感覺到，A總是在分析討論關於B的對外言行舉止，或是B的外表，甚至當B不是一個十分喜歡與外界互動的人時，這時候A可能會扮演一個媒介的角色，將B推到外面的世界去。同時透過A的分析、刺激和引導，能夠介紹B對於外界社會有更多的互動，對自己在社會上所該扮演的角色有更多的思考與認識。而對自己在一對一伴侶關係的互動當中該扮演什麼樣的角色也會有一番思考。

B可能認為A是一個重視思考與溝通的人，就算A對外的表現並非真的如此，但是他對B的影響卻很強調這一方面的事情，特別在談論一對一或是與外界互動、甚至是自身與外表的主題時，B可能覺得A相當的理智，或者擅長溝通互動，或是想法或手腕很靈活，有時

候可能帶點滑溜的色彩。有些時候水星會用不同的特質呈現，在B眼中A可能具有某種類似鄰居、死黨、好友、兄弟姊妹等親近熟悉關係的人，或者扮演溝通者、仲介者、或者傳遞訊息者的角色。

水星在第二宮

當A的水星進入B的二宮時，兩人之間的溝通主題之一可能包含了金錢、物質安全感、或是自我價值的主題，同時溝通也將成為兩人之間關係的重要資產。最常遇到的狀況，可能是A透過一種分析或資訊分享的方式，來幫助B在處理財務或金錢上的議題。當A看到一些與財經有關的訊息時，會想要立即告訴B，或者A總是在想B該如何更理智、更有智慧地處理他的財務狀況。當然這種狀況也有可能進一步地以兩人互通財務來呈現，像是彼此之間可能有一些生意上的往來，或是借貸狀況。

水星進入對方二宮除了暗示著物質層面的交流之外，在心理與精神層面上，關於自我價值的主題也會成為這段關係的重點。A受到某種刺激與吸引，很容易和B討論關於他的自我價值，或是分析B對於物質與自我價值的看法。你是否尊重自己？你是否看重自己？你為甚麼認為自己是個沒有用的人？這樣的對話很容易在兩個人的對話當中出

太陽

月亮

水星

金星

火星

木星

土星

天王星

海王星

冥王星

凱麗星

南北交

現。除了分析討論之外，也可能是資訊的分享，將周遭相關的資訊帶給B。第二宮在心理層面上，也暗示著一個人的能力，透過分析和討論，B很容易發現自己過去所沒有發現的能力與可以應用的資源，或者透過A的鼓勵而進一步地學習那些能夠提昇自己身價的學問或技巧。相對地，每當兩人之間的互動涉及金錢、財務、物質、價值觀時，B總是能夠看到A靈活理智且友善重視溝通的一面，當然若有強硬相位時，B或許也會察覺到A關於溝通或思考上的盲點。

水星在第三宮

當A的水星進入B的第三宮時會特別強調對話、思考與學習的態度。由於水星與第三宮有著相當程度的類似，這在占星學上被稱作「雙重暗示」，每當有性質相似的符號相互呼應時，我們都必須更加重視。A的水星出現在B的第三宮，暗示著兩人之間的溝通對話，在生活中佔有重要的地位。A很可能被B的溝通方式或學習態度給吸引，也可能兩人之間就算是發展到相當程度的親密關係，仍可以維持一種輕鬆有趣、像是兄弟姊妹鄰人般的互動。

在這段關係當中，A可能扮演著B在日常生活當中的媒介，替B來了生活當中各種需要的資訊，幫助B分析生活周遭發生的事務，刺激B與鄰居或兄弟

姊妹的互動，同時刺激B在知性層面上變得更為活躍。交流對話與知性上的互動，成為這段關係當中相當值得注目的層面。A讓B更重視生活當中的溝通、學習與周遭互動的部份，同時在B的眼中，A有可能對於溝通分析這一類的事情相當在行，也可能是和鄰里社區的互動上有著靈活的手腕，或者擅長與鄰居或兄弟姊妹溝通，與他們維持某種活躍程度的交流。有時候在B的眼中，A的思考重點往往是傾向實際且落實在生活周遭的環境當中。

水星在第四宮

當A的水星進入B的四宮時，暗示著言語和思考刺激著兩個人之間的歸屬感議題，從這個議題將可以引導出許多與家庭有關的討論。我們都從原生家庭當中的父母的互動，來學習伴侶之間的關係，當A的水星進入了B象徵家庭與父母議題的四宮時，首先暗示著某部份吸引A靠近B的原因，來自於B和家人之間的溝通與互動，但同時也暗示著，他認為B需要在家庭和父母的主題上多想想，需要更多理智的溝通與分析，而A願意協助這個部份。同時B可在這方面的討論上，看見A的聰慧、理智甚至是細微的觀察以及靈活的手腕。

在心理層面上，A對於B在情緒與安全感的探討上相當有興趣，他總是有

意無意地用分析或討論的手法來分析B的情緒反應，這當中涉及許多關於安全感的部份，A希望盡量引發B在這方面的興趣，進一步地學習這一個部份，引導他用理智與分析的態度來面對情緒與安全感。A也可能慣於用理智分析的方式來探討B在歸屬感上的問題，這包括了B對家庭以及對彼此的歸屬感。除了心理層面之外，在實際生活當中，A可能對B的家庭生活或居家環境有許多建議，通常也可能以討論或分享新知的方式，和B在居家生活的主題上做更多靈活的互動。

水星在第五宮

當A的水星落入B的第五宮時，在水星沒有太多強硬相位的狀況下，可以帶來一種活潑愉快的溝通模式，但更常見的是兩人之間的溝通主題經常圍繞在興趣娛樂和一些令人開心的事情上。A試圖幫B釐清許多關於喜歡與興趣的討論，或分享在興趣方面的資訊，當然這也包括了兩人之間的情感溝通。A說出來的話除了很容易討B歡喜之外，也很容易帶來一種甜蜜的感受。無論A有意或無意，但都有可能幫B釐清心中關於喜歡或喜好的事情。同時在B的眼中，A除了觀察力敏銳之外，同時在這方面的分析也相當獨到，若分析的主題與情感或喜愛的人事物有關時，B很可能覺

得A的頭腦相當清晰。在心理層面上，A的想法和分析很容易幫助B確立他近期的目標，這也可能是因為A對B所展現出來的企圖心有著一定的興趣，不管A抱持的心態是不是單純的好奇，或是想要深入探討，但透過溝通和討論，B將會對於該如何朝自己的目標前進這件事情，具有更清晰的概念。

由於在傳統占星學上，第五宮與子女還有興趣喜好有關，在交往過程當中對小孩的態度，或是孩童的議題都很可能不斷地被提及，這也許和兩人的童年生活、與父母親之間的互動也有些關聯。如果B已經為人父母，那麼A可能會以溝通、資訊分享這一類的知性互動方式，來介入B與子女之間的生活，無論他的想法或出發點為何，有些時候他會扮演B與子女之間的溝通橋樑的角色。

水星在第六宮

當A的水星進入B的第六宮時，A對於B的生活方式與生活態度產生了某種程度的好奇，他可能會想和B探討這方面的主題，其中很可能包括了B每天生活的規律，或是想知道B是不是固定從事哪些活動，甚至想要了解B用什麼樣的態度來面對自己的生活，用什麼態度來面對工作。如果這樣的關係不是屬於一段親密伴侶關係時，有時會產生一

種辦公室當中工作夥伴的溝通的方式，或是像老闆對下屬對話的溝通方式。這也像是兩人的討論主題常圍繞著工作，或是如何和同事下屬溝通的事情。在B的眼中，只要涉及日常生活態度或和工作有關的事情時，A往往顯得十分有條理，他的見解和分析對B在生活和工作當中，有著相當程度的幫助。

第六宮相關的事物甚至也包括了飲食和健康，A可能有些時候表現出對B在生活態度和健康上的關懷，有些時候甚至帶有點焦慮的色彩，如果干涉過多很可能會直接造成B的緊張，不過有些時候這樣的互動有點像是流水帳或柴米油鹽的事情，當A獲得這方面的資訊時也相當樂於和B分享。同時在這一段關係中，值得注意的是兩人之間的溝通方式有時會呈現不對等的溝通。如果這是一段親密關係，所造成的影響相當值得兩人注意。

水星在第七宮

任何行星進入強調伴侶關係的第七宮時，都暗示著這一個行星的特質很容易展現在這段伴侶關係當中。溝通、學習、與周圍的互動等都歸水星掌管，而這些也正是這兩個人對話的重要主題。對於A來說，B在伴侶關係當中所展現出來的態度相當吸引他的好奇，他可能想進一步了解，或是想進一步的和B討

論關於B在伴侶關係上的表現，也可能表示A樂於和B分享關於伴侶之間的相處之道。在某些情況下，A過多的意見可能會讓B覺得是不是我在伴侶溝通上有問題，才會讓A如此的焦慮或急著下指導棋。A在B的眼中可能是一個強調理智分析與溝通的另一半，溝通這件事可能是兩人相處的主要議題，但這並不代表著兩個人之間的溝通一定順暢或愉快，因為溝通的特質和模式，可能隨著兩人水星的星座與相位而改變。

除此之外，這一段關係也會強調學習與知性的互動，在互動關係當中，如果有什麼樣的問題出現，對兩人來說往往都代表一個新的學習機會。在B的眼中，A除了是一個強調溝通的人之外，他似乎也很在意兩個人的關係是否公平，以及兩人的互動方式是否合乎理智。有時A會十分好奇B如何和周圍環境互動，例如他會想要知道B怎麼和鄰居相處，也會想要知道B和兄弟姊妹之間的關係。這些事物都很可能成為兩個人生活當中的重要關鍵。

水星在第八宮

當A的水星進入B的第八宮時，往往會帶來複雜的互動情節，但這些互動也會替兩人的關係帶來更深刻的了解或更緊密的連結，但不可諱言的，兩人之間的溝通與互動很可能需要更多的包

容與認識。由於第八宮代表一個人心靈當中隱密的世界，當A的水星進入這裡時，我們或許會好奇A是不是被B內心當中的祕密（陰影或黑暗面）給吸引，或是對B那些無法用言語或理智理解的複雜反應給吸引，A可能樂於與B分享這些可能涉及神祕事物、心理情節、恐懼或害怕禁忌的討論。在A的眼中，B或許並不習慣面對自己黑暗的部份，感覺像是有人在窺探你的祕密一樣。但是在A所提供的資訊分享、理智分析、類似溝通與學習的過程當中，B才能逐漸學會了正視自己所憂慮的事情。

由於第八宮也暗示兩人共同的資產，以及心理上的價值觀，當B面對他人的價值觀影響時，A往往能夠提供更多的分析與幫助。對B來說，A或許能很有條理的陳述他對價值和金錢的看法，以及他在財務與金錢上的知識，同時也可能給B在處理金錢上一些意見。A的意見往往帶有一種中性而且理智的態度，有些時候這樣的狀況也暗示著兩人可能在金錢上有著比較頻繁的往來互動，也或許對於合資這件事情有很大的興趣，但是水星帶來的交流與流通，並不代表兩個人就很適合一起合資。

水星在第九宮

當A的水星進入B的第九宮時，暗示著A容易被B的信念所吸引，這不一定暗示著A會認同B的信念，也可能是A對於B所相信的事物，或他的世界觀、宇宙關這一類的事情產生好奇，而想要進一步瞭解或討論。我們也可以說B對未來的看法，或是他深信不疑的事情（宗教信仰、生活哲學）可能反過來刺激A讓他去想一些關於自身的事情。當然這也可能是B在大學時候主修的科目或大學時的學習歷程，引發了A的興趣而產生想要進一步溝通的念頭。A可能認為B的想法或者對未來的期望，有需要更進一步討論的地方。換句話說，這很可能暗示著A認為B在這方面需要想得更清楚一些，除非A的水星星座或相位暗示著A不太擅長運用理智，否則多半時候A的建議與討論，會帶有相當理智分析的色彩。

除了信念、信仰、夢想、生活哲學或大學經歷這一些事情之外，第九宮也有遠方和異國的意涵，所以當A的水星進入B的第九宮時，其中一種可能性就是兩人對外國的事物有著相當的興趣，或許同樣喜歡討論外國的風俗民情，國際上發生的事物也很容易引發兩個人的討論，或是共同學習外文以增進彼此的交流。另外，一同到國外去旅行也是一種能夠增進彼此交流的方式。

水星在第十宮（與天頂）

當A的水星進入B所暗示的職場、

社會地位的天頂與第十宮時，暗示著他對B在職場上的形象，或面對大眾的表現有一些想法。從某方面來說，A可能想針對這些主題和B多做一些溝通，他可能認為自己可以代表社會大眾或外人的眼光來發聲。在一段關係當中，涉及第十宮的態度往往具有某種權威性，也因此A說的話對於B來說，某種程度上聽起來非常專業、權威，或許不見得好聽，也很可能在某些情況下引發B的反感，但是A卻認為自己提出來的建議或討論，不過是想要幫助B提升他在職場上的能力或社會地位。或許在某些時候A必須想一想，自己的確在言語用字上採取了一種我比你有經驗、我比你瞭解社會情勢的姿態來和B作溝通，這的確並不是一種最佳的對等溝通方式。

如果B與A之間的互動與溝通順暢，那麼A的建議和討論，對B的職場生活與公眾形象可說有相當大的幫助，特別是在面對權威、上司、老闆、或社會大眾、群體時，都顯得特別的理性，而這也可能暗示著A將扮演B與大眾或權威溝通的媒介。星盤的互動是對等的，當A這麼做的同時，事實上也可以幫助自己去思考在工作和面對上司權威或公眾時，應再多一點思考。十宮同時也是父母親的宮位，在這裡與四宮有著相似的效應，A可能扮演B與父母親溝通時的重要影響人，或許是扮演親子間溝通的媒介，更可能是幫助B分析與父母長輩相處的狀況。

水星在第十一宮

當A的水星進入B的第十一宮時引發了知性上的互動，許多占星師認為十一宮與公共事務有關，那些在我們生活當中影響我們的公共事務（我們可以參與互動的事項，並不包含單向的權威命令）、社會福利等。所以當B開始發表他對生活當中的社會福利議題、公共政策的意見時，很容易引發A參與討論的興致。或者A會很好奇B對於這些事情的看法，同時也可能認為這一個領域的討論可引發兩人更多的互動（討論或爭論都有可能）。十一宮也象徵著與朋友的互動，這暗示著A會認為B在與朋友溝通聯絡上的態度，有進一步的討論空間，這可能暗示著A認為B在這方面需要學習的地方還很多，或者A可以提供經驗與資訊給對方，當然這也可能是B在和朋友互動時，帶給A某些思想與溝通方式上的衝擊。

十一宮對於近代占星師來說同時也象徵著對於未來的看法以及共同目標。B的夢想或對未來的看法，很可能明顯地刺激到A，讓他產生更多的想法，去思考關於兩個人之間的互動。同時水星在此，也代表A會替B帶來一些對於未來夢想，或共同目標上更加理智的分

案例18　佛洛依德與容格，思想上的啟發與影響

　　在占星學當中，我們常討論合盤對人際關係的重要性，同時也強調合盤並不僅限於情感關係，舉凡人與人的互動都可以透過合盤來推測。其中有兩個知名人物的合盤總是會被擺在一起討論，他們並不是情侶，而是師生，同時也是合作夥伴。佛洛依德與容格這一對師徒，在早期互相合作而晚年時決裂，但我們可以說佛洛依德在容格的思想上絕對佔有相當大的影響力。

　　如果我們觀察兩人的合盤，就會發現佛洛依德的太陽、金星、水星以及天王星都出現在容格代表信念、思想與研究的第九宮。佛洛依德的星群出現在容格的第九宮暗示著他對於容格思想的重要啟發。同時我們也可以看見兩個人在學理研究（第九關的範疇）上的密切討論，以及佛洛依德不斷地給予容格研究上指導。別忘記了太陽暗示著領導，水星指出了討論與建議，兩人的互動在思想與信念的領域當中勢必激盪出許多火花。

　　更特殊的是容格與佛洛依德都相當在意彼此對於夢的看法，有趣的是古代占星師認為夢境的討論是屬於第九宮的範圍，這也無怪乎兩人都對夢的意涵與影響有著十分激烈的討論。

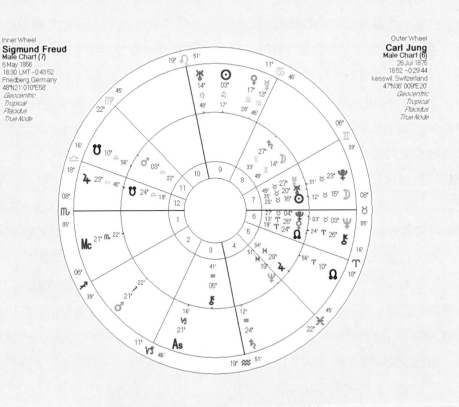

佛洛依德與容格，思想上的啟發與影響

析，且透過討論，幫助B看清楚一些人生的方向和夢想。

水星在第十二宮

當A的水星進入B的十二宮時，暗示著A有可能被對方憂慮或孤獨的神態給吸引，想要搞清楚究竟是什麼原因讓對方有這樣的態度，也可能在A的觀察當中，B常常隱藏自己的想法、不願意把話說清楚。如果B不排斥進一步的溝通，那麼A和B就有可能產生相當具有深入心靈或是精神層次的對話。但如果兩人都對這方面的事物沒有興趣，那麼對話的層面可能僅限於為什麼你說的話我永遠都參不透？A可能認為B說話跟謎一樣，而B卻覺得A有可能在無形當中，說出了B心中的莫名憂慮，以及那些在生活當中被B忽略和遺忘的事情。不過更常見的是一種下意識的認同，也就是不知道為什麼，A所說出來的話，在當下或許沒有獲得B的認同或反應，但很可能在無形當中對B產生影響。

深入心靈深處的討論，往往是水星在十二宮的強項，如果能夠藉由這方面的學習與討論，將有助於兩人在溝通上更為順暢。在B的眼中也或許會因為這樣，而感受到A總是能夠清楚而理智的分析他心中莫名的隱憂，這或許不是立即的理解，而是一段需要時間及再三反覆思考才能夠體會。透過和A的溝通討

論與學習，將帶領B走向更為寬廣的精神世界，不再被自己和物質形體給侷限住。

當A的金星落入B的宮位

當一個人的金星進入對方的宮位時，此人會在那個生活領域中看見對方的魅力、與人際手腕，並進一步的學習模仿並增進人際關係。而金星也代表溫柔的贈與並且期待對方在某些時候給予回饋。若A的金星進入B的宮位時，會讓B在那裡感到輕鬆愉快，並且感到甜蜜，有時也會帶來一點點懶散的感受。金星也是女性原型，當A的金星進入對方的某一個宮位時，對方比較容易在那個宮位當中感受到溫柔體貼、或是女性的特質。

金星在第一宮

當A的金星進入B的第一宮時，暗示著A在外型與展現出的特質容易獲得B的認同，B可能認為這正是自己所追求的美麗形象，或是認為對方的美與價值觀正是自己所想要帶給外在的感受。透過這樣的契合，二人之間的情感與互動更為密切，在許多情況下我們會對自己所展現出來的外在和特質感到不適應，有些人會意識到這是一種與外界妥協的過程，而不得不屈服社會對你的期

待，也有些人自始至終都用一種保護色來保護自己，但是當對方的金星進入你的第一宮（特別與上升點產生合相時），便會讓你覺得這樣的外在展現及互動特質，或許也有他的價值和好處，並進一步的讓你樂於扮演這樣的角色。同時也因為這種接納、學習或模仿的關係，使兩個的關係較為輕鬆愉悅。

A所可能帶來的餽贈與幫助，在於讓B更能夠接受自己，同時也可能用不同的方式改變B的外在穿著打扮、對外的應對進退、以及和他人的互動合作關係等等。如果說B一直對外展現冷漠、強硬或凶悍的外顯特質，當A的金星進入他的第一宮時，很可能會給他一些建議或者某種魅力（魔力）馴服了他，讓他「稍微」呈現出一點點愉快、圓融或輕鬆的金星特質，讓他人更容易與B接觸。

對B來說，他看見A在身份認同、自我呈現和伴侶關係上展現了他的魅力與價值。同時對於A來說，他發現了自身的美感、魅力與價值觀，正好可以透過與B的互動來展現，並進一步在和對方的互動當中，找到生活當中和諧、舒適或放鬆（慵懶）的地方。這是A期待B在這方面發現他所帶來的禮物，同時也期待B透過互動的關係，透過價值的肯定來回贈愛、感激和美麗和諧的互動關係。

金星在第二宮

金星象徵著舒適，這也是對方的金星進入我們的宮位時，我們首先感受到的特質。金星在原型上與第二宮有著十分相似的主題，當A的金星進入B的第二宮時，雙方的互動更強調感官享受、價值認同、物質安全所帶來的舒適。A不一定如同古代占星師期待的替B帶來金錢的餽贈，或許A會帶來舒適的物質生活，或是舒適的物質安全感，也可能只是一種讓B安於現實生活當中的感受。像是兩個人手頭上只有50元，當A的金星進入B的第二宮時，會有許多不同的呈現方式，A可能替B帶來另一個50元，或者讓B覺得用50元一起過美好的一天也不錯。在心理層面上，兩人能夠認同內心當中所追求的價值，其中一人認為有價值的事物，往往是另一個人重要的資源和寶藏，透過一種輕鬆與喜悅的態度，來幫助彼此發現身邊可以運用的有形或無形資源。

第二宮象徵著一個人的自我價值追尋，在這裡，許多人會透過努力賺錢或者追求美好物質生活來呈現，當A的金星進入這個地方時，一方面認同了B的價值追求，但也可能帶來一種輕鬆或者說慵懶的態度，或許他會說你已經夠棒了，不用這麼汲汲營營的，或者是鼓勵對方讓B知道他自己有多珍貴。A的金

太陽

月亮

水星

金星

火星

木星

土星

天王星

海王星

冥王星

凱龍星

南北交

星會幫助B一方面認同自我價值，一方面用舒適的態度來面對自己所擁有的一切。反過來A能夠得到的，往往是許多實質與物質上的回饋。

對B來說，A所展現的是一種識人的才華，同時對金錢或物質的態度有著一種舒適自然的認同。其實對A來說可能不期待得到相同的回饋，或者他自身並沒察覺到自己的能力可以這樣發揮，但這卻是B帶給A的回饋和禮物，讚賞A的好眼光、讚賞他的價值觀和對金錢物質的態度等等。這些互動在A的金星受到自身星盤或彼此交互的強硬相位時，或許需要付出更多的時間、精力與同理心來呈現，但越是強烈的挑戰，才越能顯示這份禮物的珍貴。

金星在第三宮

當A的金星進入B的第三宮時，象徵A發現了B在言語溝通、思考學習上的價值，同時可以引導他成為生活資源的一部份。在某些情況下，B可能不知道自己有這方面的能力，但透過與A的互動後便能逐漸展現出來，而這也正是A替B帶來的禮物。金星進入三宮的另一種層面，可能是珍貴資訊的分享，A會帶來許多能夠增進價值（帶來金錢或資源、能力）的資訊。而三宮也象徵著兄弟姊妹關係與鄰居關係，金星的愉快舒適特質，間接地影響了B，讓他在兄弟姊妹和鄰里關係上找到一種舒適的互動模式。或許他可能不擅長或者習慣用比較嚴苛的態度面對這些人，但是當A介入時，B的態度可能開始和緩下來，溝通方式也會變得比較圓融，同時也暗示著比較能夠享受輕鬆的兄弟姊妹與鄰里關係。也可能因為A提醒了B，可以將兄弟姊妹與鄰里關係視為生活當中的一種資源，而改變B對待這些人的態度。

對於學童與幼兒來說，遇到一個金星在三宮的長者（父母、老師）是一件不錯的事情，這些人會用一種輕鬆和悅的態度來引導學童學習，並且發掘他們的興趣所在，也可能帶給他們無價的資訊與建議，而這種狀況也可能出現在成人的互動上。對於B來說，A對生活當中許多大小事物的瞭解與認識，正是他的價值所在，他與周圍的人或兄弟姊妹的互動，呈現出一種舒適祥和的態度，因而進一步獲得了B的認同。而B所能給予的回饋或許是言語上的讚美，這也是這一對伴侶可以用來增進彼此情感的重要管道。

金星在第四宮

第四宮在占星學上一直有著重要的地位，當A的金星進入B的第四宮時，象徵A的魅力對B來說比較容易呈現在與家庭有關的事物上。從物質層面來

說，在居家布置或選擇家具上，A可能會給B許多的建議，像是怎麼樣呈現出有質感或美感的居家環境。從人際層面來說，他一方面協助B能夠更為圓融婉轉地處理家庭人際，（若有火土天冥的強硬相位影響，則大幅降低這樣的可能性），或者幫助他在家中有著更美好的互動模式。然而這一切的基本原型，都來自於增進家庭的價值，讓家成為一個和諧安詳舒適的地方。

在A的眼中，B對家庭的態度顯然還有許多處理技巧需要學習。受到金星的影響，他所提供意見的態度並非指摘、貶低對方的家庭觀，或對待父母家庭的態度，而是一種如果能夠這樣做會讓全家人更皆大歡喜的態度。

當A的金星進入B的第四宮時，他所展現出來的人際態度與價值觀，與B的成長環境可能比較容易契合，或者對B來說容易產生一種熟識的感覺。如果A呈現出自己對女性的態度或觀點，或者以自身展現女性應有的特質時，往往能夠喚起A的熟悉感受，進一步產生更多共鳴，這也暗示著如果A是個女性的話，在此更容易引起異性另一半的強烈共鳴，並進一步投射心中熟識的女性形象到A身上。而對A來說，這一份熟悉的家庭溫暖的感受，或許就是B所能夠帶給他最棒的回饋。不要忘記了金星的贈與也期待回饋，當對方給予你在家庭

相處的幫助時，記得給予對方適當的回報。

金星在第五宮

當A的金星進入B的第五宮時，在興趣與喜好上會有許多共鳴，許多傳統占星師會說，當象徵愛情的金星進入對方象徵愛情的第五宮是一個大好的吉兆，但心理占星師更樂於分析在背後所能夠提供的更多指引。對心理占星師來說，第五宮並不是只有愛情，更重要的意涵在於自我的呈現，金星象徵著喜悅與自我價值的認同，在進入第五宮時，結合了這一種自我呈現的原型，用金星溫和喜悅的特質，幫助B來呈現自我，這種呈現不是一種積極躁進的力量，所以如果B是一個勇於呈現自我的人，那麼這樣的結合反而是A幫助B在自我呈現上更為圓融、更能被他人所接受某些時候勢必會削弱B個性當中強烈或極端的特質，但無論金星呈現哪一種特質，其目的都是要幫助B，讓他更能夠溫和愉快的呈現自己。由於金星又象徵著價值觀，所以同時也可能暗示著A透過B的喜好與興趣，或者透過與B的關係來呈現自身的價值觀。在大多數的狀況下，B都能夠歡喜接受A所帶來的價值觀影響。

第五宮與金星都暗示著喜愛與嗜好，這也象徵著如果兩人有著相似的興

趣，那麼這段關係的互動將會更為輕鬆，就算沒有共同的嗜好，也可能暗示著彼此之間對於價值觀或喜歡的事物能夠達成一種和諧的默契。若金星遇上了火土天冥的強硬相位時，達成這種默契的過程可能會經歷更多的挑戰，更需要時間與同理心的配合。由於第五宮也象徵著子女，這暗示著子女將成為這一段關係的餽贈，並解釋為這一段關係在某種程度上來說因子女或小孩而受益的機會很高。或許這對伴侶可以有很多小孩，或者因為與小孩或幼童有關的事情而增進彼此的關係。當然若這是一段親子關係的話，那麼在引導孩童成長與自我呈現上，將有相當多的幫助。

金星在第六宮

第六宮暗示著每日的律動，這當中特別包含了對健康的態度，以及對於工作環境當中的互動。當A的金星進入B的第六宮時，A對B的柔性影響力會展現在這些層面上，最明顯的是A容易幫助B在工作場所當中展現個人魅力，增進B對於同事、特別是下屬的互動關係，而這種狀況最容易發揮在B的身份已經是某種階層的主管中。除了這一種可能性之外，另一種就是A為B帶來許多工作上的好處和餽贈，這些好處和餽贈很可能是實際的金錢幫助，可能是服務、也很可能是人際關係的指引，這些

都與第六宮息息相關。如果這兩個人是主從或事業夥伴，那麼合作愉快的機率亦將提高許多。如果B是A的老闆，這暗示著A提供的服務與幫助，會讓B感到放鬆舒適。

第六宮在心理占星師的眼中暗示著每日的生活態度，A帶來的價值觀或休閒氣氛會環繞在每天生活的大小事物上，舉凡飲食、運動、健康、工作進度等，A的金星會將這些層面的事物包裝成美麗的禮物送給B，或者說替B帶來好處。當然某些時候A的金星也會提供一種緩和與安撫的作用，能安撫在生活與工作上的急躁，或讓感到極大生活壓力的對方能夠放鬆。由於第六宮也與健康相關，對於健康來說，輕鬆的生活態度在許多時候的確有助於健康。當然這時並非只不有全然的好處，因為金星也有耽溺享受的態度，如果金星原型透過懶散與無節制的吃喝生活態度來呈現時，很可能暗示著A的態度會間接地影響B，減低他對健康的警訊，或是增加一些因懶散與無節制的生活所引起的健康問題。

除此之外，A的女性原型往往可以在B的第六宮職場中呈現，或許B會在工作時體會A的女性魅力，或者B會在每天生活的大小細節當中看見A的女性特質。若A並非女性，那麼這樣的金星原型就會透過喜好與價值觀來呈現，讓

B感受到和他一起共事是一件輕鬆愉快的事情。

金星在第七宮

當A的金星進入B象徵伴侶生活的第七宮時，暗示著兩人之間的互動十分強調金星的柔和、喜悅的特質，從這一個觀點來看，代表著一段輕鬆愉快的伴侶關係的可能性將大幅提高。

B的第七宮象徵著對外態度，特別是與伴侶之間的關係，A看見了B與人互動時的迷人之處，B很容易感覺到A在伴侶生活當中的輕鬆態度，同時也能夠透過合作，或是一些伴侶的互動，感受到對方令人喜愛的地方。這也有部分的原因是因為B將自己期待的伴侶特質投射到A身上，因而反映出那些他期待伴侶應有的特質。更重要的是，A成為他的伴侶這件事，本身就是一件莫大的禮物。金星進入對方的七宮，這一段情感關係會有許多有利的互動。同時A的價值觀與對自己的評價，都可以透過與B的伴侶關係而得到提升，而且雙方都能從這段伴侶關係當中受益，也能各自享受對方成為自己另一半所帶來的好處，而這些好處可以是精神上的愉快，也可以是實質上的金錢或物質利益。因為金星的影響，兩人若能合作一些事情，將會讓這段關係更為甜蜜。

除了增進伴侶關係的互動之外，金星的人際互動特質也可以從另一方面來詮釋。對A來說，他可以帶來一些更為圓融的應對技巧，以及一些更愉快的伴侶相處之道，這些都可以增進B在應對進退時的技巧，日後在和他人相處時，亦可繼續使用A對他帶來的溫和影響力，這就是A贈與B的美好禮物，同時B也可以從A身上學到更多伴侶之間的輕鬆愉快相處的小祕訣。

金星在第八宮

第八宮象徵著一個人最不願意為人所知的祕密，那是充滿陰影儲存不愉快回憶的地方。當A的金星進入B的第八宮時，或許A正好被B個性當中一些神祕特質所吸引，他或許沒有意識到這些神祕或性感的特質，其實連結到一個人內心當中不願意讓陌生人深入探索的領域。許多人都知道第八宮與性有關，隱藏在其背後的則是生存危機。正因為覺得生命脆弱，所以才想要抓住對方，或者藉由繁衍後代來延續生命。當A的金星進入第八宮時，B或許在第一時間只意識到A的魅力，同時這樣的魅力激起他的性慾，也讓他想藉此舒緩自己無意識當中的焦慮。

在心理層面上，B在無意識中瞭解到A可以幫助自己，用較為溫和的方式來面對生命當中的黑暗，他或許只是覺得被對方莫名的吸引，和他在一起能夠

太陽
月亮
水星
金星
火星
木星
土星
天王星
海王星
冥王星
凱龍星
南北交

減輕莫名的焦慮，但是我們往往低估了這種無意識與陰影的力量，如同一個黑洞或漩渦一樣把兩個人都捲入。在這樣的狀況下，若兩人願意緊密的結合，並且分享彼此的資源和力量，那麼金星將帶給兩人深刻的甜蜜回憶。但如果兩人對於即將面對的危機沒有共識，那麼這樣的互動會僅止於表層，且讓兩人都有一種無法深入互動的膚淺感受，或許只是激烈的性愛而已。這樣的結合並不一定要深入陰影或危機，或許在兩人尚未熟識之前，這樣程度的互動是必須的，由於第八宮的深層互動必須付出相當多的精力與精神，在兩人都尚未準備好之前，不應當輕易發展更深入的關係。由於金星傾向於輕鬆的態度，所以在這段關係當中，B透過A得到的轉化力量與資源並不是那麼豐富，但好處是能夠安撫他的焦慮。

對於B來說，A具有安撫自身焦慮的魅力，對A來說B具有讓他欣賞的神祕的特質，可能透過性愛、或深度的心理探索、資源（金錢）的進一步結合來產生互動。對A來說，亦可因此提升自我的價值。這樣的關係若不是發生在伴侶關係上，則適合諮商師與個案的關係，或是一般傳統上的合資關係。

金星在第九宮

當A的金星進入B象徵希望夢想的第九宮時，如同替對方帶來美夢一樣。在B的眼中，他看見A在生活當中所展現的社交魅力或價值觀，正好符合他的信念，或者正好是他追求的事物。他認為A在人際上的表現，或者他的金錢態度與價值觀可以引導他成長，或是引導他實現自己的夢想。這兩個人在夢想與成長的道路上可以彼此相隨。從物質層面來說，A可以將B的理想與夢想轉化成一種可用的資源，並且很容易利用這樣的資源來獲取金錢。從心理層面來說，A認為B的信念是具有價值的，可以替自己帶來舒適和祥和的感受。當然如果金星在此遇到強硬相位時，必須加入其他行星特質的考量。

真理、思想上的啟發是第九宮的另一種展現，這一段關係如果是一種共同追求心靈上的成長，或是追尋生命的真理時，將會顯得更有價值，而同修甚至是老師與學生也常會出現這樣的互動。若是一段伴侶關係，則可能因為有未來與夢想，或者有共識的成長，而讓這段關係更為甜蜜。簡單來說，A很容易扮演一種引導成長的角色，帶領著這段關係成長。

第九宮往往暗示著一段距離，它可以是時間上的未來，亦可以象徵海外事

物，在心理上，這暗示著一種探索的心態。上一段內容中提到的心靈成長，其實就是某種形式的探索，而真實的探索如同冒險或旅行一樣，甚至是接觸異國的文化。A可能是B渴望出走、探索的根源，也可能是一段異國戀情，或許A常常激起B想要到遠方去的夢想，也或許A提供了相當程度的資源鼓勵B到遠方去，更可能A是一種甜蜜的吸引力，將B往遠方拉過去。

金星在第十宮

天頂與第十宮在占星學當中象徵著重要的社會地位，當A的金星進入B的第十宮（或合相天頂）時，往往暗示著A可能替B帶來獲得好的社會地位與名聲的機會。而A也可能因此實現自己的價值觀、提升自身的價值，或因此獲得實際的利益，並提昇自己的社會地位與公眾形象。

或許A一生中從沒想過自己的美麗、興趣、喜好可以被大眾所認識，但是透過B的專業能力，卻可以將自身的美麗與價值觀或興趣呈現出去。對B來說，他看見A的價值，且認為應當將他推出來讓大家認識，此外，B的專業在處理A的公眾事物、公關事物、或是對待社會大眾以及權威上司上有相當大的幫助。B不見得是因為要利用A來獲取利益或名聲，才會有進一步的關係，有

些時候B可能只是直接的被對方的公眾魅力給吸引也說不定。

對B來說，A具有成長性、或者在社會上佔有一席之地的可能性，A可能像是一個明日之星，有時只是需要一些公眾形象的包裝而已，於是B才會進一步產生想要幫助對方的念頭。金星與十宮呈現出互利的局面時，我們很難說究竟是A提升B的地位，或是B提升A的地位？這兩種狀況都有可能，我們有時也常看見這樣的關係在長輩與晚輩的提拔關係當中，或是藝人與星探、經紀人的關係當中。

另一層關係則容易展現在父母家庭的應對上，如果這是一段伴侶關係，那麼A打入B的家庭生活中，或是對A的家庭生活帶來和諧氣氛，或實質金錢幫助的可能性也很大，特別是對待父母的關係上，他可能會增添許多和諧對話的機會。

金星在第十一宮

當A的金星進入B的十一宮時，暗示著共同目標的結合將帶來甜蜜的回憶或實質的好處。我們將這個宮位稱作朋友宮，在心理占星學上指的是志同道合的人，A呈現出來的溫和態度，B會呈現在兩人的交友關係以及共同目標的追求上。在所有金星的特質當中，人際魅力是最能夠在這一宮突顯出來的特質，

太陽

月亮

水星

金星

火星

木星

土星

天王星

海王星

冥王星

凱龍星

南北交

案例19 瑪丹娜與蓋瑞奇

　　流行音樂天后瑪丹娜與前夫蓋瑞奇的婚姻維持了七年多，這場婚姻打從一開始就不被媒體看好，但兩人一直堅稱他們是相愛的。從熱戀到結婚，許多人都說瑪丹娜貪圖蓋瑞奇的才華，想要利用他一圓自己的電影夢，並且洗清票房毒藥的惡名。公眾人物的情感本來就有許多層面是我們無法觀察到的，誰也不知道他們究竟是否真心相愛，或者只是各取所需的利益交換。所以在這裡我們盡量不涉及細膩的情感描述，轉而關注在金錢與提升價值的層面。

　　由於蓋瑞奇並沒有詳細的出生資料，所以在下列案例當中我們僅以蓋瑞奇的行星進入瑪丹娜的宮位作為探討。蓋瑞奇強勢的天秤座金星進入了瑪丹娜星盤的第二宮。這暗示著這一段關係帶給瑪丹娜好處，當中有許多利益與資源的考量。這一點的確十分像是媒體的描述。不過我們至少可以說，瑪丹娜看見了蓋瑞奇的優點、興趣、專長與價值這些由蓋瑞奇金星所掌管的事情。接著透過二宮的影響，期待將這些價值與優點轉成為自己手上的資源。

　　當年才華洋溢的年輕導演蓋瑞奇拍的並不是大眾商業片，而是一些非主流的藝術電影，對於流行天后瑪丹娜來說錢早已不是問題，真正的價值在於提昇自己的藝術層次，

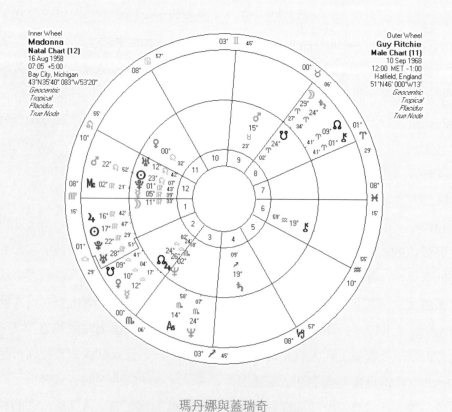

瑪丹娜與蓋瑞奇

於是一個強調藝術層次的老公正好能夠彌補自身的不足。我們看到許多名流伴侶常有這樣的結合傾向，找一個有才華或有藝文氣息的另一半來提昇自己的層次，這也算是某種心理層面上的彌補與投射。蓋瑞奇本身所強調的藝術特質（金星天秤）正好能夠幫助瑪丹娜提升自我價值。相當有趣的是，離婚之後蓋瑞奇得到高額的財產，似乎也符合占星當中他提供金星的好處，包括情感與和諧生活，而二宮的人將這樣的好處轉換成實質的物質金錢來回饋。這筆錢與其說是贍養費，或許還不如說是他與前妻瑪丹娜共同創造的資產，我們不能否認他的金星無形當中替瑪丹娜帶來許多提升身價的幫助。

B看見了A的人際魅力，正好能夠幫助自己實現遙遠的目標，而A也被B對未來的熱情和目標給吸引，也知道他的計畫或興趣並不是一下子，也不是一個人就能獨力完成的，幫助對方完成這個目標，正是一個實現自身自我價值的機會，同時也可以提昇自己的身價，於是就在這種雙方都互利的狀況下展開輕鬆而且愉快的互動。

有時候第十一宮會成為公眾領域的場所，雙方若能夠在公共議題、團隊合作上產生互動，那麼這對雙方的情誼都有幫助。或許B本身並不會對公眾事物產生興趣，但是受到A的影響，有可能開始關注一些公眾議題。某種程度上來說，A的興趣喜好、價值觀與人際關係可能替B打開一扇通往未來世界的窗戶，更可能透過A超越自己的限制。

金星雖然代表著情感與友誼，但並不代表所有金星進入十一宮的人都會成為對方的好朋友，要在第十一宮產生結合，首先這兩個人必須有著共同的目標，或者對未來有著類似的看法。其次要考量的是A的金星是否在本命盤或兩人的交互星盤中產生其他的強硬相位，這都有可能替輕鬆愉快的互動增加一些挑戰與變化。

金星在第十二宮

有一首法文歌曲是這樣唱的「Pour ne pas vivre seul, On se fait des amis et on les reunite quand vient les soirs d'ennui」大致的中文翻譯是：「為了不要一個人孤單的活著，我們尋找朋友，並且在無聊的夜晚和他們聚在一起。」當A的行星進入B的十二宮時，往往讓兩個人都觸動到這種有著強烈的孤獨感受。正因為第十二宮有一種所有人都難以詮釋的孤獨感，因此在這裡我們常常感到孤單寂寞。當A的金星進入這個宮位時，他可能覺得自己的好處、美麗與價值並沒有被對方「正確」的賞識到，但是他卻不知道他的美麗、他的溫柔、他的善良其實在心靈的深處安撫了B對於存在的

太陽

月亮

水星

金星

火星

木星

土星

天王星

海王星

冥王星

凱龍星

南北交

案例20　理查布藍森與喬治男孩

　　放心！雖然喬治男孩是同志，但是把他和英國維珍集團老闆理查布藍森擺在一起並不代表他們就是一對同志伴侶。在這個星盤組合當中，我想要指出的正如同金星進入對方第十宮的案例。

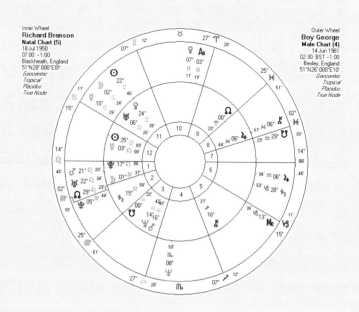

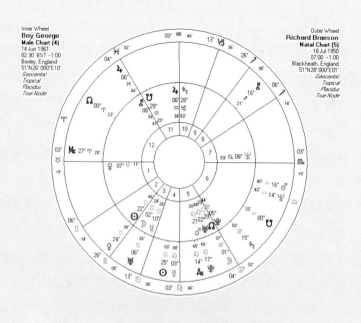

理查布藍森與喬治男孩

　　理查布藍森本身星盤上有許多的無相位特質，同時凱龍在五宮象徵著才華與自我呈現的傷害，並讓他能夠進一步發現他人的才華。於是在他成立維珍唱片時，挖掘出最成功的藝人——喬治男孩。對喬治男孩來說，理查布藍森正是他的伯樂，在星盤當中我們看到了喬治男孩的金星在自身的第一宮，且是屬於金星相當強勢的金牛座，並且與海王星形成對分相，而他展現出來的音樂才華以及女裝外表，正是某種金星海王的特質。

　　然而當我們將喬治男孩的星盤置於理查布藍森的星盤上時，金星正好位於理查布藍森的天頂，十分符合A的金星進入對方天頂與第十宮的描寫，理查布藍森看見了喬治的藝術才華以及他的優點，並且透過自己的專業頭腦將他呈現在大眾眼中。若將星盤轉換過來，理查布藍森的金星則落入了喬治男孩的二宮，因此喬治男孩提升了理查布藍森的身價之外，同時自己也獲得了金錢與名聲的回饋。

　　這當中不只是喬治男孩贏得了名聲與金錢，事實上理查布藍森也獲得了相對的回饋，包括他對藝人才華的敏銳觀察，以及他的專業經營能力。喬治男孩的成功幫助理查布藍森順利的踏入娛樂界並成為知名人物。金星進入十宮且成為伯樂與千里馬的搭檔，在許多經紀人、藝人、運動員或是作家的合作案例中可頻繁看到。

孤獨感受。這也是為什麼B被他莫名其妙的吸引，特別在B本身有行星與這個金星產生強硬相位時更為明顯。但這個祕密卻是A與B同時都很難理解的，因為十二宮就如同其他的水相宮位（八宮與四宮）一樣，必須用心靈去感受，而不是用行動或物質及言語來證實。

　　有些時候A可能會因為自己的贈與（或影響力）沒有達到自己期盼的目標而感到沮喪，但是事實上，所有的事物到了十二宮都可能無法輕易地顯示出所謂正確的意涵或正常的功用。由於十二宮象徵著隱藏與消失之處，他可能讓金星的價值、美麗或善意無用武之地，但取而代之的是，A可以發現B一些隱藏在B生命當中連他自己都看不到的價值。這往往是較為抽象或者需要時間培養的興趣、專長或特質，最常看見的就是精神上的美或者我們說「內在美」。另一種可能性是A的金星所象徵的喜好，啟動了B渴望與更高心靈層次做結合的念頭，於是A有意無意地引導B走向認識心靈、藝術的道路。

太陽

月亮

水星

金星

火星

木星

土星

天王星

海王星

冥王星

凱龍星

南北交

當A的火星落入B的宮位

火星象徵我們容易敏感的份，也是我們展開行動的能量，更是自我勇氣的呈現，以及我們進行保衛自己的能力。A的火星可能對他自己來說是行動或求溫飽的特質，但是展現在B的生活層面中時，往往會帶來一種刺激的效應。適當的刺激是一種鼓勵，也讓對方在那裡展現勇氣，過度的刺激則容易產生摩擦和衝突，兩人火星所落入的宮位往往是戰場與爭執發生的地方。火星也代表性愛呈現，若進入B的宮位當中，會讓B在那個生活領域感受到性愛的熱度，並進一步想要發生親密關係。

火星在第一宮

當A的火星進入B的第一宮時，他所帶來的刺激常常呈現在與B的外表或自我呈現有關的事物上。對A來說，或許只是無心的動作或是只想表達自己，或者他認為只是在做該做的工作，甚至只是維持基本生活的動作而已（賺錢工作），但是看在B的眼中他很可能認為這和我有關，或許是因為我不夠好或許是因為我的外表不夠美麗，所以對方才會如何如何。

火星進入對方的某一個宮位時，往往把一種強烈的刺激帶入對方的那個生活領域。這樣的刺激可以是一種活力呈現，例如A認為B在對外互動的時候可以多展現一點勇氣，多呈現一點自己，更有主見一點、或是更為積極一點，甚至要勇敢的替自己爭取權益替自己發聲。有時A對B的外表穿著或是自我展現的建議會聽起來有些刺耳，甚至直接毫不留情的攻擊批判。

如果B喜歡的對象是男性（這是指大多數的異性戀女生與部分的男同志），那麼A的火星落入第一宮甚至結合上升點時，暗示著A可能會是B想要呈現出來的男性原型，某些時候我們會說：啊！這就是我想要的男人，或這就是所謂的男子氣慨，更容易因為A的穿著外表符合他的社會地位時而引發性衝動。較為特別的是，B認為A的男性原型適合用在對外互動與保護自己。事實上這往往是心理的投射，尤其是火星象徵著生存競爭，在A表現得比較積極或是具有攻擊性時，就算A並沒有惡意，但是他的火星仍會刺激到B的第一宮，影響自我身份與外界互動，甚至在伴侶關係當中如何表達自己。B也會認為A常常在刺激自己，有些人或許會轉而聯想，是不是我不夠好，為什麼他老是批評我的穿著或我和外界互動的態度？如果A不能在身份與互動上得到B足夠的回應時，確實容易讓他對B的身份與自我認同產生嫉妒、發怒或產生行動言語甚至精神上的攻擊。同時，如果這不是

一段伴侶關係的話，更要小心A的攻擊往往會針對B的外表與身份地位。

火星在第二宮

在物質層面上，當A的火星進入B的第二宮時，明顯的帶來的追求物質的動力，他可能透過鼓勵對方去追求金錢、與對方競爭誰賺得比較多、直接向B索取金錢與物質支援、利用B的能力、或者無形的讓B感到物質安全感的威脅而採取攻擊與保護自我的行動。火星的不客氣行動往往容易被B視為一種侵犯與威脅，在一段親密關係當中，這也可能是兩人發生爭執的地方，他可以是為了金錢觀手吵，也可以是刺激你一起賺錢，更可以是A把錢從B身邊帶走。我們不能很武斷的斷定這個人的火星會用什麼方式呈現，因為在心理層面上，火星進入一個人的第二宮時相當複雜，A可能會讓B覺得在金錢觀念上需要保護自己，或許他常常認為A在批評他的用錢態度，或是他的價值觀，甚至是A容易反映出B在自我價值上特別敏感的部份。火星的性愛需求也可能與物質安全感有關，性的表現對這兩人來說不只可以帶來安全感，同時還象徵著自己有沒有價值。

從某方面來說，當A展現出他自身的活力時會帶給B許多關於金錢物質與身體的刺激，無論有意識或無意識，他的確能激起B展開對物質與金錢的追逐。從某一方面來看，B很容易認為A的攻擊性，與掠奪性常常表現在金錢物質或個人價值觀上。例如當A發怒時，B可能認為他是不是沒吃飽或是沒錢用了。但這是B的個人觀點，有些時候A根本沒有這麼想過，或是他發脾氣有其他的目的。但可以確認的一點是，A有可能認為B的財務並不安全且需要更多保護，他或許想要幫忙，但也很可能被認為是一種侵略。如果這段關係並非親密關係，則需要注意兩人在財物上的互動，特別是在生意合夥上火星若有強硬相位時，更容易引發衝突。

火星在第三宮

當A的火星進入B的第三宮時暗示，著他對B帶來的常常是思考與學習上的刺激，這可以透過不同的火星特質來表現。例如他可能認為B說話應該更直接一點，或者更有活力一點，A會引導B將自己的想法付諸行動。思考方式也是三宮所暗示的一部份，A通常會在這方面帶來強烈的刺激，引起B在腦中不斷的思考，或者激起他學習的渴望。有時A會不由自主地分析B的想法或B的言語，但聽在B的耳朵當中卻好像是一種批判。

溝通的事情常常是兩個之間需要注意的事項，這樣的一段關係往往會產

生許多鬥嘴或唇槍舌戰的場面，更特別的是，當A發怒時，B會問自己：我是不是說錯了什麼？我們的溝通有沒有問題？如果火星的相位有較多的柔和相位，那麼這樣的刺激往往能夠被彼此所接受，轉而呈現一種思考與學習上的良性競爭，如果有較多的強硬相位，那麼衝突的可能性增加，必須仰賴更多的包容與理解，還有給予對方更多的安全感來處理這樣的議題。由於火星也包含了性愛在一段親密關係當中，這樣的位置暗示著性愛，是某種程度的精神交流與溝通，彼此之間言語上的刺激或許也會帶來性的衝動。

兄弟姊妹以及周圍環境的鄰里關係也是第三宮的重點，A火星進入這裡時，他會刺激B在這些事物上的不安全感。例如當他談論相關主題的時候，B可能有一種被侵犯或很受傷的感覺。或許A說話較為直接，也或許A並沒有那樣的意思，但是火星的確會引發對方在那一個宮位的高度敏感，甚至直接採取一種對抗敵意的防衛心態。所以A在討論相關的主題時必須更加注意，但是若B有所察覺，瞭解A並沒有惡意時，A的見解和行動或許更能夠對B產生刺激，在鄰近環境或與兄弟姊妹的互動上展現自我，也就是說，B可以將A的火星所帶來的活力，展現在與第三宮學習、思考、鄰里、兄弟姊妹互動的相關

層面。

火星在第四宮

當A的火星進入B的的第四宮時，替B在家庭生活上增加了更多忙碌的可能性。某方面來說，A可能直接的就走近B的家庭生活當中，捲起袖子開始布置及打掃工作，這也逼得B再怎麼不得已也必須開始跟著工作，但也可能是A說了某些話或做了某些事，讓B覺得他是不是在嫌我住的地方不夠好、不夠整齊，或哪裡需要改進？或者他是不是在批判我的家庭生活等等。第四宮在物質層面上的意涵就是家庭環境，A的火星進入這個位置，的確把動力帶入了B的家中，至於用哪一種方式呈現，就得看火星的星座與相位來進一步詮釋。他可能是稍微具有批判與攻擊性，也可能是服務或幫助的特質。但是A確實在有意無意之間感覺到B需要對家庭再多付出一點努力。

這樣的一段關係往往有些緊張，對A來說，他不知道為什麼這麼容易引起B的焦慮與不安，正因為他的火星刺激著B情緒上的安全感，特別是一些與過去童年有關的事情，如果B有著不愉快的童年，特別是在生存、競爭、憤怒、或者與男性主題有關的不愉快事情時，那麼B的不安相對地更容易被觸動。對B來說，A所展現出來的行動、怒氣或

是男子氣慨，一方面相當熟悉，另一方面卻很容易引起不安焦慮。當A不愉快時，B很可能認為是不是自己的家庭因素，或是兩個人的情感連結和歸屬感不夠，有些時候也會認為A是不是沒有什麼安全感。火星在此也暗示著性愛某些時候與情緒安全感、還有彼此的歸屬連結有關，他可以安撫情緒的激動，同時讓兩人感受那種屬於彼此的緊密連結。

由於第四宮也與父母的互動有關，對於B來說，有時會覺得A過份干涉自己與父母的關係，或者覺得他對自己的父母不怎麼有禮貌。有時A或許只是想要幫忙，他認為B面對父母時應該更自我一點，也有時A會被對方當成一種無意識當中反抗家庭的藉口（工具）。如果這是一段親密關係，那麼深入過去與家庭根源的探索或許是必要的，同時兩個人可以一同為家庭與居住環境努力，以減低火星的急躁刺激。如果這不是一段親密關係，那麼很可能會因為過份干涉B的家庭事物或個人隱私，而造成B的敏感與憤怒。

火星在第五宮

當A的火星進入B的第五宮時，這是火星的旺盛活力很容易得到適當發揮的位置。第五宮與興趣娛樂冒險有關，在這裡A會傳遞給B一個「勇敢做自己」的訊息，他很容易鼓勵（或者說刺激）B盡情展現自己的才華，或追逐自己的興趣與喜好，在情況許可之下，甚至有可能是兩個人一同的去追求這些興趣和喜好。這的確有利於一段親密關係，因為A的火星會刺激兩個人對於喜歡的人事物進一步的追求，所以也很容易讓彼此之間的關係進展神速。火星象徵的性愛在這段關係當中，很可能扮演著帶來愉快刺激的元素，或是較為誇張大膽及戲劇化的互動，甚至有可能是模仿電影（色情影片）的情節，以增進彼此之間的愉悅。

對A來說，B有一些才華，但可能沒有進一步的發揮與探索，他希望看到B能夠展現勇氣在自我呈現上，於是可能用鼓勵、刺激或批評的方式讓對方採取行動。相反地當A展現他的活力時，看在B的眼中是一件具有強烈自我展現的行動，他或許會認為他愛現、愛秀，玩樂的時候喜歡搶鋒頭不喜歡落人後，或者認為他很有表演娛樂天分。

B很可能認為當A不愉快或者展現敵意的態度時，是因為A沒有管道或場所可以盡情地表現自己，或者他可能認為A在生氣發怒或競爭時都很戲劇化，甚至認為他總是只關注自己感興趣的話題上，顯得稍微的自我一些。當B的自我在這段關係當中無法順利呈現時，或者當A的活力無法展現時，火星的負面特質很可能影響這段關係，雙方很有可

太陽

月亮

水星

金星

火星

木星

土星

天王星

海王星

冥王星

凱龍星

南北交

能以惡性的競爭、破壞對方喜歡的事物、或掃對方的興來作為報復。第五宮也有子女的暗示，A與B的關係可以透過孩童與子女帶來更多的活力，相對的也可能帶來嫉妒、競爭與衝突，當然必須看這是一段什麼樣的關係，如果是伴侶關係，那麼強調性與子女與生育的重要則會十分明顯。

火星在第六宮

當A的火星進入B的第六宮時，A提供了生活當中大小事物的動力，這樣的動力可能透過許多不同的形式來呈現，比較直接的方式可能是A像一個任勞任怨的僕人一樣，照料著B的生活起居飲食健康，也可能B真的是A的雇員，必須替他打點許多大小事物。除此之外A也可能反過來刺激B，讓他自己去料理生活當中大小事情，提醒他在工作的表現上應該更為認真，或是提醒他對於身體健康應該更加注意，A的火星所象徵的行動與動力，被B的第六宮應用到日常生活當中。當B遇上A時，生活當中有關每天飲食、健康、運動、工作等事物的動力都被點燃了。在火星的性愛上，受到第六宮的影響，一種不對等的關係可能會刺激某一方產生高度的興致，但是另一方卻可能感覺像是在提供服務一樣，如何確保兩人在性愛當中達成共識並注意對方的感受，反而是相

當重要的課題。

在這段關係當中，B很可能覺得A在工作環境或者在幫助別人的時候，展現了極大的男性魅力，或是一種有勇氣與果決的心態。但事實上這也是A所想要透露給B的訊息，他可能認為B應該在每天的生活當中更努力的活出自己，更積極一點，於是開始給予對方刺激。B能夠透過A的刺激學到（或展現出）工作與生活當中的許多實用技巧。占星師常認為這樣的互動關係很適合展現在主僕與上司下屬的互動關係當中。若展現在伴侶關係當中，有時很可能會有其中一方覺得不怎麼公平。但有時我們也必須注意火星的攻擊性，特別是在伴侶關係當中，由於火星在第六宮，會在生活的大小事物當中容易產生批判或攻擊、競爭的態度，這很容易讓B覺得緊張甚至有疲於奔命的感受。他可能覺得自己永遠做不好，或是生活當中永遠都有事情可以挑剔，這時候需要彼此更多的理解與包容。

火星在第七宮

第七宮是占星學當中象徵伴侶的重要宮位，對於一段親密關係來說，當A的火星進入B的第七宮，特別是和下降點結合時，A呈現出的行動和活力會符合B對伴侶的期盼，如果B喜歡的對象是男性，那麼我們甚至可以說A符合他

心目中的男性伴侶的形象，更有人認為這樣的關係十分具有發展的可能性。這並不是說如果B喜歡的是女性時就不適合，事實上這有可能顯示出對方對於成為你的伴侶這件事情願意付出努力。然而火星的特質並不像金星那樣柔和，火星有他的強烈的推動能力，促使事情發生，但也可能因為過度刺激而產生不愉快。

火星的積極主動態度有些時候也會讓對方（B）無法承受，A的行動與展現出來的自我，看在B的眼中常常只有一個目的，那就是一起合作或成為伴侶。如果雙方並沒有準備好這麼做的話，或是對方的表現不如另一人的期待時，那麼火星的展現很可能就會遭受到挫折與壓抑，接著更有可能引發兩人之間的衝突。無論是哪一種合作方式，對這段關係來說都十分的敏感，在討論類似主題時最好都能夠保持開放與誠實的心態，並且盡量注意對方的感受。

火星的動力、衝突、性愛都可以是這段關係的展現，可以運用動力來實現這段伴侶關係，第七宮是重要的伴侶位置，性愛可能成為這段關係的主要互動，也可能是衝突與不愉快頻頻發生的地方，而這完全仰賴雙方的努力付出。如果這一段關係不是親密伴侶關係時，那麼兩人之間的互動也十分具有可看性，合作與競爭的動力都十分的強大，

若發生衝突的話，攻擊的火藥味也十分足夠。

火星在第八宮

當一方的火星進入對方的第八宮時，輕鬆愉快的膚淺關係並不常見，第八宮總是暗示著深層的意涵，深入心靈當中的黑暗與無意識之處，或是在物質與身體上的緊密結合，而這些都不是膚淺的關係所能夠掌握的。也因此若一段關係當中出現A的火星進入B的第八宮時，往往會有許多激烈、深刻的劇情上演。我們知道第八宮與火星都與性愛有關，於是這一段關係當中的性愛可以是激情的，B可以在床第之間感受到A的激烈或男性氣息，但這也得要雙方都願意或有意願才行。在深層心理方面，肉體與物質的結合以及透過繁衍生命的儀式，可用來尋求生存的力量，並共同對抗內心當中的深層恐懼。當然深層的結合也可能不是身體的結合，在其他非情感的關係當中，也可能是心靈的融合或財務資源的廣泛結合。

在心理層面上，火星會強烈的刺激對方那些不想面對的過去陰影，當你遇到一個火星進入你第八宮的人時，可能暗示著他認為你應該去面對這個課題，或許一開始A會被B的神祕特質所吸引，他可能相當好奇，想要知道B這些神祕舉動的背後的意涵，也可能完全

不知道他自己的（無論善意惡意）行動已經觸動B不愉快的黑暗面，當然他更不知道他採取的行動，就像是拿利器再一次劃開他人的傷口一樣的疼痛。就算他知道了，也可能會鼓勵或迫使B用正面的態度去回應過去的陰影。他這麼做有他的道理，首先如果不解決這個問題的話，很可能在這段關係當中仍會出現類似的危機，其次在這樣的互動過程當中，可以感受到兩個人面對危機時更為深刻的結合，也使得他有機會一探B的心靈深處。這些都是他身為親密伴侶所獨享的權力，他人完全無法參與。他認為這一方面可幫助B變得更為強壯，另一方面也讓兩人的關係更為緊密。這就是在伴侶關係當中的轉化過程。但這個過程當中所有的黑暗與危機都必須是兩人同時同意的，危機以及恐懼也都是兩人共同承擔的，A不應當挑起B的恐懼然後丟給他個人去解決。因為在第八宮的世界當中，資源是共享的，福禍也是共享的。

火星在第九宮

當A的火星進入B的第九宮時，帶來了信念與成長刺激，第九宮對於一個人來說是一個成長的途徑，透過更高、更遙遠、更長久的概念來表達。A所帶來的刺激可能是行動上的，他可能帶領著B走到遙遠的地方去，或者刺激他產生到遠方去的念頭，他也可能是刺激B讓他朝著人生更高層次前進。這樣可能暗示著進一步的學習，追求更高深的學問、追求更寬廣的視野，或是透過宗教哲學來追求人生真理，甚至是追求自己的夢想和理想，以及那些關於未來的期盼。自由、信念還有理想將成為兩個人敏感的部份，當A發怒時，B很可能懷疑是不是他的自由受到限制，是不是他的夢想受到挫折了，才會有這樣的表現。

有時後火星的刺激不是所有人都能夠輕易接受的，像是B會感受到A好像常常在挑戰他的夢想或理想，或者他認為A總是喜歡和他爭論那些他所深信不疑的事情，如果信念與信仰對B來說是一件重要的事情時，要不他能夠包容A對他的質疑與挑戰，將這樣的力量轉成一股動力朝著未來前進，讓自己的信念有所成長，要不就是成天為了真理與兩個人的不同信念而有所爭執。事實上，A的目的在於鼓勵B勇敢的說出自己真實的想法，勇敢的去探索未來和真理，他的目的並不是挑戰對方，而是想要看到對方展現自己。

火星是一個人呈現活力的指標，當A的活力與男子氣息出現在B的第九宮時，常常帶來一種自由奔放不受約束的特質，看在B的眼中這也是一種成長的刺激，有時這種特質會以異國氣息來呈

現，這對B來說則是遠方的特質。A的出現對B來說是成長的絕佳機會。由於火星也暗示著性愛，那麼這一段關係當中某些時候，性愛可能是一種自由奔放的態度，異國的風情或是某些具有宗教成長意味的性愛知識，有可能會刺激兩人的性愛互動。

火星在第十宮

當A的火星進入B的第十宮或天頂時，B的專業很可能與A的行動或追求產生連結，從某方面來看，A可能會被B的社會地位所吸引，進一步的想要試探、測試或挑戰對方，想要知道對方的專業到底到什麼樣的程度。在這段關係中，A容易認為B在專業領域上應該有更多的表現，或者反過來B會批評A在工作上的態度，無論是有沒有作為或者變成一個工作狂，或者是找工作當作藉口等等，A會進一步的挑戰批判B與上司的互動模式，認為他在這方面可能需要更多的努力，或是更勇敢的表現出自己。有時A也會專注在B的公眾形象之上，認為對方應該在面對外界的時候表現得更勇敢一點。A自身可能就已經示範出在職場當中該怎麼樣的展現決斷與勇氣，對於B來說，他可能也被A這樣的層面給吸引。這樣的互動關係也很適合職場當中的上司與下屬的互動關係當中。

但是相反過來，B也可能看見了A的能力，他的行動、他的工作或者他賺錢的方式，B認為這些東西有可能幫助自己解決自己與上司老闆的互動問題。若這是一段親密關係，那麼我們不可能錯過第十宮所象徵的父母議題，A很容易在不經意當中干涉對方與父母之間的互動，或許在無意識中，A認為B更應該在父母面前更強烈的展現自己的決斷與勇氣，因此A面對B的家庭問題時會顯得特別沒耐心。在性愛的層面來說，這暗示著一人主導更能夠引發激烈的性愛的可能性，對其中較有經驗或社會地位較高的人來說，他可能扮演著引導者的角色，帶領對方探索性愛的歡愉。

火星在第十一宮

當A的火星進入B的十一宮時，暗示著兩個人之間的共同目標是一項重要的議題。如果這是一段親密關係，那麼對這兩個人來說，有一個可以追逐努力的共同目標是一件相當有吸引力的事情，因為兩個人因此有了施力點，在一起就是為了完成這個目標。除了共同目標之外，第十一宮也象徵著未來與理想，更為明確說法是，一個想要告別過去追求新的未來的態度。A的所作所為往往能刺激到B，讓他意識到自己如果能夠有新的目標或更遙遠的目標，自己的生存力量就會更足夠，生命的意義也

案例21 比爾柯林頓與希拉蕊的共同道路

柯林頓的火星天秤出現在希拉蕊的第四宮，這讓希拉蕊在家庭當中該扮演的角色相當的敏感。希拉蕊的父親是一個保守的商人，同時也是共和黨的支持者，而希拉蕊早期也加入了共和黨，一直到後來對於美國平權運動與越戰的爆發，才改變了她的政治態度。在童年生活當中，希拉蕊的父親一直是一個舉止冷漠的人，對於妻子和兒女也有許多嚴苛的對待，希拉蕊則不停的參與活動或贏得更好的成績想要取得父親的關注，但後來父親的態度卻因為一連串的生活打擊，而轉變成一個情緒低落的男人。這些都暗示著希拉蕊在面對男性與婚姻和家庭時的複雜情節。柯林頓的火星出現在希拉蕊的四宮，不難看出他的出現很可能挑起這些童年的傷痛，甚至在某方面來說，當柯林頓求婚時，是否踏入婚姻？家庭在自己生命當中所扮演的地位？自己該在家庭當中扮演什麼樣的角色？這些都是柯林頓參與她的生命之後所帶來的極大挑戰。

希拉蕊火星在獅子座，本身的太陽與火星是互容的狀態，她對於自己的才華與目標有著相當明確的界定。她從早年就想要成為政治人物，在法學院的學習階段也對兒童家庭相關的法律有著相當程度的興趣，且在唸書的時候就已經被看好是政壇的明日之星。出生圖當中，火星冥王在獅子座的結合以及火星太陽的互容，暗示著對於權力與榮耀的追求對希拉蕊來說相當的重要，而這樣的男性對她有一定程度的魅力。柯林頓的魅力十足，同時也有政治野心，Jupiter老師已經指出了他擅長用溫文儒雅與迷人的形象來面對外界（上升點與火星海王合相在天秤座），希拉蕊的強勢形象正好符合柯林頓的下降點投射。

根據兩人的傳記描述，在交往的初期，希拉蕊總是拒絕柯林頓的求婚，甚至非常擔心兩個人的生活會損害她的職業生涯。在合盤當中，希拉蕊的火星進入了柯林頓的十一宮，代表兩個人對於法律政治和人權公共事務的關注，刺激了兩個人的互動，同時柯林頓的十一宮暗示著，希拉蕊不能夠只是專注於自己的目標，同時必須以兩人的共同目標作為考量。火星在對方的十一宮時，明顯的暗示了希拉蕊對於失去自主權的擔憂，甚至可以從她擔任第一夫人時期的積極主動看出，希拉蕊並不願意只是扮演白宮第一夫人的角色，她透過自身對於兒童事物的熟識以推動相關的法案，同時從沒有放棄擔任美國第一任女性總統的夢想，且在柯林頓完成他的任期之後，希拉蕊更積極的朝這個目標前進。

火星十一宮也暗示著柯林頓在擔任總統期間，也同時幫助希拉蕊完成她的遙遠夢想。許多人都認為希拉蕊沒有在柯林頓鬧緋聞之後離開，是對權力的戀棧，這一點對於一個火星與冥王星結合的人來說，有著相當程度的可能性，但是我們不能夠只憑一個人對權力的渴求就論定這段伴侶關係，這似乎有點否定兩人幾十年的情感的影響。事實上分享職位上的資源也是他們的生活模式，柯林頓夫婦從早期的政治生涯（阿肯色州長任期）就已經習慣互相幫助，媒體一直戲稱這是比拉蕊（Billary）的政治生態，這也是希拉蕊火星進入柯林頓十一宮的的另一種呈現模式。

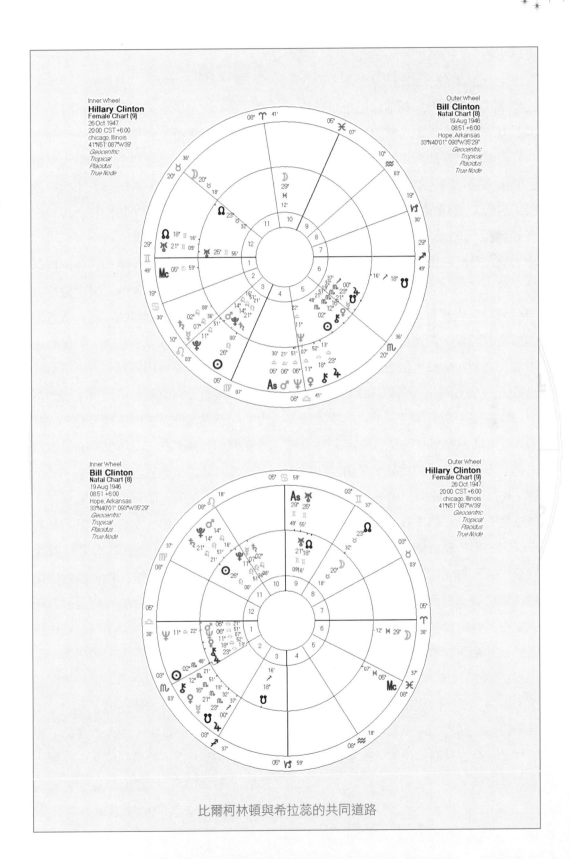

比爾柯林頓與希拉蕊的共同道路

更爲明顯。

　　十一宮象徵著團體，A看見了B在社群之間的影響力，相信自己也可以提供對方一臂之力，他希望對方在面對公共資源或團體時能夠更強勢，在選擇自己的未來夢想時，能夠更堅持自己的主張，也因此建議B採取更強勢的作風。有些時候由於火星的過於積極，我們會看見A過份的干涉B在社群之中的行動，這也說明了當B改變自己的速度稍微緩慢時，或是當B在面對朋友社群不夠積極的時候，都可能引發A的焦慮與不滿。對於A來說，他也透過B獲得自己過去所沒有的公共資源，B可能會帶來一條改變生命的途徑，這也可能暗示著A有可能威脅到B過去的決定，甚至引發失去獨立自主的擔憂。受到這個影響，A有可能因此開始朝著不同的道路（多半是對雙方都有利的道路）前進，十一宮的另一種影響力會透過這種方式展現出來。無論是朋友或是合作關係，這都象徵著一種新的未來道路的啓發。

　　在某些時候，這兩個人可能會因爲對於公共議題的看法不同而產生爭執，也可能因爲對未來的看法不同而有摩擦。如果這是一段親密關係，那麼未來共識的建立顯得相當重要。火星所象徵的性愛可能在這時候扮演著改變兩人未來的重要關鍵。

火星在第十二宮

　　當A的火星進入B的十二宮時，兩人之間對於勇敢、衝動、果決、自我呈現、男子氣息、性愛這些相關的火星議題很容易產生迷惘。有時一方不太容易感受到另一方的表現，特別在一段親密關係當中，當A（火星）這一方是男性的時候，無論A怎麼表現，在外頭再怎麼的雄赳赳氣昂昂，在B的眼中似乎就是沒有辦法感受到那樣的特質，或者說那是B無法理解的男子氣息。同樣的，當A勇敢的呈現自己的時候，B很可能認爲那樣的方向似乎有些錯誤。十二宮的消融與隱藏，讓B無法輕易理解A的勇氣與男性風格，也因此A與B很容易在這段關係當中感到沮喪或憤怒。

　　當然不是所有的類似關係都會產生這樣的憤怒，因爲十二宮常常暗示著我們必須犧牲一些東西去追求更高層次的精神生活。A的攻擊行動、性愛或憤怒，有可能會刺激B更加的朝這個方向前進，他認爲這些問題當中有一部份與人類共同的孤獨感受有關，並想進一步瞭解這些孤獨背後的道理，宗教與精神靈修或者藝術都是一種途徑。

　　在性愛關係當中，兩人的互動可能是耽溺纏綿，也可能是一種迷失、無法理解、無法感受、或無法滿足。因爲十二宮的迷失迷惘可能透過火星來對

抗，並藉由與另一人的結合來對抗十二宮的孤獨感受，且可能以一種溫柔纏綿的方式出現。但是這的種失落感也有可能以無法滿足的性愛來呈現。占星符號的詮釋無法說明是哪一種狀況，必須透過當事人的生活背景與更多兩人星盤的互動來瞭解。

火星與行動力和追逐有著明顯的關係，同時也與兩人之間的敏感議題有關。其中一方的火星落入對方的宮位當中，極有可能暗示著帶來動力或爭執的生活層面。在這裡我們可仔細看看先前Jupiter老師舉例過的柯林頓夫婦的星盤（請見P.192～193）。

當A的木星落入B的宮位

當A的木星進入對方的宮位時，他的思想與信念，會在對方的某個特定生活領域當中引發不同的刺激，讓對方產生一種成長或擴展視野感受。木星也代表好運，可能暗示著對對方的某個生活領域帶來好處，或者讓對方覺得和他一起從事某件事情會有輕鬆愉快的感受。

木星在第一宮

木星在傳統的占星學當中象徵著愉快與幸運。當A的木星進入B象徵自我的第一宮時，暗示著A與B之間的互動很容易有一種輕鬆愉快的氣氛，好處或

利益也是木星的另一個關鍵字詞，但不一定都是物質型態的。他可以是愉快的心情，也可以是物質的餽贈，也可以是實質的幫助或人生視野的擴張。這些都得看A與B之間實際的互動與個人信念交會之後所帶來的影響。但是愉快與幸運的感受很容易被觀察到，總有人喜歡問A的木星進入B的第一宮是不是他把好處帶給他？對心理占星師來說，人的星盤是互動的，或許一開始A會將好處帶給B，但是B也會在無形之中將好處回贈給A。

第一宮象徵著自我的外表與型態，以及自我與他人的互動模式。A可能認為B在面對他人時應該多些信任、應該更大膽些，應該更放得開一點，或者說應該對自己更有自信，於是他可能用一種愉快的方式引導B展現出這樣的態度。必須注意的是，B本身對自己的生命有主導權，所以很可能是A什麼也沒作，只是展現自身對外的互動，就啟發了B那種應該更有自信、應該放開一些的態度。A也會鼓勵對方去探索未來，去和社會作更多的接觸，去追求自身的自由，對外不要給自己太多的限制，A很容易因此而得到B的信任與回饋。但是過度的木星發展很可能會鼓勵B過度信任自己，對外抱持著過度樂觀的態度。但是抱持著對自身的信念與成長是這段關係當中最能帶來幸運的事。

木星在第二宮

當A的木星進入B象徵著財物與價值觀的第二宮時，在物質上我們可以說A可能帶來一些實質的利益，金錢的贈與，或是給B一些意見讓他可以在處理財務時更加順利。也可能A的想法在無形當中被B給吸收，並且應用在金錢物質方面的擴張上。而物質生活上的享受，或是實際的金錢也常在這一段關係當中出現，很可能是A啓發B，而B拉著A一起享受物質上的美好，或是啓發他對物質生活的新視野。或許A與B一生當中從來沒想過要賭博或投資，但是湊在一起時，很可能想冒險一下尋求財務的刺激，或認爲我們可能會有賺錢或中獎的好運。當然木星並不保證你們一定會賺錢，但是這樣的心態卻是存在的。有時B會以爲對方保證提供他無憂的物質生活，但這很可能只是B自己在作夢。木星帶來一種樂觀的心態，雖然有時如同傳統占星所相信的帶來好運，但必須注意的是那些對財務過度擴張或過度有自信的時候所衍生的問題。

在心理上，A可能在無形當中鼓勵B擴張自身的價值，認爲自己應該獲得更多的賞識與回饋，認爲自己其實也很不錯。這是一種自我價值的擴張，對於一個自我價值低落的人來說，可以是件好事，但對某些人來說，或許會對自己

的身價膨脹的太過厲害，因此帶來一些問題。A帶給對方自我價值的啓發，也可能A所相信的事情變成了對方的價值觀，甚至可能進一步變成實質利益也回饋給A，這就是木星的另一種好處。

木星在第三宮

當A的木星進入B的第三宮，所啓發的是溝通與學習方面的事物，A的想法或者說A所相信的事情，或A所深入研究過的事情，很可能被B拿來應用在生活當中，好處是想法可能被驗證，但也可能引發一種我的信念被扭曲的感覺。對於B來說，和A溝通或一起學習，甚至從他身上學到的東西，都可以帶來一種愉快與自信的特質。如果B是一個喜歡思考或寫作的人，那麼A可能會帶給他更多新的視野，就算B對寫作思考沒興趣，那麼也至少可以天南地北的聊得很隨性。

從上一段的可能性當中，我們看到了木星的擴張特質，這種擴張不被約束的自由感受，在第三宮當中特別容易從周圍的環境互動當中來觀察，透過A的想法或引介，B很容易擴張與鄰近環境的互動，或者增進與兄弟姊妹之間的關係，A可能認爲B在面對鄰居兄弟姊妹時需要更多的自信與更寬廣的視野，也或許他沒有意識到這一點，但是B卻可以從對方的信念當中找到增進鄰里關係

的訣竅。對A來說，B的溝通言語、學習或者與兄弟姊妹的關係，很容易反過來刺激他的想法、開啓新的視野，或者去探索新的環境的念頭。如果這樣的關係並非親密關係，則相當適合同學、老師學生和同事、朋友的關係。

木星在第四宮

在心理占星學當中，第四宮的核心是根源與歸屬感，當A的木星進入B的第四宮或者與IC（天底）產生合相時，顯示A的想法、信念或他所相信的事物可替對方帶來一種熟悉的感受，B很可能說：「嘿！你的想法很有趣，我爸（或其他長輩）也有這樣的想法」，同時也因為A的成長過程、學習過程或是他的世界觀，而讓兩人可以輕鬆的連結，可以在情緒層面上有更多交流的可能性。

在物質層面上，A的自信、想法、宗教觀、人生觀或者他對未來的期許，都很容易替對方帶來愉快的家庭生活，可能是充滿歡樂的，也可能是輕鬆愉快的，當然也可能是擴張對方對家庭的看法，例如擴大居家環境改善居家環境，搬新家、增建改建房子，或是增添人口，也可能是與父母長輩有著愉快的互動。這都是可能性，也可能因為木星的強硬相位，或不同的成長環境，使得B的家人用木星的另外一面誇張、奢華、

懶散、冒險來看待A的人生態度。對於A來說，他認為B應該在家庭當中更有自信，在情緒上要更放得開，不要總是悶悶不樂或杞人憂天，但也可能是B不經意地受到A的樂觀影響，而改變情緒安全感上的需求，當然某些情況的刺激下，A可能反過來刺激B，讓B想要更多情緒上的安全感也不一定。對A來說，觀察B的家庭生活，亦能產生一些新的想法、視野和人生觀。

木星在第五宮

第五宮在心理占星學當中代表了個人所喜歡的事情，我們都是透過自己認為好的或喜歡的事情來表現自己。例如喜好、興趣、嗜好、收集品、情人等。這也是為什麼第五宮有時被叫做愛情宮的原因。當然這不代表任何一個人的木星進入愛情宮就會是你的愛情幸運星。當A的木星進入B的第五宮時，木星的愉快主題與第五宮的娛樂喜好主題產生了相當程度的共鳴。他的想法或者他的不同視野，替B帶來了相當多的樂趣，但是除了愉快之外，也可以帶給他在自我呈現或是興趣喜好上的不同想法，或者替對方引介不同的興趣和喜好。

如果這是一段情感關係，那麼情感上的不同視野帶來許多新奇的感受，這可能是精彩刺激的，或是具有新鮮感的，或是大開眼界的，也或許是奢華

太陽
月亮
水星
金星
火星
木星
土星
天王星
海王星
冥王星
凱龍星
南北交

的。受到A的影響，B很可能被鼓勵勇敢的站出來秀出自己。在B的眼中或許A早已經是一個很愛現的人，也或許A只是受到B的刺激才這樣做的。但是A的木星進入B的五宮的確會帶來一種較為戲劇化的情感與才藝互動。A也很有可能因為B的才華或喜好，而產生不同的人生視野和想法，對他來說這是另一種回饋和獎賞。如果不是伴侶關係的話，那麼這樣的互動很適合在親子、老師與學生（與創意有關）、藝人（藝術家）與經紀人、冒險夥伴、玩伴之間出現。

木星在第六宮

當A的木星進入B的第六宮時，很可能暗示著A的想法、A的世界觀、A所相信的事情，被B給應用到自己每天的生活層面當中，或許他學會用A的人生態度來面對老闆或下屬，或許他用A的宗教觀點來面對生病需要照顧的人。或許A讓他看到了每天生活的規律除了吃喝拉撒睡之外還有許多不同的可能性。木星的理念在這裡必須變成實用工具，有些時候對帶有高度理想色彩的A來說並不舒服，但是對A來說，這正是一個調整自己信念或修正自己想法和人生觀的好機會。

另一方面木星有著樂觀輕鬆的特質，他或許暗示著A的出現對B帶來的影響是輕鬆的去面對每天的生活，或是在每天的生活當中可以多些樂觀與自信。

或許A能夠替他在工作環境或日常生活當中帶來輕鬆愉快的感覺，但是卻不能夠太過放鬆，因為他可能帶來過度鬆散的日常生活態度的負面影響，懶散、忽略健康問題、錯過好的工作時機、在工作上太過冒險等問題。他也很可能以為A承諾他一個不用擔心的生活，但這可能只是B一廂情願想法。對於A來說，他可以透過觀察B的每天生活模式、工作態度當中，尋找到一個新的人生視野與方向。

木星在第七宮

第七宮象徵著伴侶關係，當A的木星進入B的第七宮時，很明顯地替這段合作互動或伴侶關係帶來更為輕鬆愉快的特質。但是必須注意的是兩個人的情感態度是否將輕鬆、愉快、成長視為是一件好事，很多人認為愛要刻骨銘心、死去活來的才能叫做愛，於是他可能把這種對方木星進入自己七宮的愛所帶來的自由，視作是一種沒有約束力、沒有承諾、不可靠的露水姻緣。但是事實上，這都是我們自身的不安投射到對方身上感受，而非對方真正的想法，所以這時對等的交談與溝通很重要，對方或許認為愛就是要讓對方自由的呈現自

己，而不是用自己的方式或用愛作為藉口來綑綁對方。愛和控制、尊重和放任在這段關係當中有時必須被釐清。

A的想法與人生觀，可能透過B對待伴侶的態度而實現，在這段關係當中，雙方很幸運的能因為認識彼此而獲得成長、擴展生活的視野，學會用自由與尊重的方式來接受對方，在這段關係當中學會包容與寬廣的度量。愛對方就是要接受他的好與不好，或許正是這一段關係的最佳寫照。這很適合一段輕鬆的伴侶關係，也很適合兩個喜歡一同冒險、或到外國去旅遊的夥伴。

木星在第八宮

當A的木星進入B的第八宮當中，很可能帶來雙方財務的擴張，這樣的描述很像是我們說的合資或合夥賺錢，這當中有可能出現的是資源、能力的結合，對於一段合夥關係有著某種程度上的利益，也很容易因此兩人都受益。當然還是要提醒大家，木星的負面特質很可能暗示鋪張、浪費、承擔不必要的風險等，這樣的特質也有可能出現，要賺錢就有風險，這是許多生意人都知道的道理，木星在這裡的資源結合可能暗示著賺更多的錢，但也可能暗示著承受更多的風險。

如果這是一段親密關係，或許我們更該注意的是木星進入對方的八宮時在心靈上的感受。木星有些時候暗示A可能幫助B輕鬆的度過危機（有時是逃避危機），木星的信念也可能是B用的信念與信仰，來面對生活當中的個人陰影與情緒困擾。A的信仰或他的人生觀對於B來說會是一個突破個人陰影和限制的轉化關鍵。A也可能認為B不應該被個人的莫名憂慮給限制綑綁。

但也可能是因為A的出現使得B的恐懼與黑暗面被忽略了或是過度輕忽，反過來A可以利用B的恐懼而獲得好處。要怎麼樣應用木星的特質，往往取決於兩人的態度。在性愛上，木星可能會幫助兩人在性愛上有著輕鬆愉快的態度，也可能從事比較大膽的冒險，但也可能是轉而重視性愛的背後精神或心理特質。

木星在第九宮

木星與第九宮有著許多相似之處，例如兩者都與成長學習還有人生觀有關。當A的木星進入B的第九宮時，更強調他對B的信念信仰還有思想啟發的重要性，他可以是帶給對方一個不同世界觀的人，他也可以扮演對方的精神導師，或是一同探索世界的好夥伴。在追求人生的成長途徑上，如果你遇到一個木星進入你第九宮的人，他可能會將你的信念擴展得更寬廣，用更寬容仁慈的心態來看待世界，或是說信念上有著相

太陽

月亮

水星

金星

火星

木星

土星

天王星

海王星

冥王星

凱龍星

南北交

太陽
月亮
水星
金星
火星
木星
土星
天王星
海王星
冥王星
凱龍星
南北交

案例22　引導湯姆克魯斯進入山達基教派的前妻咪咪羅傑斯

　　提起湯姆克魯斯，除了他膾炙人口的動作片之外，令更多人覺得誇張的是他在宗教信仰上的狂熱。許多人一想到他就會想到所謂的科學教派又稱作山達基教派。這個帶有強烈神祕面紗的宗教總是同時有許多正負面的評價，信仰他的人認為這個教派可以改變人的一生，但許多人卻對這個教派的神祕態度不敢恭維。然而大明星湯姆克魯斯不但是這個教派的虔誠信徒，同時更是這個教派的積極推廣者。我們常在報章媒體當中看到他直言不諱的推廣山達基的教義，他說山達基治好了他的語言障礙，同時也在媒體上批判因為產後憂鬱服用藥物的演員布魯克雪德斯。他瘋狂的對周圍的人強調山達基的好處，包括他的好友足球明星貝克漢夫婦，無論到哪裡，克魯斯的宗教狂熱常常替自身帶來話題，同時更讓他的媒體曝光率提高。

　　在詮釋合盤的交互影響之前，必須先關注個人星盤的特質。我們在湯姆克魯斯的星盤中發現，他的確對於宗教與更高層次的精神追求有著相當大的狂熱。他的天頂守護太陽，正好與象徵宗教犧牲狂熱的海王星，還有信念信仰的木星形成一個大三角，精神信仰對他來說如同藝術一樣的重要，他把這些事物視為是人生當中重要的轉化關鍵，這個大三角因為冥王星（危機、轉化）的介入而形成了一個風箏圖形。同時他自身的第九宮（宗教信念）守護星月亮不但合相北交點（成長與公眾關注），還合相天頂（公眾關

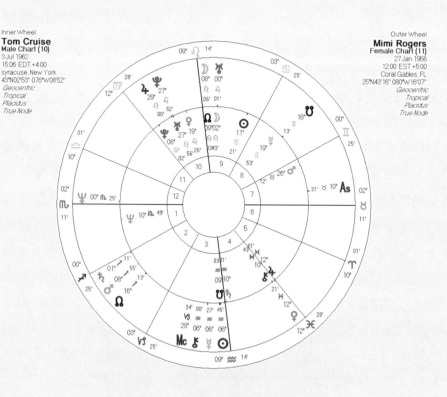

引導湯姆克魯斯進入山達基教派的前妻咪咪羅傑斯

注），暗示著他的信念與信仰很容易被輿論和公眾社會給關注，到此我們已經清楚的揭示了湯姆克魯斯的宗教狂熱情節在星盤當中的暗示。

接著我們來看看湯姆克魯斯的第一位妻子，演員咪咪羅傑斯對湯姆的影響，因為她正好就是帶領著湯姆克魯斯進入科學教派的人，由於咪咪羅傑斯個人的出生時間無法確定，但不影響我們對他的木星的關注。這裡因為資料不足我們不進行咪咪羅傑斯個人的星盤分析，但是我們可以看到咪咪羅傑斯出生的時候木星與冥王合相，象徵著某種巨大的力量、深刻的信仰、或神祕的信念，這些信念也可能因為冥王星的關係而經過反覆檢視並被推翻。但是對湯姆克魯斯來說，咪咪羅傑斯的木星冥王星先是進入湯姆的第十宮，象徵著咪咪羅傑斯將自己的信仰、信念（木星）介紹給湯姆克魯斯，對湯姆克魯斯來說，卻直接的影響了他的社會地位與形象（咪咪羅傑斯的木星在他的十宮），而且進一步的促成他整個人的大轉變。如果我們看到咪咪羅傑斯的木星與冥王星合相湯姆克魯斯的天王星，就知道這樣的關係並不令人意外了。

同的觀點。雖然大部分的時候，我們認為A的行星進入B，對B的的影響較大，但是由於木星與九宮的同質性相當高，也因此在這樣的關係當中，我們更強調雙方都會對彼此產生精神引導的作用。

無論這是不是一段親密關係，成長都會是這段關係所帶來的好處，而木星可能帶來信念或輕鬆愉快的特質，也可能替對方帶來思想上的自由與解放。對於一段親密關係來說，信仰、一同探索人生成長、或是學習新事物都可以替這段關係加分。這樣的關係特別容易出現在宗教上的同修、大學當中的同學或師生關係，或者某些觀念的追隨者。

木星在第十宮

當A的木星進入B象徵社會地位的天頂與第十宮時，A的信念與幸運將有可能成為對方爭取社會地位和在職場上獲利的關鍵。從某方面來說A可能認為B在面對老闆上司或者在職場的表現，需要更有自信，或者需要更大膽的放手去表現，從而鼓勵他去做這樣的轉變。也可能A的想法或他曾經見識過的事情，可以在B的職業當中被實現，或帶給B在面對公眾或職場表現上不同的視野。A很容易成為B在面對公眾或面對老闆上司與職場問題上的幸運推手。如果這是一段親密的關係，或許我們還可以加入家庭的考量，A可能在這裡用輕鬆愉快的態度，鼓勵B從家庭的環境當中走出來，有時這也會引發一些家庭議題的討論。

如果我們一直關注木星的幸運層面，那麼我們很可能忽略木星的負面影

響。A的木星在B的第十宮時可能也會帶來B對於職場關係過度樂觀的想法，在大眾或老闆權威面前顯現出一種輕浮、鋌而走險的態度。在木星強硬相位的影響下，這種冒險有些時候會化險為夷，但有些時候也可能暗示著因為承擔過多的風險，而招致輿論或上司的批評，有時甚至賭上了個人的職業生涯。A的善意幫助，並沒有承諾B一個沒有風險的成功機會，如果B因此而怪罪A，那麼就好像是古人的寓言當中，犯了偷盜而被關進監牢的兒子，因為怨恨母親沒有管教好自己，而咬掉了母親的乳頭一樣的可笑。

木星在第十一宮

我們最常聽到這樣的互動帶來良好的友誼關係，但是對心理占星師來說，當A的木星進入B的十一宮，是一個不錯的改變機會。這暗示A的出現，替B帶來了一個突破自我的絕佳機會。B可能因為對方而認識一些志同道合的夥伴，也可能因為A的人生觀，使得B對自己的人生目標有了不同的看法，甚至也因為A的出現變得更敢作夢，把自身或者兩人的夢想推得更為遙遠，甚至更偉大。我們可以說A的夢想，讓雙方都有著一種人生可以不一樣的感受。如果B對於公眾議題和公共事務有興趣的話，A的信仰與信念很可能替對方帶來

這方面的啟發與改變，反過來說這樣的關係亦可能是因為B對公眾事物或公共議題的看法，而引發了A有新的人生啟發。

要有這樣的改變也必須是雙方都渴望成長與改變才有可能實踐的，如果這一段關係當中的兩人，其中一人不打算也不願意去接受新的事物時，那麼木星的影響，可能轉為擴大對方的交友領域範圍，或者以吃喝玩樂的夥伴形式或是冒險同好的姿態出現，這也是木星的娛樂與冒險刺激，所帶來的另一種方式的呈現。

木星在第十二宮

十二宮往往是一個失去自我的地方，透過A的信念與人生態度，B很有可能因此學會對自己的執著不再那麼堅持，也不再那麼在意人生當中的不滿足與缺陷。傳統的占星師認為十二宮是一個困境之處，而木星卻象徵著幫助與希望，那麼我們或許可以解釋為在這一段關係當中，A常常會是B在面對困境時的啟發者，A就像是B的潘朵拉寶盒，在充滿痛苦的時刻當中還保有一絲希望。有些時候A也可能會直接間接地提供幫助。但是我不建議這麼解讀，因為人們的依賴性總會讓我們對對方的木星產生過度的期待，萬一對方給予的是精神上的支持，對於一些不知足或不肯負

責的人來說，或許還會反過來責怪對方沒有伸出援手辜負他的期待。

從心理層面來看，當A的木星進入B的的十二宮時，A的人生觀或宗教信仰可能替B帶來一種人生無常的感受，有些時候甚至會覺得對方的人生信念究竟有沒有用的感受。A很容易放大B對於人生當中的莫名憂慮或孤獨感受，進一步地也刺激了自己去找尋或驗證自身與這個世界（人生）的關係。我們可以說A的想法、信念、或他的人生觀刺激了B的精神成長世界。第十二宮是我們放下世俗的一切，透過精神、透過藝術去追尋更高層次自我的地方，所以如果兩人在宗教與藝術上有更多的互動將會對這段關係有所幫助。

當A的土星落入B的宮位

當A的土星落入B的宮位時，象徵A在哪一宮帶給對方某種程度上的限制，A認爲對方在那一個領域並沒有足夠的能力承擔責任，於是有意無意的不停測試或挑戰對方、給予對方壓力，但同時也可能提供給對方經驗。A常常會在土星落入的一宮讓對方感到不舒服，它會指出你生命某一個層面的弱點，也告訴對方必須承擔責任。B有可能在起初畏懼害怕或討厭A的挑剔和壓力，但如果勇於面對挑戰，最後也會在那一個領域讓B知道他是可以被信賴的。

土星在第一宮

第一宮是一個人對外的窗口，也是象徵人我互動關係當中自我的呈現，當A的土星進入B的宮位時，他暗示著A可能認爲B並沒有做好面對外界、以及成爲一對一伴侶關係的眞正準備。A對於他的對外互動、對自己的認識，甚至可能對他的伴侶都有所挑剔。有些時候A的防衛心態或是當他拒絕B的時候，都很容易讓B認爲，這一種人格與身份的否定，似乎是衝著他來的。B可能認爲難道我這麼差勁配不上你？但這種情況如果展現在成熟的伴侶，或B是一個原本就很小心謹愼、嚴格要求自己的人的時候，這種不愉快的互動就會降低很多。

若這是一段親密關係，初期可能會進展得很慢，但事實上A在許多時候提供給B珍貴的經驗，讓他對外更爲謹愼，讓他在表達自我時更爲小心，直到B學會謹愼的面對外界時，兩個人的關係才會更爲穩定。事實上，土星落入這樣的重要宮位時，並不暗示著不愉快的關係，相對的可能帶來穩固的關係。如果這不是一段伴侶關係，那麼也很可能是親子或上司下屬的互動。但無論如何，這都顯示是一段有點嚴肅且不怎麼輕鬆的關係。

太陽
月亮
水星
金星
火星
木星
土星
天王星
海王星
冥王星
凱龍星
南北交

土星在第二宮

當A的土星進入B的第二宮時，並不會真的替對方帶來財務上的困擾，這只是其中一種可能性，最重要的是他可能認為B在金錢與財物上需要更加謹慎，或者在賺錢上要更有野心。金錢與財物會是這兩個人互動時的一個壓力來源，甚至是讓兩個人相處不愉快的問題根源。

在A眼中，B可能過度貶低自己的身價，可能認為他應該在體現自我價值上更為努力，也可能在某些時候用一種負面的態度，否定對方的價值，然而這也可能角色互換的讓B否定A的價值觀。許多時候A的沒自信與不安或恐懼，看在B的眼裡都像是金錢問題，或是一種否定自我價值的態度，或者認為他在財務金錢處理上並不成熟，需要更加的努力。

土星並非只有缺點，有時土星的保護與經驗的傳承是一項通過時間考驗後的禮物，也就是說這段關係通過考驗之後，物質的穩固與自我價值的認定都會受到保護。也或許A認為B需要財物上的支持，而他願意提供有限度的穩固的幫助，甚至在金錢與物質上提供他自身的經驗給對方。

土星在第三宮

當A的土星進入B的第三宮時，溝通、和兄弟姊妹或鄰里的互動會是兩個人關係的一大考驗。第三宮在心理層面上象徵著溝通與訊息的傳遞，因此當兩個人對話時，往往很容易產生言語的誤會，或是認為對方用言語貶低自己，或者用言語帶來壓力。有些時候A會帶給B一種不讓他暢所欲言的感受，因為A可能認為B的想法和溝通方式都不是很成熟，需要有更多的訓練，他也可能認為B難說話時候不太負責任，應當更為謹慎一點，而他願意將自身寶貴的經驗與對方分享，但前提是對方得服從他在這方面的權威，而有些時候這樣的互動會帶來明顯的精神壓力。

第三宮的另一個層面是兄弟姊妹和鄰里互動，這並不是說因為A的介入而使得B與兄弟姊妹或鄰居的關係惡化，相反的，他可能在B需要的時候挺身而出保護他。但是A可能認為B在和這些人互動時需要更成熟更有擔當，更有責任感，所以才會不停的嚴格要求B在這些方面的完美表現。

土星在第四宮

我們常常在許多重要的關係當中看到土星進入對方的第四宮，因為這暗示著其中一方要求對方負擔起家庭的責

任，這可能是伴侶關係、但更常見的是家庭當中的親子關係。當A的土星進入B的第四宮時，他認爲B對自己的家庭和父母應該負起更多的責任，或許他認爲對方在面對家庭議題的時候不夠嚴肅認眞，因此不斷地施加壓力在B的身上。同時他也可能很願意和B分享他在關於家庭還有父母相處的經驗，同時藉此建立自己的威信，讓B服從他。

第四宮的另一種層面是歸屬感，A的土星出現在這裡，可建立起一個牢固的歸屬感，讓兩個人就像是一家人一樣密不可分。但是這也很可能暗示著，其中一方（特別容易是A）因爲擔心憂慮而將另一方限制在自己的生活範疇當中，不讓他走出去。這很容易說明父母對子女的保護心態，但是若是一段親密關係時則很可能會引發一些不愉快。因爲當B渴望求得安全感和抒發情緒時，往往容易受到A的否定與拒絕，這樣的問題是兩個人必須同時面對的，特別在親子關係當中，對孩童的影響尤其嚴重。

土星在第五宮

當A的土星進入B象徵興趣與喜好的第五宮時，多半帶來點掃興與不愉快的色彩，就好像是小朋友們正在玩樂的時候，被父母或老師叫回去寫功課一樣，或者當你對某件事情有興趣時，有

人要你把他當成賺錢的工具一樣，興致全失的感受。A的土星常常扮演這種角色，很可能是因爲他認爲B並沒有準備好該做的工作，B不應當以遊戲的心態來面對這麼嚴肅的事情，B的喜好應當更爲實際一點。

在親密關係當中，如果B並不是一個強調實際或勇於面對現實的人，那他在這段關係當中受到的限制將會十分明顯。因爲五宮象徵一個人的娛樂心態與戀愛的觀點，對於A來說B並不知道什麼叫做愛情，也認爲他還沒有準備好要承擔起愛情的責任，這往往讓對方有一種說愛太沉重的感覺。不過如果兩個人都很堅持，也都願意將愛視爲一種責任，那麼這段關係反而有可能穩固長久。若這是一段親子關係，那麼其中一方承受的壓力將十分明顯，我們往往可以看到父母親以嚴峻的態度管理子女，就會以這樣的星盤呈現。

土星在第六宮

當A的土星進入B的第六宮時，其中一種可能性，就是嚴格的規範對方每天生活當中該做的大小事，就好像在軍隊受訓一樣的嚴苛。看在A的眼中，B生活當中的大小事情都不夠完美，當然其中一種心態是出於善意，希望對方能夠有更爲健康的生活以及更保障的工作。而他願意提供給予對方自身的經

驗，但由於土星往往具有一種強迫的控制色彩，而第六宮也具有不對等與控制的味道，使得這段關係的控制的味道相當濃厚。這種控制並不像是心理的操弄，而是告訴你如果你要成功，或如果你要健康的話就照我的話去做。

A的專業態度若進入第六宮算是提供給對方服務，但是這種服務帶點權威色彩與強迫性質，所以A對B每天生活有著顯著的影響力，他可能透過每天的律動來朝著A幫他設定的目標前進。如果這是一段伴侶關係，明顯的不對等或雙方有很大的年齡差距，都很容易解釋為什麼會有這樣的關係。相對的，這樣的關係比較適合在上司與下屬、教練與運動員、醫生與病人的關係當中出現。

土星在第七宮

　　許多觀念較為傳統的占星師並不看好這樣的搭檔，認為當A的土星進入B象徵合作關係以及伴侶關係的第七宮時，對對方產生許多限制與阻礙，或者說把一份不愉快的禮物帶給對方。但根據近代占星師的研究，我們往往發現許多關係緊密牢固的伴侶關係、或者合夥關係，有著土星在第七宮或者在第六宮且十分靠近下降點。因為土星的原型之一是牢固的、穩固的、以及可以信賴的。

　　的確，土星進入對方象徵伴侶的第七宮時，我們在原先應該對等的關係當中很容易察覺出一點點的不平衡，其中一種可能性是一方常扮演權威或管理者的角色，這十分符合傳統的婚姻觀點，或者另一種更常出現的可能性，則是年齡與社會地位的差距。但土星也可能用其他的方式來詮釋，例如讓伴侶生活受到限制，A可能認為B需要更多的保護或指導，這反而讓伴侶生活顯得有些無聊，或感覺像是在工作一樣。在親密關係當中，A的土星進入對方的第七宮，的確暗示著兩個人都需要學習調適，以面對實際的狀況，但卻可以不必那麼的緊張。A所代表的土星這一方不必扮演權威，更應當注意生活當中的樂趣，好讓伴侶關係有更多的互動。這樣的關係也很容易出現在合作的關係上，由於涉及情感的部分較少，所以反而更有利於土星發揮他的保護與實際功用。

土星在第八宮

　　當A的土星進入B的第八宮時，比較有利於合資與合作的關係，由於第八宮在物質生活層面上象徵著我們與他人財務的互動，土星在此暗示著A與B在兩個人的財務互動時應當更為謹慎，小心翼翼的確認細節，並且不會有太多的冒險或者過多的期待。或許這兩個人的合作總是有最壞的打算，但是這好過好高騖遠或不切實際的作夢。這樣的搭配

並不如傳統占星師說的不利合資，若兩人都很謹慎也都很有經驗時，同時若能夠接受彼此的價值觀，那麼反而會有穩固的成果。

第八宮也象徵內心的恐懼與陰影，土星的某一個原型稱為具體化，有時可能會讓B感受到他內心當中那些不願意面對的陰影和黑暗面透過A又回到身邊了，許多人會有不舒服的感受，並且認為A總是來找麻煩。但是若我們能瞭解這是自我內心恐懼的投射，A或許正在扮演我們的導師，幫助我們用務實的態度面對。如果我們不願意用正面的態度來處理，我們可以全都怪罪給對方，選擇離開或憎恨對方，同時拒絕承認自己也有黑暗面。若不願意在這時面對自己的生命課題，那麼這樣的課題會在某個時間點再一次地回到你生命當中。A的出現有可能使得B學會保護自己內心當中的祕密和恐懼，如果是一段親密關係，或許值得信任並且共同面對這樣的事情，若非親密關係，適當的保護自己之外，但也要去面對自己的陰影與黑暗面。

土星在第九宮

第九宮象徵著我們的成長與信念，當A的土星進入B的這個位置時，我們可以看見A如何以實際的態度來影響我們的人生觀。我們可能認為這個人的務實態度、野心、或他的擔憂的確該是我們看待世界的方式，我們也可能學著用這樣的眼光來面對未來，或是迎接我們偉大的夢想。但是對方指出了那些不切實際的部分，A常扮演權威與指導者的角色，告訴你不要作太多的白日夢，用實際一點的態度來面對未來。

A在B的生命中可能扮演著那種嚴肅的生命導師，他願意將自己的經驗傳遞給B，但是過程當中可能要求相當嚴厲，或許帶起不苟言笑的面具，或許B並不是很喜歡這樣的互動，但是A的嚴厲的確帶給B許多成長，甚至對他的人生觀有所幫助，同時也可能帶給他未來事業的幫助，這些都是土星正面的態度。當然我們也不能忽略土星的負面角度，它暗示著已限制成長與信念，對你的人生態度下指導棋，批判你的人生觀或不認同你的信念。我們或許可以協調溝通修正，但是要知道人生是你自己的，他人給建議只是表示關心，但是應該由你自己做決定而不是為了他人而活。

土星在第十宮

許多占星師常認為當A的土星進入B的天頂時，會替B帶來不愉快的生活，這的確是一種可能性，但是我們必須知道的是，為什麼A會對B產生這樣的效應？他們兩個是否有明顯的互動和

太陽
月亮
水星
金星
火星
木星
土星
天王星
海王星
冥王星
凱龍星
南北交

對彼此的期許？如果有，這就說明了土星在第十宮甚至結合天頂的暗示。土星並非破壞，而是考驗與保護，天頂與第十宮是我們對公眾與職場的互動。A的土星帶來的訊息是寧願在家考驗你，也不希望你到外頭去丟臉，他要幫你做踏出社會、面對群眾的準備，有時他會認為你對自己的職業和工作應該更努力、更有野心一點，他也願意把他在外打滾的經驗傳遞給你。我們常看見許多關係緊密的師徒、運動員與教練、藝人與經紀人、老闆員工、長輩與繼承人的星盤有這樣的暗示。

對於伴侶關係來說，這又是另一種明顯的地位不平等的暗示，畢竟其中一方公開的展示了他的權威，使得另一方意識到自己必須更努力的去達成平等的地位，或者用消極的態度來面對，這對兩方都容易帶來壓力。A的土星影響範圍也很容易深入到B的家庭與父母關係當中，或許他只是想建議B用務實的態度來面對這些事情，如果B可以更踏實務實，逐步的提昇自己的社會地位與經驗，那麼他與A的關係也就更穩固。

土星在第十一宮

當A的土星進入B的第十一宮，他所暗示的限制容易顯示在社交生活層面上，從B的角度來看，A很可能是B在與他人互動時的破壞者和掃興鬼，但是A或許只是給了一些比較務實的建議而已。十一宮是一個人的遙遠理想，一個年輕人很可能幻象著五十歲的時候我要在某個度假勝地有一間附帶游泳池的房子，A這時候會指出如果你現在不努力、繼續浪費時間在和朋友鬼混，對未來不抱持著踏實的態度，你可能一無所有。沒錯，扮演土星的人總是很掃興，但卻很實際。A願意將自己的經驗與B分享，同時建議B去找一些務實的志同道合的夥伴，但是有些時候A的過份干涉，會讓B感到厭煩，或覺得生活圈被限制了、未來的希望沒有了。

其實並不是這樣的搭檔沒有未來，或總是很掃興，事實上在這樣的關係當中，如果我們用務實的態度來面對未來共同的目標，對於彼此的互動會有加分的效果，而達成未來共同目標的可能性也十分地高。

土星在第十二宮

當A的土星進入B的十二宮時，常有人認為這是宿命的互動，就好像是在第八宮一樣，土星往往會讓那些我們莫名的擔憂出現，在這裡我們要面對的是生命當中那些我們無法掌控的一切，以及失去自我的孤獨感受。A或許什麼都沒做，但是在他的言談當中，很可能會讓你感受到宇宙的無常，好像我們什麼都使不上力，但是A也會保護你，要你

案例23 布希父子（喬治・布希 v.s 喬治・布希）

　　在美國政治史上，布希父子都擔任了美國總統，這是一件相當有趣的案例，因為我們都看見了這一對父子截然不同的個性。他們的態度與目標有一種連慣性，感覺上就好像是小布希繼承了家業一樣，或許許多人不認同這樣的說法，的確，我也不願意看到國家大事被一個家族不斷掌握。

　　小布希在過去擔任總統的時間遭受許多批判，許多人對他的言行無法認同，但我們在分析他星盤當中的自我壓力時，發現他的童年並不是十分愉快，在學校的表現並不特殊，言語的表達常常有問題，許多心理學家指出這源自於童年的創傷，或他的父母對他們要求十分的嚴苛。印象最深刻的一件事情是布希的妹妹去世的時候，全家都當作沒有發生這件事情，這也使得當時年幼的布希沒有情感抒發的管道。小布希的星盤當中水星冥王合相上升點，帶來言語的困擾，不要忽略了水星也是兄弟姊妹、冥王星則是危機與轉變。生命當中的重大事件已經暗示了失去手足以及言語困擾的極大可能性。

　　在新聞媒體當中，有一次我們看見老布希夫婦在國宴上介紹小布希給外國元首的時候，小布希竟然語出驚人地對著外賓說：沒錯！我就是這個家的不肖子。這樣的話語或許在國際社交場合當中不是十分適當，但是卻明白的點出了他內心當中所承受的極大壓力。

　　在布希父子的互動星盤上，我們明顯地看到了老布希的土星竟然就穩當當的座落在小布希的第四宮，象徵著家族、根源、家庭、父母，甚至在世俗占星學當中暗示著血統血緣關係與國家土地人民的位置上。父親的成就儼然成為小布希生命當中極大的壓力，他有一種被強迫賦予的使命，照顧這個家庭、接下家族的重擔與責任，父親或許在童年與家庭當中不苟言笑、不給予溫暖的擁抱，但是卻對他有著深刻的期許，這對於自身太陽土星也都在巨蟹座的他來說，也是一種重複的暗示，從父親當中不但接下了家庭的繼承，甚至也繼承了他的職業擔任美國的總統，由此我們明白土星也可代表守護者，土星四宮則是家庭與土地的守護人。

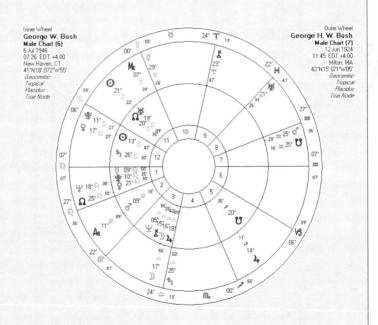

布希父子（喬治・布希 v.s 喬治・布希）

用踏實的態度來面對生活當中的無奈。例如B在擔憂死亡的時候，A可能會說人都會走上死亡那又如何？我們應當關注的是活著的時候，類似這樣的話語。

A往往看見B自己看不見的弱點或缺點，然後用具體的方式呈現出來，幫助B用更務實的態度來練習面對，但是B可能不清楚A為什麼要這麼做，因為這些問題往往是自身的盲點，或者我們從都不認為會帶來困擾的問題。我們應該感謝對方指出了如此重要的問題，要不是他們，或許我們要花上更長的時間才會瞭解那是我們需要克服的人生課題。

當A的天王星落入B的宮位

天王星象徵著改革、革新與變化。但在心理占星學當中天王星象徵著一整個世代，而非一個人，因此我們無法用「他」這個字眼來說，亦非「他」替你帶來改變，而是他象徵的時代背景替你帶來改變的機會。如果兩人出生的時間非常相近，那麼天王星的影響力反而減少，而兩人的天王星宮位或星座不同，反而會提高天王星在合盤當中的影響力。

天王星在第一宮

當A的天王星進入B的第一宮，特別與上升點結合時候，我們很可能因為對方的出現而想要改變自身的外貌、裝扮，或者從根本來改善自己與外界互動的模式。這是因為心理上我們受到對方所屬世代的刺激而有了新的互動觀點，或者我們因為對方的出現，而希望想要表現出我們和年齡相近的人有所不同的地方，所以開始進行外貌或互動態度的改變。

但是我們也必須體會到，因為想要改變面貌，我們必須捨棄舊的身份，舊的對外態度，也有時後因為這種捨棄而帶來一種冷漠疏離的感受，你覺得對方與你的互動保持距離，或許許多人很能夠享受這種不黏膩朋友般的關係，但也有人認為這不是我要的親密關係。有些時候對方的天王星在上升下降的時候，我們必須準備面對一段比較自由的關係。對某些人來說或許會帶來驚嚇的感受（或者我們嚇到別人），例如你因為新的朋友去穿鼻環，卻嚇到了舊朋友或父母，不過驚嚇也有好的，例如驚喜，一種外表或對外態度上帶給他人驚喜也是可能的。

天王星在第二宮

第二宮與財務和自我價值有關，當A的天王星進入B的第二宮時，可能A替B的財務與物質生活帶來了極大的改變。他的金錢態度也可能有著完全不同

太陽　月亮　水星　金星　火星　木星　土星　天王星　海王星　冥王星　凱龍星　南北交

的態度，可能一個過去十分重視物質的人，受到天王星的影響而對金錢產生了疏離的態度，別忘記疏離也是天王星的可能性之一，因此有時會以割捨、捨棄物質來表現天王星對物質的影響。這樣的轉變可能連B自己都嚇一跳，或者他自己因為接受A帶來的改變卻驚嚇到周圍其他人。

事實上，心理占星師更重視A替B帶來一種自我價值和價值觀的突然轉變，A的環境與與B世界的不同帶給B強烈的刺激，無論金錢生活的轉變、或對物質的疏離，但是都十分強烈的，這也會影響到自我價值與價值觀的顛覆，且透過這個特質，使我們對共同的未來有了不同的看法。

天王星在第三宮

當A的天王星進入B的第三宮，他帶來強烈思想與頭腦上的刺激。B可能會覺得因為A的成長環境或生活背景與B的不同，而徹底的顛覆B在日常生活當中的想法，或許B覺得這樣的態度很酷，讓他跟周圍的人完全不同，而決定改變自己的日常生活及想法。天王星進入第三宮之後，很可能A對B的改變與顛覆會驚嚇到B周圍的人，有時甚至對B造成一種震撼的影響。他或許因為這樣而和過去的朋友、同學或是兄弟姊妹而有了「不同的」互動，或者疏離的互

動。如果B不願意接受A所帶來的天王特質，那麼這很可能會引發A以冷漠疏離的言語來對待B。A的天王星在三宮暗示著我們必須學會捨棄過去的想法與觀點，否則疏離與冷漠也可能出現在兩人的溝通與思考連結當中。若我們接受這種改變，則會因為這樣的改變帶來兩人關係的新希望。

天王星在第四宮

第四宮與第四宮的起點（天底）在心理占星當中象徵著根源。當A的天王星進入B的第四宮或與天底合相時，極有可能帶來了一種徹底顛覆的感受。或許過去你牢牢的（在意識層面上）認為自己就屬於這個地方、這個家庭、這塊土地，但是A的出現讓你想要用不同的態度面對根源、家庭、父母，當然家人可能對你因為對方的轉變而感到驚訝，有時也可能會讓你覺得因為他，而使你和家人顯得更為疏離。

在心理占星學上，若沒有個人的意願，這些事情是不會發生的。就算你認為自己是因為對方而與家庭疏離，事實上，很有可能是你在無意中有脫離過去的家庭、想要改變家庭的想法。對方的出現不過帶來一個推動的力量，如果你從來沒有改變的念頭，那麼你可能會與對方產生歸屬感與安全感上的疏離，兩人的態度也可能轉為較自由或冷漠，也

太陽

月亮

水星

金星

火星

木星

土星

天王星

海王星

冥王星

凱龍星

南北交

可能親密度因此降低，這些都是天王星原型所帶來的可能性。但比較容易為人所接受的，是我們用天王星的超然與客觀立場，來看待歸屬感安全感和家庭的互動。

天王星在第五宮

當A的天王星進入B的第五宮時，因為對方的環境或他的時代背景，帶給B一種我們就是不一樣，而且因為不同才讓彼此之間的互動更為有趣。第五宮的娛樂冒險特質，與天王星的刺激特質在這裡比較能夠產生共鳴。所以欣賞彼此展現出來的不同，理解彼此的喜好不同將成為這段關係的重點。同時因為第五宮象徵著個人的目標，所以因為A的出現，帶給B一種個人目標的激烈改變，B可能必須捨去過去的目標和過去的喜好，朝新的方向前進。同時也因為不斷的激盪出新的火花與容許改變的空間，而讓這段關係更有成長的機會。

天王星的兩個原型特質會對第五宮產生重要影響，由於第五宮象徵喜愛的人事物，其中一種可能性是天王星用激烈極端來展現在我們喜歡的人事物。例如在短時間瘋狂的愛戀某個人，但是如果時間地點無法搭配的話，或許天王星會選擇切割、分離與疏離的可能性來展現。

天王星在第六宮

在傳統占星學的範疇當中，第六宮象徵著工作與健康，而心理占星學用每日生活的規律行動來包含這些範疇。當A的天王星進入B的第六宮時，象徵A有可能徹底顛覆B生活的規律，或許B是一個每天定時上班下班回家睡覺的人，但A可能是一個生活態度不同的人，如果這是一段親密關係的話，影響可能相當重要，因為我們不得不關注A對B的生活帶來的改變，這很可能會讓兩人有許多事情都需要溝通協調。A對B的幫助會讓B用不同的態度來面對工作、面對健康、面對每天的生活態度，或許A與B兩個人希望去達成一個共同目標，但是B必須用全新的生活作息來達成。有些時候也可能是A帶給B一個完全不同的健康觀念，或許B是一個夜貓子，A卻是個朝九晚五的上班族，為了找到共同的時間，B或許開始調整自己的作息，好讓兩個人的關係有新的變化，否則有些時候我們會看見雙方互相責怪、或以分離或疏離來展現。

天王星在第七宮

當A的天王星進入B象徵伴侶互動的第七宮時，暗示著天王星的不同面貌可能展現在兩個人的互動關係當中。許多觀念較為傳統的占星師，很不看好代

表疏離冷漠的天王星進入代表婚姻與關係的第七宮，他們甚至會大膽預言這樣的伴侶關係不容易有結局。

心理占星師並不這樣認為，反而認為這樣的伴侶關係更應該因此學會尊重兩人的不同，這反而會讓雙方互動更為愉快。天王星象徵不同，如果兩人有一段與眾不同的關係，那麼天王星的特質可能用不同的態度來呈現而非疏離。如果兩個人都非常尊重彼此的個人自由與空間，那麼就更理所當然地可以接受彼此的距離。如果我們用遙遠的夢想與自我改變來看待天王星，那麼這一段關係亦可能替我們帶來對待伴侶方式的重要改變，用一種非常客觀非常超然的立場，更為尊重他人空間的方式呈現。事實上每一個人對待伴侶關係的態度不同，在一段天王星進入七宮的關係當中，我們必須在伴侶關係當中保持彈性與調整。

天王星在第八宮

當A的天王星進入B的第八宮時，帶來了面對生命危機轉變的重要機會，天王星就如同一個強烈風暴一樣，捲進我們儲存生命黑暗的第八宮。這可能象徵A會攪亂B對生活當中的恐懼，同時讓B用不同的態度來面對過去恐懼的事情。乍看之下，這似乎是一件好事，特別對於許多希望追求心靈成長的人來

說，帶來了轉化的關鍵。但由於天王星的特質較為激烈而且突然，所以我們無法預期，亦可能因為突然遇到的危機而受到驚嚇。然後因為這樣的極度驚嚇，使我們意識到如果我們用不同的態度來面對這些過去不願意面對的事情的話，A可能提供一種超然的立場來支持我們，或許可因此擺脫過去的恐懼，甚至可能因為這樣而增加更多的生命力。

在我們還沒準備好的時候，我們可能會拒絕對方帶來的改變機會，那麼這時候天王星很可能會以冷漠切割的態度來面對這些恐懼，但同時我們會意識到這樣的態度，事實上也拒絕了更進一步的親密關係發生的可能性。

天王星在第九宮

第九宮代表著信念與理想，這暗示著當A的天王星進入B的第九宮時，暗示著因為A與B的互動而替B帶來一種思想與信念上的徹底顛覆。這種改變有可能非常的激烈，甚至可能一夕之間豬羊變色，因為天王星喜歡用最快速最突然的特質來改變一切，而且改變得相當徹底。當然不同的人也會帶來不同的天王星特質，或許對方帶給你的是思想與信念的驚嚇，他的環境與他周遭同齡的人的想法，對你來說簡直跟外星人一樣，也因此，若要和這樣的人產生更多的互動，我們很可能要有信念上的轉變

案例24　蘇珊莎蘭登與提姆羅賓斯

在好萊塢要找出一對相知相守數十年的銀色情侶還真的少見，蘇珊莎蘭登與提姆羅賓斯這一對伴侶，生兒育女相守十多年卻一直都沒有結婚，但是卻不減他們對彼此的熱愛。女影星蘇珊莎蘭登被譽為是實力派的女影星，被提名過無數次的奧斯卡女主角，始終與小金人擦身而過，直到1995年演出男友執導的電影Dead Man Walkin（台灣翻譯為：越過死亡線，港譯：死囚168小時）才一舉獲得奧斯卡金像獎，也開啓了提姆對電影執導的名聲，進而轉向電影幕後的製作工作，其中包括了編劇導演與製作人的工作，但他仍然不時會參與演出。

這一對伴侶年齡相差懸殊，相差了12歲，但是他們的宗教信念以及政治觀都十分的相近，透過這些共同點和彼此的支持，他們生下了一對子女。天王星的影響在年齡差距較大的伴侶上比較明顯，若我們觀察蘇珊莎蘭登的星盤，她的第七宮守護是月亮，並且落入摩羯座且與上升合相，象徵著她對婚姻與伴侶生活的重視，而她的第七宮有土星冥王合相，或許傳統占星師會說婚姻並不十分的愉快，但我們可以說對於婚姻與伴侶關係來說，蘇珊莎蘭登需要更多的確信與安全感。我們如果因此就判定她需要一個實質穩定的伴侶關係，那又太過急躁武斷了。蘇珊莎蘭登的天王星落入第五宮，金星同時與天王星緊密的150次要相位，暗示著若忽略情感上的自由與解放，很可能會帶來許多焦慮與困擾，如何在這當中取得平衡，則是她情感上的重要課題。

然而在兩人的星盤互動當中，蘇珊莎蘭登的金星與提姆的天王星呈現四分相，而提姆的金星與蘇珊的天王星也形成四分相，這樣自由奔放的情感和與衆不同的態度，是兩

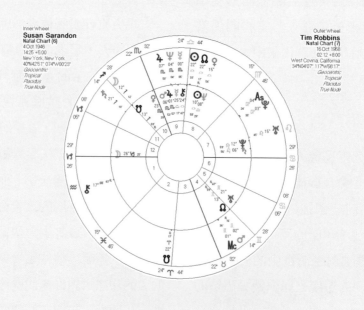

蘇珊莎蘭登與提姆羅賓斯

人情感獲得共鳴的重要互動。同時我們發現提姆的天王星正好落入蘇珊的第七宮，不尋常的伴侶，提姆的確不尋常，包括身高（在好萊塢當中提姆的身高相當醒目）。兩人相守許多年都不願意踏入婚姻，蘇珊曾經公開的表示，因為兩人認為結婚會讓彼此失去自我，因此他們寧願保有各自的生活空間。這不但反映了她自身的金星與天王星第五宮的特質，也透過提姆來呈現出這樣與眾不同的伴侶態度。此外，兩人有許多行星的合相以及土星的強烈互動，暗示著彼此之間的緊密連結並不會因為不結婚而有什麼影響。

或用客觀的態度來看待。

當A的天王星進入B的第九宮時，也可能暗示在B的成長道路上出現了激烈的轉變，他對世界的看法可能突然不一樣了，他的人生觀可能變得超然而且客觀。

第九宮往往象徵我們的夢想，很可能是因為追尋夢想而改革，或選擇生命的改變，當然也可能因為改變而達成新的目標。

天王星在第十宮

天頂與第十宮是每張星盤當中相當重要的位置，代表著我們與權威的互動、我們追求社會地位的特質。當A的天王星進入B的第十宮或天頂時，象徵著A的時代背景和他周遭的人所認同的理想與未來目標，對你來說徹底的改變你對社會地位的看法。我們可能會因此展現出一個重要的生命轉折點，因為他暗示著，因為A，而讓我們去追求和過去不同的社會地位，也可能是提供給我們一個新的追求地位的機會。天王星所

提供的另一種可能性是，我們用一種更為超然或冷漠的立場來看待世俗世界，以及看待權威和權力的互動。

同時，這也極有可能暗示著受到對方的影響，使得我們想要掙脫過去那些管理我們的人。這樣的態度可能來得很突然（別忘記這是天王星的另一種特質），也因此突然驚嚇到生活周圍較為親密的家人、父母、長輩、權威上司等。有時雙方太過強烈的天王星互動，會導致與對方或父母家人產生明顯的疏離關係。

天王星在第十一宮

我們瞭解對方天王星進入我們的某一特定宮位時，常在那個領域帶來驚嚇，但是在心理占星學當中，天王星與十一宮有許多高度的同質性，也因此天王星進入十一宮並不會顯得突兀。每個人的天王星都暗示著我們共同的理想，或者稱為：我們這一代的理想，而十一宮也有著相似的味道。

當A的天王星進入B的十一宮時，

象徵著A那個年代的目標與夢想獲得B高度的認同，他很可能在無意識當中想要追求相同的理想。他願意接受那樣的特質，同時認為這樣的特質是讓他變得更偉大的目標，可以讓自己脫離過去的窠臼。也因為想要達成這個的偉大目標，而需要認識志同道合的夥伴，所以B可能因為A而認識許多個性獨立且特別的朋友，目標相同卻不至於產生牽絆，引導他走向獨立自主不受他人影響的道路。但事實上，A的天王星也可能會讓B因為理想的改變，而和過去的夥伴產生冷漠疏離的狀態。

天王星在第十二宮

當A的天王星進入B的十二宮時，暗示著A所帶來突如其來的改變，很容易刺激B追求更高層次的精神提升。我們可能不斷地尋找生命當中的生存價值，不斷地尋找生命當中的意義，這往往是許多存在主義文學作品或心理學家所探討的「孤獨感受」，天王星與十二宮都很容易讓人聯想到孤獨的體驗，但是確有著不同的呈現。當對方的天王星進入這個地方時，相當容易撞擊出思想的火花。當A的天王星進入B的十二宮時，他可能徹底顛覆B對孤獨的看法，也可能B在過去的生活當中從來都沒有注意到這些事情，他也不知道為什麼自己這麼容易感受到徬徨無助與孤獨，但

直到A的出現，他帶來了一種震撼的觀點，讓B可以用不同的角度來看待生命或孤獨這些事情。也透過不同的理解而帶來全新的生命轉變。

當A的海王星落入B的宮位

海王星在合盤當中帶來了夢想與單純的理想，或許對方從來沒有承諾過你一座玫瑰花園，但是他的海王在你的第七宮時，或許你已經被他的溫柔與纖細的情感給打動，以為他也願意在一起，他沒說什麼你就已經開始著迷，也因此帶來許多誤會產生。誤會、混亂、迷失自我，往往是海王星在星盤當中的作用力，但同時也帶來一些追逐夢想的傻勁與勇氣。

海王星在第一宮

當A的海王星進入B的第一宮，特別在合相上升點的時候，帶來了自我的迷失，當A靠近B的時候，B常常什麼都不管了，我們常常在許多瘋狂不顧一切的關係當中看到這樣的互動。海王星在心理占星的意涵中，有渴望與整個世界擁抱結合的渴望，擁抱他人則是第一個步驟。在這個過程當中，B很可能會一頭栽進這段關係當中，拋棄自我願意為對方付出一切，甚至不顧外界的眼光就是要和對方膩在一起。因為我們在對

方身上看到那種讓我們產生強烈失落感的夢幻特質，使得B如同被催眠一樣瘋狂的展開行動。某種程度上，A會讓B有種與現實產生脫節的感受，有時B真的完全不知道自己正在做什麼。記住！如果年齡相近時，這樣的特質有其條件限制，他往往只會發生在A的海王星比B還要靠近上升，且與上升點合相時才會出現。

海王星在第二宮

當A的海王星進入B的第二宮時，可能帶來一種虛幻的自我價值以及較為單純理想化的價值觀，有些時候這樣的價值觀可能與現實有些脫節。周圍的人也往往搞不清楚當這兩個人湊在一起時，會是如何看待金錢與價值。有時後他們會以一種生命誠可貴、愛情價更高的態度來面對。我們常看到那種不切實際的自我價值，往往以貶低自我價值好讓自己為對方犧牲來呈現。有時因為B在這段關係當中對於物質有著太過浪漫的看法，也高估了自己的財務狀況，在受到A的影響下而產生一些財務上的問題。例如他可能認為A將會給他財務上的支持，但事實上A並沒有這樣表示，這很可能只是B一廂情願的想法，最後可能因為這樣的問題而產生爭執。不過這只是A的海王星在B的二宮時某種可能性的呈現。。

海王星在第三宮

第三宮象徵言語和溝通，所以當A的海王星進入B的的第三宮時，A可能會在言語思考上刺激B，較為正面的反應是兩個人用較為溫柔關懷的言語溝通，也可能兩個人的溝通言語當中充滿了想像力。但是這種過多的想像力或是太過單純的想法，很可能因為兩個人在興頭上說了些什麼玩笑話，讓B變得很認真，最後弄清楚時才知道只是誤會一場。海王星的模糊與夢幻的言語往往是很隨性的，透過B的第三宮，A可能不知道自己說的夢幻理想，被B當真還以為真的可以在生活當中這麼做。第三宮同時象徵著鄰居關係與兄弟姊妹的關係，A很可能影響B，用一種較為單純善良或者輕易相信這些人的態度，我們常說他可能用玫瑰色的眼鏡看待周圍的一切，當然這也就增加了釐清現實的時候，失落與失望的可能性。

海王星在第四宮

從物質層面來看，當A的海王星進入B的第四宮時，可能會增添對於居家環境的浪漫情懷。A可能認為B在居家環境與布置上可以發揮更多的想像力，受到A的影響，B可能對家庭環境與家具的擺設多了更多的幻想，並且可能為了布置居家環境而犧牲許多其他的事

物。除了物質層面之外，他可能替B帶來一種安全感與歸屬感的迷惘，有時是一種對家庭的過度期待，這樣的特質也很可能反映在B與父母的關係當中。B想要實現那些夢想中的家庭關係，這很可能造成因為在現實生活當中無法達成而感到沮喪。海王星同時象徵著為了事物而犧牲，受到A的影響，B可能為了A，而對家庭、父母、還有居家環境有所犧牲，或者為了這段關係而犧牲與家人相關的互動。

海王星在第五宮

當A的海王星進入B的第五宮時，海王星無邊無際的幻想會透過B的創意顯現出來，A可能認為B對於自我的呈現以及創意的展現上應該更不受拘束。有時會鼓勵B對自身的才華做更多的嘗試，當然也可能更刺激B在創意上盡情的呈現。這樣的狀況特別適合雙方都有一些創作的興趣，將無窮盡的想像力發揮在其中。第五宮掌管那些我們所喜歡的人事物，而海王星的幻想、衝動或單純的理想情節很可能會出現在戀情當中，幻想著愉快的假期、子女成群這一類的事情。適當的幻想與衝動能夠刺激情感的增長，但如果其中一方感情態度較為實際，或是用了過多的幻想在情感上（擔心被拋棄也是一種幻想），很可能在某些時候（現實發揮作用的時候）

反而帶來嚴重的失落感受。

海王星在第六宮

第六宮象徵著我們每天的生活，是星盤當中較為實際的層面，當A的海王星進入B的第六宮時，往往帶來一種想要逃離日常生活常軌的感受，最明顯的是如果B原本是一個朝九晚五的上班族，因為遇上了A，而開始有一種想要從日常生活的規律當中逃脫的感受。他或許想要成天跟對方膩在一起，也或許上班上學時心不在焉，但這都只是其中一種可能性。另外的可能性還包括了受到A的刺激，而在生活或工作當中發揮幻想力，也有可能其中一方覺得另一方是生活白癡，需要自己犧牲更多的時間來照顧。有時這也會造成對於下屬和工作夥伴（雇用的對象）有著過份的期待，這樣的關係如果涉及工作與雇用關係時，雙方都需要更為謹慎。如果遇到這樣的狀況且影響嚴重干擾生活時，比較適當的方式是在生活當中追求與藝術、宗教、精神成長有關的事物來尋求支持。

海王星在第七宮

當A的海王星進入B的第七宮時，往往刺激了雙方對於伴侶生活的幻想，適當的幻想可以帶來朝著夢想成長的熱情動力。但有時海王星帶來一種對於夢

想的狂熱，同時因為這樣的熱情而沖昏了頭或失去自我的時候，就很有可能發生為對方、或為了一段關係而不顧一切的冒險衝動。而A的海王星進入B的第七宮或下降點時，有時會讓A誤以為對方正是我的理想情人，或因為A的某一點特質契合夢想情人，而忽略其他該注意的缺點。有時我們會對對方有著過多的幻想與期待，把很多不切實際的夢投射在對方身上，這也是對對方不太公平之處。所以當海王星出現在第七宮或下降點時，AB雙方都應該更為注意，不要讓過多幻想干擾了正常的生活。

海王星在第八宮

當A的海王星進入B的第八宮時，有很多需要注意的事情，對於B來說很可能對於對方的幫助、援助或合作投入過多的期待，這時特別要注意和對方釐清有哪些事情可以共同分享的，而不是一廂情願的在物質資源上依賴對方，這很容易引發很多的誤會。這樣的關係若涉及金錢與資源的合作時更需要小心，很多事情都要白紙黑字並且一一釐清。對於親密關係，當中有許多可能性，透過性愛的緊密結合而讓兩人有一種彼此擁有的感受是不錯的，在性愛的過程當中有許多夢幻般的感受，海王星特別容易帶來水乳交融的感覺。不過海王星的影響是在親密關係當中，有時也可能因

為太在意彼此，而擴大了心中的憂慮和恐懼，但若能夠瞭解這不是單獨一人的問題，而是所有人在生命當中都要面對的事物時，或許會對我們在面對恐懼時有更多的瞭解與幫助。

海王星在第九宮

第九宮象徵著思想與信念的成長，當A的海王星進入B的第九宮時，帶來了一種較為單純而且高度理想化的情懷，A的本意或許不是這樣，但是這很可能會引發B對於信念上的狂熱或誤解，就如同有個笑話是女友勸男友信教，最後男友卻出家當和尚一樣。A可能只是認為B在想法和人生觀上應該更放得開，或者對於不同想法、不同人生觀、不同宗教的人可以更加包容。

同時在心理上，A可能帶來一種對於遠方或者未來的高度期盼，認為如果到不同的地方去會更好或者擁有美好的未來等。對於能夠釐清夢想與現實的人來說，這樣的影響僅只是一個美夢，但對於較為夢幻的人來說，可能會因為這樣的想法而開始瘋狂的行動。

海王星在第十宮

當A的海王星進入B的第十宮或天頂時，對A對B的影響將十分顯著，並特別容易呈現在眾人的眼前。A可能把他的夢想或他所狂熱追求的東西，帶入

太陽

月亮

水星

金星

火星

木星

土星

天王星

海王星

冥王星

凱龍星

南北交

案例25　史密斯夫婦（Brad Pitt v.s Angelina Jolie）

　　當然這個案例不是真的叫做史密斯夫婦，而是因為合演史密斯夫婦這部電影而瘋狂陷入情網的小布和裘莉。這對搭檔真的是好萊塢的性感偶像，布萊特是許多女孩心中的金童，而安潔莉娜裘莉更是許多男士心目中的性感女神，就在拍攝這部電影之後。小布離開了多年的伴侶珍妮佛安妮斯頓，並且與裘莉生下了三名子女，還和她共同領養許多小孩。

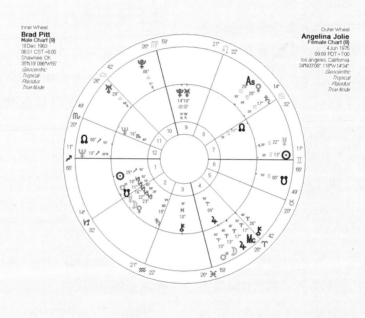

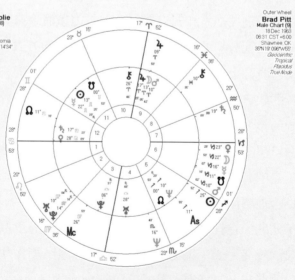

史密斯夫婦（Brad Pitt v.s Angelina Jolie）

究竟這樣的天雷勾動地火在星盤當中有沒有顯示呢？有的，而且還真的十分好萊塢！如果你們知道海王星在占星當中主導了視覺幻覺，同時也與電影藝術有明顯的關連話，你就會猜想這一對好萊塢金童玉女的互動當中應當少不了這樣的情節。首先我們要瞭解到小布的星盤上海王星守護天底，象徵著家庭，這也暗示著他對家庭有著某種程度的期盼，不同的人選擇不同的態度來面對，有人努力地追求，有人知道這個夢想不太可能所以乾脆裝作沒這回事。然而海王星進入十一宮，暗示著可能需要透過家庭的互動來幫助自己成長。當然在這兩者當中輪流來回體驗的人也不在少數。安潔莉娜的海王星守護第九宮，象徵著信念與遠方，且進入她的第五宮，在現實生活當中裘莉收養的小孩幾乎都來自於其他國家，整個家庭就像是一個小聯合國一樣，這也非常符合她的星盤的描述。

　　接著我們來看看他們兩個星盤的交互影響，若我們將裘莉的星盤置於小布的星盤之上，你會發現相當令人驚訝的組合，裘莉的海王星竟然就牢牢的黏在小布的上升點，上升點是一個人與他人的互動，而海王帶來了迷失自我與夢幻的特質，或許對小布來說，遇到裘莉簡直讓他有作夢一般的感受，在影片中合演的夫婦到最後竟然延伸到現實生活當中，也或許有人會說小布因為裘莉的出現而迷失了自我，這也是其中一種可以解釋的方向。反過來看從小就渴望家庭溫暖，以及一個可以負責任的父親的裘莉，遇到小布的海王星進入她的第四宮，無論是不是真的，但是裘莉把小布在家中的形象過度的理想化，或許小布真的有那麼些期待浪漫家庭的特質（雙魚天底），但是裘莉也可能硬是把她自己幻想中的家庭透過和小布的結合來實現。這也難怪在現實生活當中我們看到這種夢幻家庭的形象，但又覺得有那麼一點虛幻的感受。

了B所要面對的公眾場合，例如他影響了A對老闆或父母的態度，或者他明顯的影響了他對世俗事物的看法。海王星的夢幻特質可能是其中一種，可能讓他瘋狂的追求世俗事物，或讓他以較為精神的態度面對世俗的一切，這的確都可以是海王星特質的呈現，但我們自己會有所選擇，並不能夠只說是對方的影響。在第十宮時也有相當有趣的特質，如果兩人的互動合作更密切，B可能透過自己的專業來解讀或幫助A發揮他的海王星特質，當然這必須是A本身有強烈的海王特質可以應用在事業與世俗事物上，才會增加這種可能性。

海王星在第十一宮

　　當A的海王星進入B象徵自我革新與改變的第十一宮時，暗示著可能A的夢想影響了B對未來的期許，也可能影響兩個人的共同目標，讓B對兩個人的共同目標有一種狂熱。或許原先B並沒有什麼興趣，但是A的出現讓他像是著了魔一樣的追求這樣的共同目標。十一宮也象徵著與團體的互動，可能透過A

的精神、宗教或者藝術的影響，讓B認識更多志同道合的夥伴，但是必須注意海王星的其他特質，因為它同時暗示著誤會、誤解、覺得自己被騙了，或者為了這些共同的目標、大眾的利益、公共事務（環保、保護動物、政治議題）、或者團體的影響而犧牲。更常見的是海王星的狂熱讓B一頭栽進去，等到看清事實的時候往往有些失落感（有點像是夢醒或知道被騙的感覺）。

海王星在第十二宮

　　海王星與十二宮有著高度的同質性，當A的海王星進入B的十二宮時，強調了有一種迫切想要超越個人心中孤獨感受的需求。在整個過程當中，B很可能因為A對於一些事物的看法（通常是來自於A的環境背景和同儕之間的共同看法），引發了一種無法無法掌握人生、無法掌握自我的不安。由於強烈的共鳴，B會想進一步的追尋更深層的瞭解，或者尋求其他方式來抒發這樣的焦慮與不安。藝術、宗教信仰、靈修是我們常見的方式，這很可能引發B不斷在人生當中追求這些事物。海王星的熱誠很可能會讓B瘋魔一樣的追求，這並不能說是件壞事，但有些時候海王星會盲目我們的判斷力，讓我們以為緊緊的抓住一些事情就可以超越這些問題，事實上，反而因此忽略真正重要的是兩人之間的關係，以及如何透過兩人的關係來共同面對這一切。

當A的冥王星落入B的宮位

　　冥王星暗示著我們內心的共同恐懼，這些共同恐懼通常與生存主題有關，然而也可能暗示我們顯示在自己人格特質當中的陰暗面，或者不愉快的回憶。當A的冥王星進入B的宮位時，B察覺當自己做某些事情的時候，容易帶來A內心當中的不愉快帶來迫切的危機，或有可能感覺到一些神祕或者彼此威脅的感受。同時A可能透過對方的某個層面投射，看出自己不得不面對的共同恐懼，而那些我們想要逃避的事情卻一再地透過對方顯示出來。我們可以選擇繼續逃避，或者面對以進一步得到轉化與隱藏的力量，這對伴侶關係來說會更有意義。

冥王星在第一宮

　　當A的冥王星進入B的第一宮時，A往往認為B對外互動的態度、與人的相處這一類的事物，觸動了內心當中的神祕感受，並可能進一步的想要去深入挖掘真相，或者也可能避之唯恐不及。特別當A的冥王星比B的冥王星還要更靠近B的上升點（或者與B內行星產生緊密相位時）這樣的狀況更為明顯。有

時B會被A的一些神祕特質給吸引，因為那可能是自己所追求的一種互動方式，關於安全感以及如何隱藏、保護自己，或者擁有強大控制力量的特質（或許A本身並不自覺）。

對A來說，B有可能不斷地將自己不想面對的一些宿命般的情節，突顯在兩人的互動當中。B通常並非有意，這很可能也只是A個人心靈陰影的投射，但也有可能忍不住怪罪對方，造成關係當中的不愉快。對A來說，B不過是在提醒自己有些對自身的擔憂是永遠無法逃避的，何不透過這層伴侶關係攜手共同面對？

冥王星在第二宮

第二宮與價值觀、物質帶來的安全感有關，當然也與金錢有著密切的連結。當A的冥王星進入B的生活當中時，B可能覺得A對自己的物質層面有著明顯的影響，B可以看到他的不安（通常可能是生活環境的影響），或是覺得對方會對自己的物質生活帶來一些無形威脅。B看得到對方在物質層面的恐懼與害怕，或者看到A並沒有察覺到自己在物質層面上擁有待開發的強大力量，而這很可能關於金錢與自我價值的議題，正是兩人相處的地雷區。這有可能是B察覺到A在金錢與物質上想要藏些什麼？或者有什麼不想觸碰的事件。

但是透過兩人的深入探討與共同面對之後，有可能創造出更有利於兩人的物質生活與價值觀。A在這段關係中，必須學會面對一些自己過去並不願意面對的金錢課題、價值觀、自我價值問題，一些深深被埋藏在記憶深處，想要遺忘的關於物質與價值的事件。

冥王星在第三宮

當A的冥王星進入B的第三宮時，在思想言語上有著強烈的刺激，A可能會覺得B常常把自己心中不願意說出來的真相、恐懼與害怕，用言語、文字或者在兩人溝通的時候表達出來。這種可能性是較為溫和的。有時有些人會覺得怎麼B說話都帶刺？或者怎麼B說話這麼討人厭？或者覺得B常語帶威脅。但事實上可能B說的只是事實，但卻可能已涉及A心中那些不願意面對的事實，因此而認為B說的話不動聽。對於B來說，有可能他看到A的一些不安之處想要點出來，卻意外的遭到對方的反擊而感到委屈。事實上B有可能是好意想要幫助A去開發他認為是A自身所忽略的隱藏力量。

對於A來說，B的言語以及他對周圍事物的態度有時會讓自己感到不是那麼舒服，但這很有可能是A自身問題的投射，A應該深入探索究竟是什麼問題，同時不要急著認定是對方的問題，

太陽 月亮 水星 金星 火星 木星 土星 天王星 海王星 冥王星 凱龍星 南北交

太陽

月亮

水星

金星

火星

木星

土星

天王星

海王星

冥王星

凱龍星

南北交

應先深入探索自己可能遇過哪些相似的不愉快體驗，才會造成這樣的投射。接著與對方討論該如何藉由共同的力量，改變自身的態度與恐懼。

冥王星在第四宮

第四宮與天底的位置都象徵著家庭，特別當A的冥王星進入B的第四宮或者靠近天底時，都暗示著冥王星對兩人關係的重大影響。B很容易在家庭或者與父母的互動當中察覺出A的一些不愉快經驗，甚至會覺得A的一些神祕或無從解釋的行動，已影響到兩人的家庭生活，以及兩人和彼此父母的態度，而更深層的，也影響到彼此之間相互連結的歸屬與安全感。這部份可能是A極度不願意觸碰的議題，雖然B認為可能需要進一步討論或深入挖掘，才能改善兩人的關係，但是也必須經過A的認同才有可能改變。A可能會覺得每當B提起家人和家庭事物時，就有一些壓力、威脅與不愉快，或許我們會誤認為我們對安全感、歸屬感或家庭的概念不同，這的確是一種可能，但自於兩個不同家庭的個體要結合在一起時，雙方都必須作退讓與改變，在不愉快發生的時候，A可能必須去想一想是不是有些過去在生活當中的不愉快事件，在此時有熟悉的不愉快感覺（也不一定與家庭有關但是能夠引起連結的），透過這樣的連結繼

續深入探索，然後讓兩人共同討論出面對的方式，藉此結合彼此的力量超越這一層恐懼，並帶來兩人更親密的歸屬感受。

冥王星在第五宮

當A的冥王星進入B的第五宮時，常常引來一些極端的結果，親密關係可以在此緊密連結，但也可能因為誤會與誤解而使得親密關係成為嚴重的對立。由於冥王星涉及內心當中深層的恐懼與危機意識，而第五宮卻喜歡將事物呈現出來，有些時候可能會帶來一種故意將不願意面對的過去揭發出來誤會。但也有可能是透過一種熱情與關懷的幫助，來治療彼此對過去的陰影以及不愉快，並進一步帶來緊密的關係。A很可能會覺得當B表現自己的時候，常常忽略A的不愉快感受，例如A開的玩笑或他覺得好玩的事情，對自己來說有一種莫名其妙的恐懼，或者深層的厭惡。這時候我們都知道需要溝通，但不是說請你不要這麼做，而是而是雙方或許可以一起討論，為什麼當B覺得這些好玩的事情會讓A覺得討厭？是哪些過去的恐懼帶來的連結？或許透過這樣的討論，可以協調出一個共同面對危機的方式，進一步地讓兩人有獲得深層結合力量的可能。適當的互動下A的害怕與恐懼可能成為B的創作題材，在雙方都認可的情

況下進行這樣的發揮與創作，不但可以幫助雙方進行轉化，同時還可以增進彼此關係的親密程度。

冥王星在第六宮

第六宮屬於每天的生活規律，當A的冥王星進入B的第六宮時，有可能暗示著B在每天的生活規律當中感受到A的不安，進一步地也引發出自己的焦慮。這些不安的狀況很可能是生活的模式，例如飲食的狀態（挑食？暴飲暴食？）、工作的模式（太常熬夜？或鬆散的日子）。在這些日常生活的雞毛蒜皮的小事當中，B有可能不斷感到A的干涉。同時A也會覺得B的工作態度和健康態度，為他帶來一種不愉快的感受，而且似乎有很多需要改善的地方。在互動當中他可能透過不斷的挑戰，來讓對方知道他的工作態度或生活模式還有很多需要改變的。有時第六宮的不對等會讓B有一種自己怎麼跟個二等公民一樣，老是受到對方的指揮。只有單方面的接受與改變，對雙方來說都會是一大傷害，A可能需要面對心中的不愉快與恐懼的根源，而B需要瞭解A的用心良苦，雙方可能都需要加強溝通並做出改變，才有可能發展更親密的關係。

冥王星在第七宮

第七宮與第七宮的起點（下降點）

在星盤當中有著強烈伴侶關係的暗示。當A的冥王星進入B的第七宮時，冥王星的迫切危機感很容易出現在伴侶的互動當中，這時候所影響的不能單純的以究竟A影響B或B影響A來看待。因為伴侶的互動當中是雙向的，A本身可能具有符合B所期待的神祕吸引力，或可能是希望求得緊密連結的安全感而被A強烈吸引，而B所散發出來的伴侶互動關係，也可能讓A輕易地把一些自己內心無法說出口的事物投射在他身上。有可能十分的眷戀，卻又害怕面對一些屬於自己內心當中的陰影和黑暗面。雙方在這樣的關係當中拉扯，如果不深入探究，往往可能會有許多摩擦產生。也有可能兩人都願意深入探討彼此對伴侶的態度與內心的陰影，這時候兩人的關係反而會更緊密。人生課題的覺醒，或是使雙方更有勇氣面對生命的力量，都將透過這樣的互動呈現。

冥王星在第八宮

第八宮與冥王星有著相似的關聯，當A的冥王星進入B的第八宮時，危機與深層轉化的主題將很明顯的影響這段關係。特別當A與B雙方的冥王星都不在自己出生圖的第八宮時，這樣感受更為深刻。這樣的深層危機會讓兩人用極端的態度來面對，很可能決定緊密的結合在一起，共同面對一些人生必須面對

太陽

月亮

水星

金星

火星

木星

土星

天王星

海王星

冥王星

凱龍星

南北交

案例26　父親的天命與神祕的吸引力（Johnny depp v.s Vanessa Paradis）

　　強尼戴普（Johnny Depp）是許多女性心目中的性感偶像，雖然他本人極欲擺脫早年在美國演出偶像劇的角色，但是性感的形象卻早已深植人心。他的感情生活也十分的活躍，曾經結過一次婚，之後有許多的同居女友，其中最有名的包括世界頂尖名模凱特模斯，他一直到1998年遇到法國女星凡妮莎巴哈迪時才安定下來，兩人共同養育一對子女。

　　說起凡妮莎巴哈迪，或許許多朋友都不知道是誰，她早先的演藝事業放在演唱上，但是最受人關注的卻是她美艷的外表，以及擔任香奈兒香水COCO的廣告代言人（以香奈兒創辦人為名）。

　　強尼戴普看似放蕩不羈的浪子，本身的星盤上有著金星水星在十宮，且四分土星的強烈自我價值的質疑。對於情感的懷疑態度，以及明顯的強烈深入探索自我價值的需求。他在年輕的時候因為家庭的不愉快而有嚴重的自殘傾向，我們可以從本命盤當中天王火星與冥王星合相在一宮與二宮交界處，看出這種極端追尋自我存在與自我價值的衝動。冥王星與火星都同時守護他的第四宮，成長時期不安定的家庭環境對他來說造成不安，亦是生命當中需要挑戰的課題。月亮在摩羯座四分木星，顯示出來自雙親的疏離也可能是一個面對情感與親情時需要解決的心結。

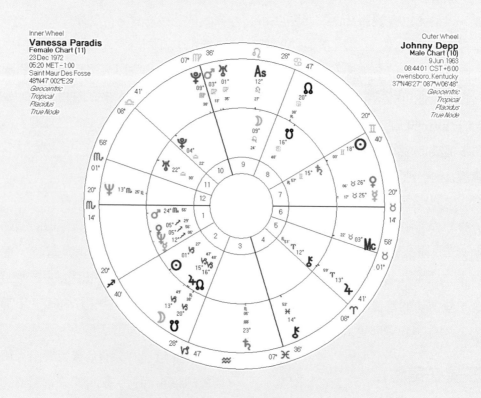

父親的天命與神祕的吸引力（Johnny depp v.s Vanessa Paradis）

若我們對照他與凡妮莎巴哈迪的星盤，凡妮莎的月亮緊密的合相戴普的上升，象徵著她能夠提供戴普生活當中所需要的關懷與溫暖，更能夠透過她投射出他內心當中渴望呈現出來的柔性層面。兩人星盤當中分別有金星火星對分，與金星火星四分的同時交會，這對合盤來說，暗示著彼此之間的情愛可以互相激盪得相當強烈。

　　更有趣的是戴普的冥王星落入凡妮莎的天頂，如果我們仔細觀察凡妮莎的演藝事業，幾乎在認識戴普的兩年後呈現停滯的狀態，因為兩人在相遇的第一年就已經有了愛的結晶，第二個小孩也在2002年誕生，不難推測兩人將生活重心放在子女身上，僅在少數的影片當中現身，以及持續代言香奈兒產品的工作。凡妮莎的太陽在合盤當中落入了強尼戴普的第五宮，象徵著重心轉移至對方以及與子女相關議題上。它同時也影響了強尼戴普，戴普對於他們的情感很低調，也不喜歡公開談論他們的私生活，但是卻毫不諱言地表示子女對他的重要性，認為子女的出現讓他體會到成為父親並不是一種有意識的決定，像是宿命一樣的出現在生命當中。

　　戴普青少年時面對的家庭問題，使他對於家庭和親密關係產生許多必須解決的課題。但透過與凡妮莎星盤的互動，將他本身的家庭陰影課題，透過擔任父親（戴普的冥王星轉入凡妮莎的天頂，象徵雙親的位置）來面對過去的不愉快。這些都是星盤當中對兩人互動關係的呼應，更有趣的是凡妮莎在沉澱一段時間之後，於2008年再一次的推出風格迴異於以往的新專輯，一推出就獲得歐洲多項音樂大獎，這正也符合伴侶的冥王星合相天頂對自身重新探索，對自己在社會上重新定位的重大改變，以及所獲得的力量。

的課題，或者因為過程當中需要不斷深層探索，容易挖出許多不愉快的記憶，而選擇逃避這樣的互動。更明顯的是這樣的關係很容易與金錢、權力、性以及其他個人生活當中的陰影扯上關係。冥王星與八宮的事物屬於我們內心不願意面對的事物，透過A出現在B的生活當中時，會讓B有一種遇到命運又逃不開的感受。而A也可能在這樣的互動當中有著相似的感受，但他可能不知道自己所帶來的影響如此的明顯。事實上這可能是對方自我恐懼的投射，但我們都可能透過這樣的互動，更加深自身對於許

多人生無法掌握事物的瞭解。若能夠結合彼此的力量與資源共同探索這一塊領域，將有可能在成功挑戰之後，有著更緊密的結合關係。

冥王星在第九宮

　　當A的冥王星進入B的第九宮時，比較有可能出現的是生活當中的信念危機。A的成長環境背景所帶來的一些態度，可能會質疑B本身的世界觀或者他所相信的事情，這在伴侶關係當中有時會因為信念的不同，或者覺得對方不尊重自己的信仰而產生摩擦。但是讓B

放棄信念或毀掉B的世界觀並非A的本意，他可能只是展現出他那個環境時代的想法，對於A來說或許是一種挑戰，但是若能夠讓自己相信的事情經得起挑戰，對自身未來的成長將獲得更多的力量。同時這也可能會深刻的影響A在信念上與他結合，並共同創造出連結兩人的世界觀。有時因為A的不斷質疑和挑戰，有可能引發B對於未來觀點的徹底改變。不過過程十分聳動，有可能會讓B在某些時候非常的沮喪，若這是一段伴侶或親子關係，或許兩人需要更多的溝通，並且讓對方瞭解自己的本意並非讓對方難受，而是要他看清一些真相，和一些較不切實際或不合時宜的想法。

冥王星在第十宮

當A的冥王星進入B象徵職業與公眾互動社會地位的第十宮和天頂的時候，象徵著B用他自身專業的角度來觀察A生命當中一些不可承受的痛（陰影），或者他看出B有一些特殊的能力，但是卻很奇怪的不願意去發揮。進一步的深入探索後他有可能會發現，這樣的限制可能來自於過去的不愉快與生活當中的陰影。若A能夠有技巧的開發引導（仍可能有不愉快出現），將可以讓B解決自身的困擾，同時透過B，向社會大眾展現他驚人的實力。

B可能提供A一條通往世界舞台，並展現自我深層力量的管道，但是雙方都需要通過深層的恐懼與危機的考驗，也只有這樣，才能讓兩人瞭解未來可能出現的危機是屬於兩個人共同面對的，而非自身的，同時許多兩人不願意面對的事情，不但可能浮現檯面，也可能展露在公眾之前，這些都是兩人選擇走上公眾舞台之前必須有的心理準備。因此兩人先鼓起勇氣去面對過去的不愉快，絕對是改變的先決條件。

冥王星在第十一宮

十一宮象徵著團體與公眾事物，當A的冥王星進入B的十一宮時，透過A的影響，B可能對於社會上的公眾事物（政治議題、公共福利、環境或人權這一類的問題）產生不同的看法，A可能會質疑B的看法以及他對未來的期許，有時B會覺得很難受，同時覺得自己的未來有可能受到A的影響和操縱，簡單的說就是受到A的威脅。但也有人會在這時候瞭解到，A的確提供自己深入瞭解自己想要什麼樣未來的管道。若兩個人要在一起，不能只考慮自己的未來或是過去和他人共同的理想，這些過去和他人共同擁有理想可能必須打破或者丟棄，才有可能對雙方的互動有進一步的幫助。反過來，A可能會覺得B的未來規劃當中有一些事情明顯地引發自己的焦慮與不安，甚至覺得被威脅，若兩人

關係要有進一步的進展，就必須就這個層面深入探討，甚至一同進行專業的諮商，好幫助雙方為了美好的未來作準備。

冥王星在第十二宮

當A的冥王星進入B的第十二宮時，很容易引發我們堆積在十二宮的莫名恐懼，我們很容易害怕失去自我，很可能害怕孤單孤獨，而A的想法作法很有可能直接的造成這方面的挑戰。可能A自身有需要處理的人生課題，他可能有些不願意面對的陰影，但A可能認為B完全沒有看到這一層需求而有所埋怨。對於B來說，他可能看不見A的問題，卻覺得在某些層面上A替自己帶來非常強烈的孤獨感受，或者就算A在身邊，也會引發B想著若有一天一個人的時候該怎麼面對。雙方都必須學會處理這樣的課題，其實對於B來說，A的人生課題很有可能是一個全世界的人都會遇到的問題，A必須學會用平常心來面對。對於B來說，他瞭解A的挑戰與質疑將可以幫助自己瞭解自己的盲點，透過挑戰這樣的盲點而更認識自己，且帶來與外界互動時比過去更強壯的自我。

冥王星對一對伴侶的影響往往不容易察覺，特別在年齡相近的伴侶當中，若兩人冥王星在黃道上的位置十分靠近，且在相同的宮位當中時，影響更是不明顯。通常三王星（天王、海王、冥王）在合盤當中要有顯著的影響往往是他們與對方的四個端點、或者與個人行星產生十分緊密的相位，特別當本人沒有這樣的配置的時候更是影響重大。

當A的凱龍星落入B的宮位

凱龍象徵著傷痛與治療，兩者具有前後關鍵性，而且相當有趣的是，在無數的學習案例中，我發現學生們永遠只記得一樣，若他記得凱龍是傷痛就忘記治療的部分，若他們深信凱龍具有癒療能力就常常忘記凱龍也暗示著傷痛。

凱龍在合盤關係當中更容易對個人帶來深切的影響，我們都用自己的體驗看世界，當他人表示他正在為某事傷痛時，若你能理解，勢必你也經歷過某種傷痛，透過對方喚起當時的回憶，而產生同理心。若非如此，我們也盡可能地用自己能夠理解的方式來看待對方的傷痛故事。這時候還是跟自身的傷痛有了連結。我們如此容易將這樣傷痛投射在對方身上，有時甚至忽略那是對方的傷痛，而我們卻常用我們自己的方式去幫助和對待對方，這種結果有時有效有時卻使狀況更糟，我們必須學會面對自己的傷痛，並且幫助對方讓他自己面對自己的傷痛，而凱龍在合盤時就是這樣地告訴我們。

太陽

月亮

水星

金星

火星

木星

土星

天王星

海王星

冥王星

凱龍星

南北交

凱龍星在第一宮

當A的凱龍進入B象徵自我與外界互動的第一宮時，A很容易將自身的問題投射到B對外的人際互動上，其中一種可能性就像是A認為自己對他人的互動比起B好太多，而認為B在對外互動以及自我的呈現上有很大的問題，雖然是出自於好意的給予建議，但有時卻會造成B的困擾。反過來若B仔細觀察，其實他可以看到A在對外互動與自我表達上，付出不少心血與努力，這有可能是他生命當中重要的課題，但也可能暗示他曾經經歷過類似的困擾。B或許會覺得A帶來了一些對外互動的困擾，B可以選擇去瞭解並且面對這些問題，當然也可以忽略不管。但是若能夠透過這層關係接受彼此在互動上的自我呈現（表達）課題，那麼凱龍的陰影與不愉快，將會轉而成為幫助彼此增進關係的最棒的禮物。

凱龍星在第二宮

當A的凱龍進入B的第二宮時，關於身體上的、心靈上的價值觀、物質資源與金錢的課題，將明顯的出現在互動關係當中。B若仔細觀察，會注意到A對於這些事情相當的敏感，一旦你提出某些問題和困難與這些事物有關聯，他可能會出現兩極的態度，要不是選擇逃避，要不就是給予最棒的建議。事實上B看到A的問題同時認為與價值觀或金錢態度有關，這其實也反映了B本身有價值觀與金錢的困擾。

A也有可能憑著自己的經驗，指出B在面對金錢或自我價值上容易遇到的問題，這些問題其實兩個人都不願意面對，同時也可能覺得都是對方的錯而將問題推給對方，要對方去改。事實上我們都透過這樣的互動，看到了自己對自己價值的看待，他有沒有輕視我，他覺得我重不重要，這些都與價值觀的議題有關。

凱龍星在第三宮

當A的凱龍進入B的第三宮時，A的出現在言語以及溝通當中可以幫助B發現一些童年生活當中的困擾，有時雙方都可能會有表達上的困難，或覺得對方總是有很多話沒有說出來。並非對方刻意隱瞞或說謊，人在面對不愉快的事情時都有自我保護力，將他們壓抑到無意識層面，有時連他自己都忘記這件事情曾經存在過。當A的凱龍出現在這裡時，雙方都可以透過言語溝通來發現童年時所遇到的困擾，這其實對待日後的伴侶關係發展影響十分顯著。

有時這會造成許多誤會，認為對方隱瞞事實或是認為對方用言語傷害自己，但是我們要先回到所投射出去的問

題當中，為什麼自己會有被對方用言語傷害的感覺？是不是過去有哪些事情帶來類似的回憶？接著再次進行溝通，凱龍的雙向性暗示著言語溝通與童年的問題不只是單方的，同時也暗示著透過彼此關係當中的溝通，正確面對過去傷痛的可能性。

凱龍星在第四宮

第四宮以及天底象徵著我們的家庭環境以及與父母的互動，而凱龍常常顯示出我們在成長過程當中，與父母相處的問題所帶來的影響。當A的凱龍進入B的第四宮與天底時，暗示著透過這一段關係，兩個人的互動都必須重新認識過去，重新與父母家庭互動，那是我們第一份的伴侶關係，那是我們最初的安全感與歸屬感的來源。在當時出現的一些狀況都可能將不安全感帶到日後的伴侶互動當中。A可能透過觀察B的家庭生活，而對自己本身歸屬感與安全感上的傷痛有所察覺，可能也會帶來一絲不想面對的不愉快感受，而B也會認為A的問題很可能出現在家庭父母，但是卻可能是自己對家庭父母和歸屬感上可能有的問題。面對凱龍的伴侶課題時，我們總是相互的投射，有人選擇簡單的怪罪對方，但忽略了既然兩人都要面對類似的課題，為什麼不互相幫助來讓凱龍透過彼此的治療，並帶來愛情當中最珍貴的禮物。

凱龍星在第五宮

當A的凱龍進入B象徵才華、娛樂、創意、遊戲、愛情與子女的第五宮時，顯然有可能透過娛樂或愛情來幫助彼此治療一些過去的不愉快。A很可能認為B在呈現自我時似乎有些問題存在，使得他不願意輕鬆的呈現自己，或是無法盡情的展現自己的才華與創意，或者愛得並不是很自然順暢。B或許真的有這樣的問題，但對A來說，更重要的是這無形當中反映出自己對於自我呈現上的一種渴望，或許自己也應該去處理類似的課題。反過來B的感受是，A很可能喜歡講一些關於創作才華的東西，很容易讓自己覺得不是很舒服，或許應該採取行動將自己的想法說出來。同樣不愉快的感覺也很有可能出現在兩個人對於愛情的態度。這段關係的確可以反應雙方在呈現自己想法上的問題，以及瞭解彼此在情感上受到內心陰影所影響的層面，並進一步的去面對。選擇逃避只是錯失成長以及治療自己的大好機會。

凱龍星在第六宮

當A的凱龍進入B的第六宮時，雙方都有可能覺得對方在日常生活的態度上有些問題需要嚴肅看待。我們看到的

太陽

月亮

水星

金星

火星

木星

土星

天王星

海王星

冥王星

凱龍星

南北交

往往是有人覺得對方對自己（或他人）太嚴苛，或者完全相反的用一種鬆散近乎放蕩的方式來面對每天的生活。但這都有可能來自於成長過程當中的一些問題，若過度擔心害怕就可能用嚴格控制而讓對方帶來嚴格的感受，想要逃避過去的問題可能就用自我放逐或逃避麻醉的方式，讓自己過著完全仰賴他人打點的日子，這些問題需要瞭解背後的原因，並且學會用正面的態度來面對。記住當凱龍出現在六宮時，雙方都必須面對這個課題的不同層面，而不是以我沒問題，錯的是對方的心態。試著去想想看為什麼自己認為對方在每天的生活當中需要改進需要幫助？是什麼過去的事件造成自己有如此深刻的不愉快感受？找出這個藏結點讓自己學會面對（而不是要對方學會面對），他有可能是你透過這段關係帶來治療自己的線索。

凱龍星在第七宮

伴侶關係的主題通常透過我們星盤當中的第七宮來顯示。當我們觀察到A的凱龍進入B的第七宮時，不必急著詮釋這一對伴侶有嚴重的伴侶相處問題。（很不幸的我常看到許多粗暴的占星師這麼詮釋星盤。）每一對伴侶每一段關係在相處時都有需要面對的課題，當其中一人的凱龍出現在對方的第七宮時，顯示出過去的不愉快經驗所造成的傷

痛，這種通常讓當事人不願意觸碰或不願意回首的傷痛，會透過兩人的伴侶互動再一次的呈現。可能性較高的多半是來自於父母之間的關係，或者當事人與父母之間的相處，因為我們往往在伴侶關係當中無意識的模仿父母之間的互動，進一步地也把當初父母相處的問題帶入我們的生活當中。我們不必急著互相指出對方的問題，而是要慢慢的回首自己的成長過程，回頭看自己的問題，因為我們的能力只能夠幫助自己面對自己的問題，至於對方的問題，我們只能夠陪他一起找出問題（不是幫他解決問題）。某次我在與本書的共同作者Jupiter老師閒聊類似的情感問題時，她語重心長地說到最後要面對的還不是自己。這充分的顯示出凱龍在每個人星盤所帶來困擾時應有的面對方式。

凱龍星在第八宮

當A的凱龍進入B的第八宮時，兩人之間必須面對許多來自於他人價值觀的影響，以及內心當中的憂慮與恐懼。透過合盤的關係引發的凱龍八宮議題，要我們學會用平常心的態度，來看待那些過去導致我們恐懼害怕與禁忌的問題。有時可能跟性愛、死亡、共同處理金錢的問題有關，有時可能是一種害怕被遺棄的心態，也可能是其他的生活陰影。或許A正想要幫助B處理他的困

擾，但是卻莫名其妙地被引發憤怒或恐懼，這暗示著自身並沒有用適當的態度來面對自己的困擾，更別說幫助對方。此時彼此的共同資源，以及身心上的深度結合與信任都是有必要的，透過這些結合的力量，雙方都可以各自面對自己該面對的課題，同時陪伴對方學會如何面對這些議題（而不是去幫對方）。在這樣的關係當中若將問題推到對方身上，而拒絕審視自身的陰影，將很有可能在伴侶關係當中遇到不斷重複出現的不愉快回憶與危機，直到我們學會如何面對為止，這也是利用凱龍而得到的轉化力量。

凱龍星在第九宮

當A的凱龍進入B的第九宮時，在伴侶關係當中所引發的問題很可能是一種對於思想的高度、未來的遠見、擴展影響的範圍的探討。特別在這裡我們很容易產生一種誤會，認為自己並沒有多大的問題，問題出在對方的思想或認為對方短視，造成兩人之間一些無解的不愉快。事實上當A的凱龍進入B的九宮時，確實顯示出A認為B該仔細思考人生的問題，以及對於他追求真理和未來的態度有些質疑。反過來，B可能認為A所有的問題都應該歸咎於宗教或信念上的問題。最重要的癥結點並非去改變對方的世界觀，或糾正對方是什是對什

麼是錯、什麼才是真理。而是提醒自己以更為寬容的思想來看待對方的世界，若我們總是以自己的標準，認為和對方的互動當中有問題的絕不會是自己時，就已經帶來這段關係當中最大的一個問題。學會謙卑學會調整與調節，尊重彼此的信念與信仰，我們才能夠透過對方看到自己身上的問題，並進一步學習到更多。

凱龍星在第十宮

當A的凱龍進入B的第十宮或者與天頂合相時，凱龍所象徵著傷痛與治療，還有那種孤獨局外人的感受，都有可能成為影響這段關係的重點，特別這段關係在眾人（外人）的眼光當中更是如此。凱龍的星盤暗示著一些來自於過去的不愉快回憶，這些回憶往往與父母或是擔心被拋棄的感受有關，且常會透過這些傷痛而培養出我們驕傲的技能來幫助他人。

在B的眼中，A有這種神奇的幫助（或治療）他人的能力，但是卻不知道為什麼A就是不肯動手。事實上A有他個人的因素，或許他正在做但是他的困擾讓他無法全身投入。反過來，A在看待B的職業與社會形象時也覺得有些奇怪，且可能看需要幫助的地方，但B可以完全不當一回事。透過瞭解A的傷痛，B可能瞭解自己在對外、對公眾、

案例27　如果我真的做了（OJ 辛普森）

　　美國足球運動明星OJ辛普森在1994年捲入一場殺妻風暴當中，他的第二任前妻妮可布朗與其男友被人發現遭到兇殺之後，辛普森被視為最大的嫌疑犯。許多不利的證據都指向他，但最後辛普森無罪釋放，卻在民事法庭上被判需要支付兩位被害者家屬巨額賠償。整個案件的訴訟過程受到眾人的矚目，我們完全不知道究竟辛普森有沒有殺害前妻妮可布朗，可以確定的是在法庭的判決當中確定他是無罪的。在此我們不討論辛普森究竟有罪無罪，也不假設他是否殺害妮可布朗。

　　但是在許多證據當中顯示，辛普森過去有多次傷害妮可布朗的紀錄，妮可布朗在銀行的保險箱中保留了許多驗傷的報告與照片，如果我們觀察兩人的星盤互動，就可以看出許多在伴侶關係當中互動的傷害。

　　辛普森的星盤中火星結合了北交點在第十宮，暗示著強烈的火星特質在眾人眼中的呈現，火星的行動力與保護、攻擊或求生存有關，運動員正需要這樣的特質。而火星土星的六分相，象徵著他可以承受得起運動員所需要的訓練以及挑戰。火星與海王星的三分相，一方面暗示著對於生存與自我勇氣呈現的迷惘，一方面可以展現迷人的吸引力，一方面也可能沈溺於力量的展現，以及誤用的可能性也在這裡提出了強烈的暗示。辛普森在2007年因為持槍搶劫而被判了33年的徒刑，不過我們仍沒有因此就認定是他殺妻，但是我們可以說他將火海相位應用在濫用暴力。我要再一次強調，並非有火海相位的人

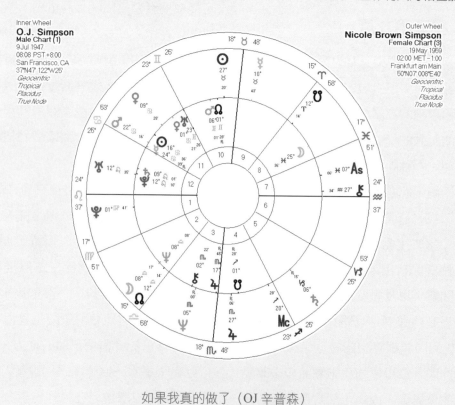

如果我真的做了（OJ 辛普森）

都會濫用暴力，這些都與個人成長與自己的決定有關。至於在伴侶關係上，他雙魚座的月亮與金星、天王星、冥王星都產生了強硬相位，金星與天王星，下降點又是水瓶座，帶來一種疏離以及不安，一方面渴望深層的擁抱與瞭解，但又覺得無人能夠體會他的失落擔憂與害怕，於是採取疏離的態度或極端的態度。凱龍在三宮暗示著他缺乏父親照顧的童年，在同儕間受盡排擠，後來加入少年幫派以及足球隊才開始改變他的生活。

　　若我們將妮可布朗的星盤與辛普森的星盤擺在一塊，我們會先發現兩人的火星冥王呈現四分相的交會，在性愛上有可能暗示著激烈的互動，也可能暗示強烈的不安所引發的控制慾望。彼此的火星呈現半四分相，暗示著為了小事爭執摩擦，並帶來家庭與自我挫敗的感受，更明顯的是妮可星盤上的凱龍正好就坐落在辛普森的下降點之上。妮可本身所展現出來的不愉快與恐懼，看在辛普森的眼中，似乎與伴侶互動有關，那些被父親遺棄的傷害以及不愉快的童年的事件，很可能透過伴侶關係再一次地出現在婚姻生活上，因此加深了兩人婚姻當中的不愉快。

　　這裡所舉的案例並不是要證明因為凱龍在七宮，所以辛普森有可能殺害妮可布朗。或許他真的沒做，那麼這些因為前妻被殺害的事件引發社會對他的看法，是否又是另一種凱龍七宮的呈現呢？對方的凱龍在辛普森的第七宮，暗示著透過婚姻關係，再一次的提醒自己那些被拋棄、被遺棄、以及伴侶關係主題的傷害，若當初兩人選擇尋求諮商與幫助，或坦承的面對生活當中的問題，或許辛普森的命運得以呈現另一種風貌？

對上司、對家庭父母的盲點在哪。透過瞭解B的態度，A不但可以用正面的態度面對自身的疑問，也可以協助B釐清屬於B自身的問題所在，進一步的透過彼此的幫助來共同面對問題。

凱龍星在第十一宮

　　星盤上的十一宮與我們如何看待團體以及團體的互動有關，更明顯的是我們如何和團體結合來改變自己。當A的凱龍進入B的第十一宮時，透過團體來治療傷痛的可能性大幅提昇。A可能為認為B在團體互動，或者對於未來的看法上有些需要幫助釐清的地方，有時也會搞不懂對方在怕什麼？或者對方怎麼搞的怎麼會選擇這些朋友或團體來找自己麻煩。反過來，B再看A的困擾時，常常會覺得問題似乎出在對方好像沒有什麼夢想遠見，或是對方的同儕朋友耽誤他許多重要的發展。

　　然而我們都是透過對對方的批判（有時後是沒有聲音的）來察覺自身的問題，雙方在互動上可能原本就有些同病相憐的感受，才會有一種或許我們可以共同攜手面對問題的想法。接著在發展的過程當中，若能夠找到一些新的志同道合的朋友，去解開過去內心當中限制自己發展的枷鎖，這可能是這段關係

當中所能夠帶來的最大的禮物。

凱龍星在第十二宮

當A的凱龍進入B的第十二宮時，無形當中將內心的孤獨與過去記憶的傷痛串連起來，對雙方來說或許都有一種無可奈何的感受。B可能認為A在面對自己與眾人的時候，有一種不太尋常的捨棄與堅持，放得太開太不在乎，或是很害怕失去所謂的自我和原則。有時後甚至會認為A的問題也是大家有的問題，沒必要那麼在意。這樣的想法或許真的對A有一些幫助，但是也必須先讓A學會面對自身該面對的課題之後，才能夠體會這種態度的意義。更重要的意義，在於B自己是否察覺出隱藏在那種不愉快之下的困擾記憶是什麼，那些擔心自己與他人不同的地方？擔心著孤獨被排擠在外的感受？或者那種無所謂（或堅持某些原則）的態度的背後祕密？透過這樣的探索，才能找出自己該面對的課題。

反過來對於A來說，他可能誤以為B對他的憂慮或他的優點視而不見而感到困擾，然而事實上這突顯出A認為自己應當學習認識自己與他人的相同和不同之處，為何自己這麼看重這一個被B忽視的問題（或優點）？從而找出自己該面對的課題，然後進一步兩人都可以彼此幫助共同面對新的自我。

當A的南北交點落入B的宮位

月亮的南北交點在占星學當中被視為是一條靈性的人生的道路，南交點象徵著那些我們所熟悉的過去，而北交點象徵著有待去學習和發展的未來之路，也是一條成長之路。在合盤當中，我們可以說南北交象徵著一種啟發與連結，也暗示著對方的生命之路與我們在生活領域的交會，或者透過這樣的領域，啟發我們不同的視野。

由於南北交點必須放在一起看待，所以在這裡我們以六條軸線所象徵著生活領域來表示，分別是第一與第七宮的軸線，第二與第八宮的軸線，第三與第九宮的軸線，第四與第十宮的軸線，第五與第十一宮的軸線以及第六與第十二宮的軸線。

月亮南北焦點在第一宮與第七宮

當A的月亮南北交點進入B的一宮七宮軸線，特別與上升下降點結合時，強調著A的成長方式與途徑，他所熟悉的過去或他所想要追求的事物，與B的自我認同和伴侶生活有著密切的關連。A對B所帶來的啟發很明顯地出現在伴侶互動上，同時也可能透過這層伴侶關係，拓展兩人與外界的互動與社交生

活。當A的南交落入B的一宮時，暗示著A透過B的表現看到熟悉的自我，同時北交落入七宮，帶來了B所表現出來的伴侶互動態度，以及他所要求的伴侶和所擁有的特質，正符合B的人生與精神成長目標。

當A的南交點落入B的第七宮時，A很可能對B有那種似曾相識的熟悉感受，B在生活中習慣展現的態度，很可能是A所想要的伴侶特質，一種強烈的心理投射在此出現，但是A卻很可能也以B的對外態度，作為刺激自己成長的目標。在伴侶互動關係當中，共同成長是月亮南北交進入一宮與七宮軸線的重要暗示。

月亮南北焦點在第二宮與第八宮

當A的月亮南北交點進入B的二宮與八宮軸線時，象徵著A所熟悉的事物以及成長的途徑，與B的自我價值、金錢物質態度、資源的管理、物質安全感與內心的恐懼有關，當A的南交點落入B的第二宮時，B可能從A的成長背景當中取得物質安全感，也可能獲得自我價值的高度認同或否定。但是A的北交落入B的八宮，暗示著透過兩人的互動、資源的結合或價值觀的分享與理解，都可以達到成長的目的。若B能夠瞭解A的成長方向，對自己來說將是一

個重大的危機與生命的轉捩點，或許應該做好深入瞭解自身恐懼與生命轉化的準備。

當A的南交點落入B的八宮時，他的背景與環境很容易引發B的緊張與不安，這並不是A的錯，但卻是兩人（特別是B）必須一起去克服的事情。同時A的北交落入B的二宮，A可能把一些外界的資訊與成長的經驗帶給B，讓B也獲得自我價值的肯定，或豐富他的價值觀。當然在物質世界中也可能暗示著A將豐富的物質資源或人脈，帶入B的物質世界當中。

月亮南北焦點在第三宮與第九宮

當A的月亮南北交點進入B的三宮與九宮這條學習軸線時，呼應了南北交點的成長特質。與學習有關的溝通、思考、研究、發展在兩人的互動當中顯得相當重要。當A的南交點落入三宮時，B在實際生活當中的態度以及與周圍的互動或說話溝通的方式，讓A有一種熟識的感覺。同時北交進入九宮時，對於兩人來說，信念上的成長或靈性的成長有著相當高的同質性，兩人的理想與對社會或未來的看法十分相近，也讓兩人更可以透過伴侶關係來成長。

當A的南交落入B的第九宮時，B在A得身上找到許多信念與夢想還有未

案例28　迷信的總統夫人，南西雷根

　　許多人都知道前任美國總統夫人南西雷根相當地迷信，在雷根從政的生涯當中，有許多有趣而且怪異的事情，都與南西雷根和他們的占星師所做的建議有著強烈的關聯，這也使得美國大眾對南西雷根有著迷信的印象。身為占星師的我一方面為這樣的忠實客戶感到感激，但是另一方面也覺得南西雷根對占星師的依賴似乎有些過火，但是從雷根夫婦的互動星盤當中，我們似乎能夠看出信仰、迷信、夢幻、精神成長，與兩人的公眾

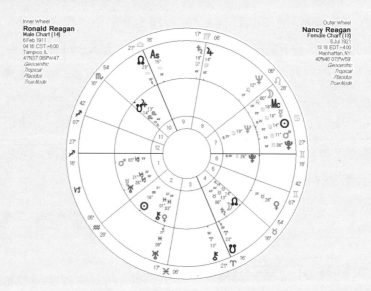

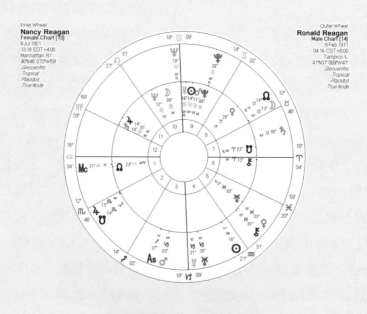

迷信的總統夫人，南西雷根

形象的強烈連結。

　　如果我們將南西的星盤放在雷根總統的星盤之上，我們會發現，南西的北月亮交點緊密的結合在雷根的天頂，象徵著雷根的公眾形象刺激著南西在靈性上的成長。如同我們在前文所解說的，她的靈性成長與雷根的職業有著密切的關連。從占星的角度來看，如果對南西來說占星是一種靈性的指引、和靈性成長的活動，那麼她真的可能透過這樣的活動幫助雷根完成他的職業生涯。反過來，雷根的海王星落入南西的天頂，並且和南西的太陽水星天頂都結合，因為這些諮詢占星的事件，使得南西雷根在公眾眼光當中（天頂）有著誤導雷根（海王）或非常迷信的一種形象。

來的可能性，但是需要注意的是，對A來說，有許多事情是他的過去或他所熟悉的，而非他的成長方向。但是北交落入第三宮則暗示B有許多在現實生活當中的表現是A正想要學習的刺激，或許是思考的方式，或許是與他人的溝通模式，A都可能因此而獲得更大的精神成長。

月亮南北焦點在第四宮與第十宮（天底與天頂）

　　當A的月亮南北交點進入B的第四宮與第十宮時，兩人的互動顯得更為重要，且能透過家庭與事業而幫助彼此成長。當A的南交點出現在B的第四宮時，意味著兩人可以從成長的環境背景找到一點相似之處，而有一種歸屬感的連結。但是北交在第十宮或天頂，暗示著A的精神成長或靈性成長的目標，與B所想要呈現出來的公眾形象有高度的同質性，或許透過B的幫助，A可以將

他的成長與眾人分享，而在事業與成長步調上可以相互的配合。

　　當A的南交點進入B的第十宮時，暗示著B所想要追求的成功，對A來說並不是困難的事情，A可能十分瞭解B需要做哪些事情才可以取得他想要的社會地位。但是A渴望追求的是B在家庭生活當中所擁有的特質，同時在B的眼中，A或許更重視內在的安全感，也暗示著透過B的家庭生活或者與父母的關係，A可以得到許多生命成長的寶貴經驗。

月亮南北焦點在第五宮與第十一宮

　　當A的月亮南北交點進入B的第五宮與十一宮時，呈現一種目標成長的追求，以及自我才華的表現和目標的追求，這是伴侶關係的成長重點。當A的南交點落入B的第五宮時，A的一舉一動很輕易地就能夠取悅對方，並不是因

為這些對他來說也很好玩，而是他十分瞭解這樣的特質，而B又十分喜歡這樣的感受。但是A的北交落入B的十一宮時，強烈的暗示兩人的成長道路有著一致性，就算目標不同也可能只是層次的問題，伴隨著A的成長，B也可能超越現有生活的限制，而達成自己的夢想。

當A的南交點進入了B的十一宮時，B可以在A的成長經驗和生活背景當中，找到如何幫助自己成長的途徑，同時因為A的北交點落入B的第五宮，A所想要追求的成長方向，與B現在所呈現出來的特質或才華有關，A的成長也能夠替B的生活帶來甜蜜和喜悅，共同分享生活當中愉快的一切。

月亮南北焦點在第六宮與第十二宮

當A的月亮南北交點進入B的六宮與十二宮軸線時，強調一種緊密的物質與精神上的連結，彼此的服務與奉獻，對成長來說都有顯著的影響。當A的南交點進入了B的第六宮時，A因為自身豐富的經驗或成長環境的影響，能夠對B的工作以及生活態度有著明顯的幫助，他可以提供B類似的照顧與服務，但是由於他的北交在B的十二宮，或許B會較難理解A為什麼想要有那樣的改變與成長，這是兩人之間需要溝通的議題，而B或許需要放下自我的觀點，才

有可能瞭解A所想要的成長道路。

當A的南交點進入B的十二宮時，暗示著B很難理解一些A的生活習性，他的態度或他擅長的事情，對B來說可能既神祕又害怕。但是B面對生活當中的大小事物的處理態度，安排日常生活的一切的方式，有可能啟發A對於自己生命的不同看法，進一步地追求改變與成長。

第四章　互動相位（Cross Aspects）

當兩個人走在一起，就會產生化學作用，例如當你遇上A君，二人總是在吵嘴，可是碰上B君，卻感到舒服和諧。這種化學作用可以從彼此之互動相位去了解，也就是你的行星跟對方的行星是否有產生任何相位。從上述的例子來說，可能是你的月亮碰上A的火星、B的金星，所以二人對於你的情緒會有不同的刺激作用。要找出兩個星盤的互動相位，我們可以運用占星電腦軟體上的合盤（bi-wheel）功能，將兩個星盤疊在一起，同時運用當中提供的一個相位表（synastry grid），讓互動相位一目了然。

而可容許的度數如下：

相位	可容許的度數
合相、對分相、三分相、四分相	5度
六分相	3度
其他相位	1度

太陽之互動相位

太陽代表了自我、人生目標、人生旅程中要走的方向，以及我們聚焦的地方。別人的行星跟自己的太陽形成了相位，也就會影響上述的東西；而太陽也像一盞明燈，他跟別人的星有相位，也就會照亮別人的那一部份。

A的太陽——B的太陽

兩者的太陽互動，就是看二人的目標、自我有沒有共同之處，還是有所衝突。合相的話，代表二人的太陽是在同一星座中（除非是分離相位），可以說二人的目標一致，大家都是向著同一方向走，而各自的人生焦點、自我展現也是一樣，甚至在伴侶關係上，二人心目中的男性形象、對男性的期望也是相同的。雖然這樣看似相當的「合得來」，但亦因此而欠缺了一種刺激感，相對來說是欠了一點吸引力的。

如果是三分相，大家的目標、焦點雖然不盡相同，倒可以互相支持，並有一樣的和諧感覺，在一起時會感到愉快

太陽

月亮

水星

金星

火星

木星

土星

天王星

海王星

冥王星

凱龍星

南北交

舒服。而六分相的話，則彼此通過努力、學習，很容易就能磨合了解，較容易建立開心舒服的關係。

雖然對分相是強硬相位的一種，二人的自我、目標、人生的焦點，似乎也是往相反的方向走。不過對分相也代表大家在同一條軸線上，雖然有所衝突，但同時也是一種刺激，彼此在對方身上找到自己看似沒有的東西而互補不足，所以對分相往往也代表二人之間的平衡及吸引力。

至於四分相，大家的目標、自我都很不一樣，甚至容易產生矛盾、摩擦，不過四分相的挑戰，同時也帶來動力，如二人能夠學習去了解對方，欣賞對方跟自己不同的地方，這樣動力反而可以刺激彼此互動的火花。

A的太陽──B的月亮

太陽代表內在的男性／陽性，月亮則是內在的女性／陰性，兩者的互動，也就是一種陰陽的互動，合相的話，就像太陽照耀著月亮，月亮的需要變成了自己的焦點，亦接收了太陽的溫暖及光芒；月亮的陰性特質、女性原型、情感、以至習慣，都能夠滋養滿足太陽一方的自我和目標。特別是在伴侶關係上，如果二人的太陽月亮產生合相，可以說是彼此的男性／女性特質上的互相配合。就算是朋友、家人、生意夥伴的

關係，太陽合相月亮也代表了較為調和、愉快的關係。

太陽月亮形成柔和相位，代表兩者能夠互相支持，讓大家感到舒服愉快。太陽的一方比較容易處於領導位置，他展現的自我、他要邁向的目標，月亮的一方似乎都能接受、感受得到，並且會加以滋養、保護、作出適當的反應以配合；而月亮一方的情緒，也因為太陽帶來的生命力，而感到舒適安逸。

如果太陽和月亮形成強硬相位，則暗示著彼此之間的陽性／自我及陰性／情緒上容易形成衝突摩擦。太陽一方在展現自我時，跟月亮一方的容易有所矛盾，而導致情緒上的困擾、不快，又或月亮的情緒反應、需要、日常生活的習慣，會讓太陽在追求自我時感到有所障礙。不過，強硬相位所帶來的刺激和動力，可以讓二人學習相處，亦因為彼此的不同而產生一種好奇、互相吸引的力量。

A的太陽──B的水星

太陽水星的相位，就是關於彼此在自我、人生目標的追求及溝通思想上是否能夠配合。

合相或柔和相位，水星一方的思考、點子、說話，都能夠跟太陽的自我或目標一致（合相）或給予支持，太陽會覺得對方是真的了解自己，所說的東

西實在很合心意，聽起來很舒服，甚至會覺得很有益處。而太陽的一方照耀著水星，讓水星覺得自己說的話很受重視。

若是強硬相位的話，太陽會覺得水星的想法、說話很不合他心意，跟自己的目標、自我不能配合，像走相反方向（對分相），甚或覺得是一種障礙（四分相），覺得不被了解似的。水星的一方則會認為自己的說話不被重視，又或太陽一方的自我，總是跟自己的想法唱反調一樣。不過，如果彼此能夠加強了解，倒是可以覺得對方為自己帶來新的想法和刺激的。

A的太陽──B的金星

如果兩個人之間的太陽和金星有良好的互動，一般來說，都能為對方帶來一些愉快舒服的能量。合相及柔和相位，金星一方的情愛、品味、價值觀，都能支持太陽去展現自我、創造、追尋他的目標，尤其是金星總是能夠帶來一種舒適、享樂的感覺，令太陽這一方感覺良好，同時被對方所吸引。而金星一方，也因為得到太陽的溫暖和支持，特別覺得自己被重視、有價值。總之，雙方也會覺得受到尊重、認同，有一種和諧溫暖的感覺。

強硬相位的話，金星的一方可能會覺得在自我價值方面受到傷害，對方像

不重視自己一樣，又或不太認同對方所展現的一面或人生目標；太陽的一方，也可能覺得自己不被認同而自尊心受傷。這些都因為大家之間的自我、目標及價值觀有所衝突、矛盾，也得靠彼此的努力去了解及接納對方，並改善關係。

A的太陽──B的火星

太陽和火星都是陽性的行星，彼此能夠為對方加上熱度，當然，這種「熱度」可以是溫暖、熱情、刺激，亦可以是火藥味，得視乎彼此的位置及互動的相位。

若是合相或柔和相位，則火星的一方，能夠為太陽的自我、創造力、目標提供刺激及行動力，例如推動他去追尋他的目標，又或在行動上給予幫助；而太陽的一方，亦給火星這一方帶來生命力，支持著他去行動、去競爭、去展示他的勇氣。

特別是在男女關係上，男方會覺得自己的陽剛性、男子氣慨受到刺激及認同，而女方亦會覺得對方就是自己想要的那類男性。

如果是強硬相位，因為兩者皆帶有陽剛性質，容易引起衝突、帶來火藥味。太陽的自我跟火星的意志相互矛盾，太陽總是覺得受到攻擊、挑釁，火星則覺得太陽的一方總是阻礙自己去行

太陽

月亮

水星

金星

火星

木星

土星

天王星

海王星

冥王星

凱龍星

南北交

太陽

月亮

水星

金星

火星

木星

土星

天王星

海王星

冥王星

凱龍星

南北交

動，或讓他不能去爭取想要的東西。所以二人的相處，需要努力的協調和了解，才能正面地運用彼此製造出來的火花並互相推動。

A的太陽──B的木星

太陽和木星的合相或良好相位，能夠帶來愉悅、開心的互動，彼此都覺得對方對自己很慷慨，就像為著對方著想一樣。太陽的一方，會覺得木星為自己帶來很多幸運和機會，相當地認同和支持自己，讓他可以去創造、追尋目標，為他帶來信心，提昇他的自信。而木星的一方，亦喜歡太陽所帶來的生命力和溫暖，就像支持著他去擴張、去學習、去找尋人生意義，太陽對於木星的信念、信仰給予認同。

如果是強硬相位，因為太陽和木星都相當的自我中心／自我膨脹，雙方會因為大家的目標、信念不同而形成摩擦、衝突，甚至覺得對方阻礙自己去追尋目標／人生意義，並對對方失去了信心。不過，通過彼此的互動和協調，經過努力後，還是可以學習互相幫助和鼓勵，從中各自也會有所成長。

A的太陽──B的土星

土星雖然沒有大家渴求的甜蜜溫馨，但在一段關係中，其實擔當著相當重要的角色──責任和承諾。太陽和土星的合相或柔和相位，土星的一方能給太陽的一方一種安穩、安定、可靠的支持，太陽的一方，在展現自我或追尋目標時，能夠得到一種穩固的根基，又或就像有一位專家、老師在教導自己，讓他學習去為對方負責任。不過，就算是柔和相位，土星還是會給太陽一些人生的考試，去幫助他成長。至於土星的一方，在經歷自己的人生試煉、面對自己的責任、悲觀的感覺時，得到太陽的照耀，以他的創造力去支持自己，特別感到溫暖。

如果是強硬相位，太陽一方則會覺得土星為自己帶來很大的壓力、限制和阻礙，並且感到很困擾、不舒服；而土星一方，則認為太陽會加強自己的恐懼感和壓力。其實土星總是為我們帶來考驗和學習，一段關係中，太陽土星的相位，特別是強硬相位，更是會帶來挑戰和考驗，讓我們學會去背負責任，如能好好面對這些挑戰，土星的禮物將會是長久穩定、成熟的關係。

A的太陽──B的天王星

如果土星帶來限制、沈悶，天王星則會為這段關係帶來刺激、新鮮、變化。太陽的一方一直向著某個方向前進，天王星卻為他帶來衝擊，可能是新的點子、也可能是反對他、在他的旅程當中叫他作出改變，為他注入新的元

素，帶來新鮮感。而太陽的創造力，也可以支持天王星去尋求變化和新鮮感。同時我們也需要看太陽在本身的星盤中的位置和性質，例如土象星座受到這種衝擊，就算是柔和相位，也較難去接受；但如果太陽本身已是水瓶座，受到天王的刺激，反而覺得順暢好玩。

如果是強硬相位，則太陽會覺得受到挑戰，天王星的一方總是在推翻自己似的，而他帶來的衝擊，會被視為障礙、麻煩。

遇上太陽天王的相位，大家如能保持獨立，保留一定的空間，會有助彼此的關係。又或如果大家是生意、工作上的夥伴，天王太陽的相位，也可以互相刺激對方的創意，可能對工作有幫助。所以行星間的相位沒有好壞之分，只需視乎放在何種關係何種模式上。

A的太陽──B的海王星

太陽的能量是集中、向著一個目標發展，海王星卻傾向包容、模糊化，讓太陽對於自我、目標感到迷失、不知所措，並覺得混亂。但同時海王星具有啟發性，他的理想化、大愛、慈悲可以支持太陽去達到他的目標。如果是合相或柔和相位，太陽能夠給予海王一些目標、方向感，在他向理想邁進時，得到太陽一方的支持；而海王星的一方，則可賦予太陽更多的靈感和想像力，去幫

助太陽創造、發揮自我。

如果是強硬相位，太陽會認為海王星的過度理想化，或對方是在阻礙著自己，讓他如墮五里霧中，迷失方向。而海王一方，則認為太陽的目標跟自己的理想不能配合、又或有所衝突。不過，如果雙方能夠學習去相處、欣賞對方，則彼此都可以從對方身上獲得啟發，以達到自己的目標或理想。

A的太陽──B的冥王星

太陽跟冥王星，就像兩個極端，一個代表光明／意識的層面，一個代表黑暗的部份。如果是合相或柔和相位，兩者是可以互相支持配合的。太陽的一方，就像可以把光明帶到黑暗的地方，協助冥王的一方將深層的情感、潛意識中埋藏的東西帶出來，就像給他埋藏的部份一個出口，並給予支持和鼓勵。冥王亦能為太陽帶來強大的力量、權力、甚至是一種轉化及清洗的作用，就像是「因為這個人，我得到了改變」、「他改變了我」。

如果是強硬相位的話，就像兩種強大的力量在拉扯，太陽一方覺得冥王星在搞破壞，阻礙他的前進，甚至摧毀他的自我。而冥王則覺得太陽的自我，總是跟自己有所衝突，甚至容易帶來權力上的鬥爭。不過強硬相位的動力，亦可刺激雙方，在面對相互的挑戰下帶來轉

太陽

月亮

水星

金星

火星

木星

土星

天王星

海王星

冥王星

凱龍星

南北交

化及光明。

A的太陽──B的凱龍星

太陽凱龍的組合容易帶來傷痛，同時也可以是一種治療和學習。凱龍的一方，容易引動出太陽一方關於自我、父親／男性經驗相關的傷痛，又或他在向人生目標進發時，當中所遇上的痛苦。但同時這亦是一個學習的課題，通過這個關係的互動，太陽的一方可以察覺自己的傷口，從中學習，並得到治療，感覺上凱龍的一方就像是自己的老師或治療者。倒過來，凱龍的一方在面對自己的傷痛時，太陽的光明彷彿可以幫助、溫暖他一樣，但同時，在這段關係的互動中，焦點似乎都放在他的傷口上。無論何種相位，都會有上述的情況，只是合相或柔和相位，感覺上會較為容易處理、舒服，而強硬相位，就像是在傷口上灑鹽一樣，當中的矛盾衝突會讓彼此感到受傷害，那就更需要去調較及面對當中的課題。

A的太陽──B的南北交點

凡是牽涉到南北交點的互動相位，總是會帶來一種「命定」、「這是命運安排」的感覺。如果仔細看，南交點是我們與生俱來感到容易的東西，而北交點則是今生要前往的方向，今生要處理的課題。

太陽合南交點，讓B對A的太陽有一種自然的熟悉感，而他也會很認同太陽一方的自我和目標，他甚至會覺得是理所當然、輕而易舉的事。而A亦會特別欣賞B，因為他自己想達到的目標，對於B來說是容易的事。

如果合相在北交點，則兩人就像有一些共同目標，大家向同一方向邁進，當中更可互相幫助扶持。

如果太陽跟南北交形成柔和相位，彼此可以互相支持，向自己要走的方向邁進，有對方在身邊，就能更容易、更舒服地去做。如果是強硬相位，可能會覺得彼此走的方向不一樣，甚至是互相阻礙，彼此之間的差異、挑戰，亦可成為動力，助對方走自己的路。

A的太陽──B的四角

在互動相位中，如果一方的行星落在另一方的四角，則彼此的聯繫、互動會更為強烈。太陽合相上升，A太陽的自我，跟B上升所展現的面貌、待人處事的方式相當的一致，彼此會互相認同。太陽合下降，B會認為A就是自己理想的夥伴、伴侶，會欣賞對方一些自己自以為沒有的優點，特別在男女關係上，如果男方的太陽合女方的下降，則女方會覺得對方就是自己心目中理想的男性，相當符合她的投射。

如果太陽合天頂，則B想展現的公

眾形象、他想得到的成就，跟A太陽所追求的目標是一致的，而且B亦會覺得A是可以提昇自己的地位，在事業成就上亦可給予幫助。

如果太陽合天底，則B對A可能會有一種熟悉、家人的感覺，如果大家是家人、伴侶關係，B會認爲A可是當家中的領導者，他可以爲家庭帶來溫暖。而太陽合天頂／天底軸線，A可能會扮演其中家長的角色，又或讓B覺得他像父母的其中一位。

月亮之互動相位

月亮的互動相位，在合盤／人際關係裡頭相當地重要，因爲那是我們的每天的情緒起伏，跟這個人某在一起，會讓我感到舒服，還是天天氣上心頭？特別是在家人、伴侶關係中，月亮也關乎彼此的生活習慣是否合拍，有時人與人之間的摩擦，往往就在日常生活的枝微末節當中。從月亮的互動相位中，可以看看自己的情緒、心情、習慣、安全感，以至內在的女性特質，如何在一段關係中被引動。

A的月亮──B的月亮

兩個人的月亮有相位，代表著二人在情感層面、生活習慣上的互動，以及這段關係的安全感所在。兩個人的月亮

合相，代表兩個人的情緒起伏節奏、情感表現的模式，甚至日常生活習慣，都相當的一致，兩個人特別容易有情感上的交流及了解，可以感受到對方的感受，有助建立相互的信任、安全感及聯繫。

柔和相位的話，大家在情緒／情感上，容易互相了解及支持，在相處的時候，有對方在身邊會感到舒服自在，在生活習慣上也較爲容易配合協調。而且彼此之間亦容易建立到安全感、熟悉感。

強硬相位的話，在生活習慣上的差異容易發生摩擦，需要多加努力做出配合。而各自對於對方的情緒、本能反應，因爲跟自己的很不一樣，不太容易接受，甚至產生衝突矛盾。特別是在情感聯繫方面，雖然彼此有所互動交流，同時也會有不被了解、感到不滿、不安的情況，這都需要二人學習去了解彼此的差異，再去包容和磨合。

A的月亮──B的水星

月亮和水星的組合，可說是一個情緒和理智之間的互動。月亮和水星合相，水星的一方會在思想理智上理解到月亮的情緒和感受，例如爲什麼他會有這種反應、這種感覺，甚至可以協助對方把感覺表達出來。而月亮的一方亦會覺得對方很了解自己，他所說的話，就

像在說出自己的心情一樣。

柔和相位的組合，彼此可以在思想、情緒上互相了解、交流，水星能夠把月亮的情緒理智化，而月亮的一方對於水星的說話會相當地敏感，可以感受並了解對方的想法。這種組合在相處時亦會覺得舒服愉快，享受彼此的交流。

強硬相位的話，雙方會認為自己不被了解，月亮可能會覺得水星一方太抽離理智，又或不能了解自己的感受；而水星的一方又可能覺得月亮一方太敏感，而理智上沒法去理解他的情緒起伏變化、內心感受、習慣。於是容易造成彼此的摩擦，而二人皆需要去學習體會對方的想法和感受，才能加強並改善關係。

A的月亮──B的金星

月亮和金星的組合，特別是合相和柔和相位，往往代表愉快開心的連繫，如果是愛情、伴侶關係，感覺則更浪漫貼心。金星的一方，會讓月亮的一方覺得享受、滿足、舒適，金星的魅力總是能吸引月亮的情緒，被金星所吸引；而金星的一方，會覺得月亮一方的照顧、滋養是一種享受，亦覺得相當有價值，能夠滿足他在情愛上需要。特別是在男女關係中，男方會覺得對方很富魅力，並能符合他心目中的女性形象，而女方亦能在這段關係中，發揮自己的女性魅力，吸引著對方。

如果是強硬相位，彼此可能在價值觀跟日常習慣方面出現分歧，又或大家在表達自己的情感／情愛的方式很不一樣，不容易符合對方的胃口，造成關係上的障礙。例如月亮的一方，未必能感受到對方的魅力，反而因為對方的價值觀不能符合自己的需要而感到不安。而金星的一方，未必認為月亮一方提供的照顧滋養很有價值。雖然月亮和金星的強硬相位未必會造成很大的衝突，但卻容易帶來情感上的不安和困擾，需要加以調和。

A的月亮──B的火星

當月亮碰上火星，就會被激起熱熾的情緒，火星會為月亮提升熱度，激發她的感覺，特別是在男女關係上，如果男方是火星，女方是月亮，則男方的主動、攻擊、熱情的性質，會讓女方更勇於去表現她的女性特質，而她也會更為接受男方的英雄、戰士這些男性特質。倒過來，如果男方是月亮，女方是火星，則女方也會刺激起他對女性的欲望，他心目中的理想女性原型，會因為火星的激發，而對女方產生欲望。

就算不是伴侶關係，火星跟月亮也代表著激動、熱情的情緒，合相或柔和相位，這種熱情會讓雙方覺得刺激、興奮，很有活力的感覺，而火星的一方，

往往會成為主導，而月亮則是處於被動、接受的一方，但同時也滋養著火星的行動。

如果是強硬相位，則可能會帶來憤怒、激動的情緒，讓雙方感到不安、煩躁，月亮的一方可能覺得對方總是在攻擊自己，情緒上會覺得不開心、甚至感到傷害，會嘗試去保護自己；而火星的一方則會為著月亮的情緒起伏、習慣而感到生氣、憤怒。所以遇到強硬相位時特別容易引起憤怒、焦躁的情緒，帶來摩擦、衝突，要更努力的去調整，才能達到平衡。

A的月亮──B的木星

月亮遇上慷慨樂觀的木星，會容易感到愉快輕鬆，彷彿沾上了木星的樂觀。不過木星有擴張放大的作用，所以相當視乎月亮在當事人本身的星盤中所處的位置、相關的情緒狀況，例如本身已經是容易情緒激動、生氣的人，木星亦有可能將之擴大；如果月亮的位置本來就已經是容易感到輕鬆愉悅，則當他碰上木星，則更感到自在快樂。

在一般情況下，月亮木星合相或柔和相位，月亮對於木星所追尋的機會、人生意義，他的信念信仰等，都會給予照顧和支持；而木星的信心、慷慨、仁慈，總是能讓月亮感到舒服，並本能地接受對方的信念、人生觀等。

如果是強硬相位，未必會如月亮－火星般引起憤怒、強烈的情緒，但木星提出的信念、道理可能會讓月亮感到不安；而月亮的日常習慣、提供的照顧，亦不容易配合木星一直所追尋的東西。

A的月亮──B的土星

月亮和土星的組合，無論何種相位，都不會像月亮跟金星、木星那樣輕鬆愉快，甚至容易有一種情緒壓抑的感覺，多了一分沈重感，不過同時，也會帶來安穩的感覺。而這種長久安穩的感覺，在一段關係中也相當重要。

月亮土星合相，月亮的一方可能會覺得在土星的一方面前，很難去表現出自己的情緒，像有一塊石頭壓著似的。不過，同時也會有一種安穩可靠的感覺，因為對方的責任感而感到安心。在情感上亦依附著對方，視對方為一個專家權威，經過一段時間，可以建立出長久的情感。而月亮的一方，也可以擔當照顧者的角色，當土星的一方在面對著自己的挑戰困難時，月亮可以加以滋養撫慰。

柔和相位的話，月亮的一方會比較容易接受土星的責任感、企圖心，甚至他帶來的人生挑戰和課題，對於他的疏離冷漠、欠缺熱情，也會易接受。而土星的一方，受到月亮的滋養，會感到舒服，亦樂於跟對方建立長久的關係。

如果是強硬相位，則彼此會有疏離的感覺，彷彿有一道牆在當中，特別是月亮的一方，容易感到沈重、有壓力、責任太重、困難太多之類，亦覺得土星的一方不理會自己的感受，自己的關懷很難傳遞到土星那裡。而土星亦不容易接收月亮所表現的關懷和照顧。兩者需要學習互相諒解，才能強化情感的交流，並將沈重的壓力化做責任和承諾。

A的月亮──B的天王星

月亮天王星的合相，一方面會帶來刺激新鮮感，同時也代表了情感上的冷漠和疏離。天王星就像雷電一樣，為月亮帶來刺激感，一些與眾不同的滋味，甚至會有一種如雷擊般的吸引力；不過，天王星的疏離和冷漠，也會冷卻月亮的情緒。而天王星的一方，對於月亮的一些反應、情緒，會以一種多變、預料不到的方式去回應，刺激到月亮一方的情緒。

柔和相位的話，當中的刺激新鮮感會讓大家覺得舒服，但月亮一方的情緒亦會因此而受影響，會有較多的變化起伏。而同時大家在情感上，也會有一種較為疏離的感覺。

至於強硬相位，這種預料不到的變化起伏，會為大家帶來困擾、緊張，尤其是月亮的一方，被天王星一直刺激著敏感的神經，會特別容易感到不安。這

需要雙方去察覺彼此的的互動，加以協調配合。

A的月亮──B的海王星

月亮和海王星的組合，可說是充滿了幻想、同理心的「夢幻」組合。兩星合相，海王會為月亮帶來無窮的幻想，讓他沈醉在美麗的夢當中，覺得自己被拯救，但也可能讓月亮在情感上覺得迷失，甚至因為捉摸不到而缺乏安全感。而月亮的一方，也滋養著海王的夢想，彼此在心靈上有所聯繫。對於男性而言，這個組合會讓他覺得「這就是我夢想中的女性了」。

柔和相位，代表彼此在心靈、潛意識上的支持、默契，雖然這不是什麼熱熾、激烈的情感，倒是較為細膩敏感的連繫，彼此的情感世界之間，並沒有什麼界線，因此很容易感覺到對方的情緒。而月亮一方會覺得自己得到救贖，甚至在情緒方面，像一頭栽進對方的夢幻世界裡頭。而這個組合，也有占星師形容為「柏拉圖式的關係」，一種著重心靈的關係。

至於強硬相位，則彼此在情緒、心靈方面，似乎不容易協調，易感到迷惘、空虛。月亮的一方可能會被海王的理想、夢幻弄得混亂，而海王的一方也可能因為月亮的一些反應、情緒，而覺得受到傷害。不過兩者都較為細膩敏

感，可以同理心去諒解彼此的感受。

A的月亮──B的冥王星

這可說是一個相當強烈的組合，帶來深層的情感連結，但也可能愛恨並存。月亮冥王合相，月亮的一方，可以感受到冥王一方的深層情緒和恐懼，彷彿感受到他埋在最深心處的東西，但同時也會覺得有危機，對方似乎把自己的安全感拔起、摧毀。而冥王的一方，可能因為對方感到自己的一些深層恐懼、內在的祕密，而感到受威脅，不過，月亮也會滋養著他，讓他覺得在深層的情感當中，是得到照顧的。

柔和相位的話，彼此可以建立深層強烈的情感連結，讓大家覺得舒服、自然，而彼此也可以了解到對方的情緒，甚至有一種治療、清洗對方心靈的作用。

如果是強硬相位，則冥王一方容易對月亮的情緒帶來摧毀、強化她的恐懼，甚至充滿心機的冥王，會因為能夠透視到月亮的情緒，去攻擊她脆弱的地方。

總之，這個組合容易帶來纏擾不清的情感關係，帶出愛、恨、妒忌、恐懼這些情緒，不過，也可以通過翻出這些情緒，讓當事人覺察，而有清洗治療的作用。

A的月亮──B的凱龍星

這個組合會帶來情緒上的傷痛，尤其月亮是一個敏感地帶，在感覺、情緒上容易會感到受傷，但同時凱龍也會帶來治療和學習，撫平月亮的傷口。

月亮凱龍合相，月亮的一方會感覺受到傷害，在這段關係中，特別會牽動出跟母親、家庭有關的傷痛，不過同時也帶來學習的機會，去治療這方面的痛楚。而凱龍的一方，自身的傷口會被月亮一方的照顧和滋養去治療，但對方的情緒也可能會引動自己受傷的地方。

柔和相位的話，雖然無可避免地還是會帶來受傷的感覺，但會較容易去舒緩或被接受，亦容易從中學習並得到治療。而凱龍的一方，也會因為月亮的滋養而感到舒適，傷口像被撫平。

強硬相位代表在這段關係中，情緒、情感上的傷痛，帶來一定的壓力及困擾，雙方都會感到緊張、不安，必須努力地去調整，從痛楚中學習、成長。

A的月亮──B的南北交點

如果A的月亮合相B的南交點，大家一碰面就像有一種熟悉感，就算認識不久，也會有莫名奇妙的安全感，彷彿就是「我們是不是老早就認識？」的感覺。大家相處時，會感到舒服自在，彼此對對方也會有很強的依附性。不過，

南交點的一方，可能會被月亮那種安全、熟悉的感覺拖拉著，而安於停留在南交點，懶於向北交的人生方向進發。如果A的月亮合相B的北交點，因為北交點是B要努力邁進的方向，可能會感到辛苦、陌生，但得到A的月亮的滋養，會覺得較為舒服、安全，所以很容易就會被A吸引。

如果A的月亮跟B的南北交點形成柔和相位，彼此都容易建立一種熟悉感、安全感、舒適自在的感覺，而月亮的一方，總是可以照顧、滋養著B，並協助他向他要成長的方向邁進。

如果是強硬相位，則彼此都容易感到有壓力、不舒服，月亮一方的情緒、習慣，似乎阻礙著B成長，而B在處理自己今生的課題時，總是被A的依附、情緒困擾著。

A的月亮——B的四角

當A的月亮合相B的四角之一，能夠為B在該範疇帶來安全感、情感上的滋養和照顧。合相上升點，B會覺得跟A總是能帶來安全、舒適的感覺，而B對於A的女性特質，也會特別容易認同，因為那跟他自己的人格面貌、看世界的眼光一致。

合下降點，則A的情感、照顧別人的特性，相當符合B從他人／伴侶身上找的特質，尤其如果B是男性，則容易

被A所吸引，因為她很符合他心目中的某些女性原型。

合天頂的話，則當B去追求事業成就、社會地位時，A的月亮能給予支持和照顧，讓B感到安心舒服。在男女關係上，如果B是男性，則會認為A是那種可以被社會所認同的女性，有助他去建立地位名譽。

如果合天底，A能給B強烈的安全感、歸屬感覺，覺得舒服，甚至就像家人一樣，有一種紮根的感覺。

水星之互動相位

無論何種關係，兩個人之間的溝通是相當重要的部份，大家是否彼此明瞭，還是每次碰面都吵得面紅耳赤，又或說話時彷彿是對牛彈琴，這都會直接影響這段關係。水星相關的相位，可以顯示出雙方在溝通、說話、思想這些方面的互動性質。

A的水星——B的水星

雙方的水星合相，代表大家想法一致，說話表達的方式也很相似，而大家亦會有共同感興趣的東西，所以很容易明白、認同對方的想法，也會覺得對方很了解自己，亦能發掘共同興趣，建立共通話題。不過，當然也要考慮各自的水星位置，自己本身的思想、溝通模

式，再去判斷雙方在思想上的互動會如何。

如二人的水星產生柔和相位，則大家溝通暢順，雖然想法不一定相同，但很容易協調、了解對方，更可互相學習，分享彼此的興趣。

強硬相位的話，則在想法、思考模式上有一定的差異，不容易了解對方的想法、說話，甚至可能引起爭執、衝突。有時會有種感覺是怎樣說對方也不明白自己的困擾。不過亦因為大家的想法很不同，如果能夠加以聆聽、理解，可以為雙方帶來新的想法、嶄新的角度，互相學習。

A的水星——B的金星

水星金星的合相，容易帶來和諧、開心的溝通，特別是一些跟享樂、美學、藝術、生活品味，以至物質金錢上的東西，都是大家共同感興趣的話題。水星的一方會覺得自己的想法受到重視，而金星的一方則會認為對方的言談思想、興趣都跟自己的價值觀很一致，亦覺得對方的言談、頭腦很有吸引力，自然有利彼此的聯繫和互動。

兩星形成柔和相位的話，則彼此在思想、價值觀方面可以順暢和諧的交流，水星的言談總是讓對方感到愉快，而金星的一方可以支持對方去表達自己的想法，因為他總是很在乎他的感受。

而水星金星都是代表交易、商業活動、金錢的事宜，如果二人是商業夥伴的關係，則這個柔和相位，會有利於彼此從事貿易、生意上的往來合作。

強硬相位的話，則二人在思想和價值觀方面容易發生衝突、摩擦，例如水星會不不能理解金星一方的價值觀、美學態度和品味，而金星的一方則不易認同對方的想法和言談，甚至覺得對方的論點衝擊著他的自我價值。二人需要學習互相理解，以讓關係變得較為和諧。

A的水星——B的火星

這個組合可以帶來溝通思想上的刺激和動力，也可以引發衝突和爭執。水星火星合相，火星的一方會刺激對方的思考，激發他的想法，但也會讓水星的一方覺得受到挑戰和攻擊。而火星的一方，也會因為對方的說話，而激發起自己的行動力，不過，有時也會因為對方的言談而生氣憤怒。

如果是柔和相位，彼此之間的溝通會較為熱熾、充滿動力和熱情，火星的動力會激發對方把想法付諸行動，而水星一方也可為對方要做的事提供意見。彼此的溝通難免仍會帶有挑戰的意味，但還是一種良性的啟發。

如果是強硬相位，雙方很容易會因為言語溝通的問題而引發衝突，水星一方的表達，會激起對方的憤怒情緒，甚

至引發他的攻擊性，而火星一方總是在挑戰評擊對方的言談思想，迫著他去聽從自己，因而引起爭執、吵架。

所以水星火星的相位，就算是柔和相位，也要小心處理，好好運用彼此帶來的激發，但也要注意當中的攻擊性和衝突。

A的水星──B的木星

水星和木星也是關於思想、學習的行星，兩者碰在一起，就像一個研討會一樣，總是有很多思想、意見、智慧的交流。

水星木星合相，彼此之間可以有很多話說，互相刺激想法，大家可以交換很多的意見、資訊、智慧、哲理，而通常也會是很愉快的。水星一碰上木星，就會變得有很多想法，有很多話要說，也受到木星如老師般教導，從中獲得智慧和哲理。而木星一方也可從水星一方得到資訊，並覺得跟自己的理論哲理相當一致。

柔和相位的話，彼此的溝通、思想的交流更為順暢、帶有啓發性，互相支持，可說是一個愉快的頭腦互動。木星的一方可以擴展對方的眼界，帶給他更多更多元的想法，更多的學習機會；而水星也能以一些實質的意見、資訊，去支持木星的一些信念、原則等。彼此總是覺得跟對方交流是一件愉快的事，並

從中可以學習很多事情。

如果是強硬相位，則彼此在溝通、思想上，總是有分歧，不容易達到共識，水星一方可能覺得木星說話空泛又不切實際，不易理解或接受他的哲理；而木星則可能覺得對方說話想法欠缺深度，太過膚淺，亦跟自己的信念不吻合。不過如果大家可以抱著開放的態度去聆聽對方的想法，反而可以帶給自己新的啓發、新的思考角度，認識更多的東西。

A的水星──B的土星

這個組合並不是天馬行空、刺激的思想交流，倒是實實在在的溝通，著重內容是否有實質的東西，又或是一些嚴肅討論。

水星土星合相，雖然在溝通互動上不是那麼隨意，甚至有點壓抑，不輕易表達自己的想法，但這也代表了謹慎的交流、正經的討論，內容會放在實際的層面，甚至可能是一些專業的話題，而且說話會較為認真，不會隨便亂說一通。

柔和相位的話，彼此之間的一些嚴肅正經的討論，會為雙方帶來益處。例如土星一方可以給予水星實質專業的意見，助他落實他的想法，替他的想法加上一個系統架構，也讓他學會在言談上負責任；而水星的一方，可以給予土星

一些意見和點子，支持他去面對自己的困難挑戰，又或在他的事業、專業的領域上給予資訊意見。

如果是強硬相位，則容易有溝通不良的情況，水星覺得土星總是給予自己壓力和限制，讓他不能表達自己，又或土星好像老是在批評否定自己的想法。而土星的一方，也可能覺得對方說的話不易入耳，覺得他的想法太過膚淺，不合他的實際專業口味。彼此之間的溝通交流因而減少，就像沒什麼話好說似的。其實土星的一方可以學習水星的靈活輕巧，而水星則可嘗試向土星的經驗、專業學習，這樣彼此也才能互相得益。

A的水星——B的天王星

這也是一個帶有刺激、啓發性的組合，特別是帶來嶄新、富有創意、突破性的想法。水星天王星合相，彼此之間的交流互動是相當理智、邏輯性的，大家會客觀地討論一些事，而且會激發起有一些很有創意、打破傳統的想法。而天王星的一方，亦可以刺激對方的思考，甚至改變他的想法。

如果是柔和相位，則大家可說是知性交流的好拍檔，大家可以互相啓發創意，溝通也是坦白直率，一起去搜集資訊、追尋眞相，甚至可以討論一些社會議題。天王星一方可以支持水星去突破

舊有的想法，刺激他的創意，而水星的資訊、意見，也可以給予天王星更多的點子。

如果是強硬相位，水星一方可能會覺得對方不斷在推翻自己的想法、論點，事事提出反對而感到厭惡、困擾；而自我的天王星，也可能覺得對方的想法太古板、膚淺。

無論何種相位，也要考慮水星本身的位置，如果水星處於固定星座或較爲傳統保守的星座，則天王星帶來的衝擊、突破，都容易讓水星感到不易適應，而需要較長時間去配合或接受。不過如能好好運用彼此的互動，則可以產生嶄新、獨特別點子。

A的水星——B的海王星

海王星的啓發，跟木星、天王星的知性刺激不同，海王星較富想像力及藝術性，而兩者之間的溝通聯繫，也會傾向於直覺、心靈上的。水星海王星合相，水星的理智邏輯，可能會給海王的一方模糊化，一碰上對方，就像不能有板有眼地表達似的，不過同時海王星也能夠豐富對方的想像力，並且會包容對方的想法意見，甚至能夠以直覺去感受對方，有時水星不用開口說話，海王一方已感應得到。

如果是柔和相位，大家容易建立一種心靈上的感應、溝通，而彼此的交流

總是充滿啓發性、溫柔和包容，能夠互相接納對方。如果大家是一起從事關於藝術創作的工作，則這個組合更有利這方面的啓發和創意。

如果是強硬相位，則大家在溝通上的模糊、不清晰，容易帶來誤會、甚至不信任，甚至易有欺騙的情況。而水星似乎不能接受或理解海王的想像力，總是覺得他太過理想化，不切實際，而海王星也可能覺得對方太理智，欠缺理想、幻想力。雙方需要學習互相包容理解，但無論何種相位，也要注意溝通上不清晰及欺騙的可能性。

A的水星──B的冥王星

這個組合會帶來強烈而深層的溝通和思想上的刺激與轉化。水星合相冥王星，彼此的溝通會著重深度，會深入的探討一些事情，當中亦會帶著強烈的情感，大家對於一些神祕的事情會感到興趣，而會去尋根究底。打個比喻，就像福爾摩斯跟華生醫生一起去查案一樣。而冥王星的一方，往往會給對方帶來思想上徹底的轉化，打破他既定的想法，而引發嶄新的思想。

如果是柔和相位，則冥王的一方可以引動對方做深層的思考，彼此的深入對話會讓大家感到滿足、有所得益，而彼此亦可對對方有更透徹的了解。而水星一方會覺得，對方簡直可以看透自己

的想法，是把自己的思想完全改變，助他看事情更為深入，有利自己的成長。

如果是強硬相位，則可能會出現溝通、思想上的鬥爭，水星的一方會覺得對方在控制著自己的思想，甚至把某套想法加諸在自己身上，覺得困擾、有壓力。而冥王一方，也可能覺得對方一言一行會引發自己的深層恐懼，且因此覺得不安。

A的水星──B的凱龍星

這個組合，可以藉語言來刺傷對方，但也可以通過溝通而作出治療。水星凱龍合相，彼此在說話上可能會傷害到對方，觸碰到凱龍的傷口，但就是通過這樣的討論、互動而帶來察覺和治療。二個人的思想交流，可以是關於一些治療的東西，又或一些另類的話題（因為凱龍總是有點奇特、跟大眾不同）。

如果是柔和相位，彼此會較為容易通過說話、溝通而讓對方學習到一些東西，對於自己的傷痛會更為了解，而水星一方更能以說話去撫平對方的傷口。就像治療師跟個案，大家通過對話，可以給予個案作出治療。又或如果是一般朋友、家人的關係，也可能透過雙方的傾談，給予對方帶來安慰。

如果是強硬相位，則會因為在溝通上刺激到對方的傷口，而感到不安、傷

痛。水星的言談像在加重凱龍的傷痛，亦未必容易理解凱龍的痛苦、所遭遇的問題。大家可能眞的要通過包容，以同理心去互相理解，以免再在傷口上灑鹽。

A的水星──B的南北交點

南交點是一個人感到熟悉、舒服的地方，水星合南交點，彼此之間會有一種容易互相理解的熟悉感，B對於A的想法、說話，都會容易接納，而彼此也會有共通的話題。如果水星合北交點，則水星的一方，對於對方在成長的方向上，可以給予意見，甚至在表達上作出鼓勵或啓發。但如果B對於自己北交點的事宜感到陌生、困難的話，則A的想法或說話，他未必喜歡或接受。

如果水星跟南北交點形成柔和相位，則A的說話、思想、意見，可以支持B去成長，幫助他去處理人生的課題。而A也可從B的人生課題（北交）、天生的能力（南交）當中學習。

如果是強硬相位，則B的人生路途，跟A的想法會出現分歧，B會認爲A的想法阻礙著自己向前走，而A也不容易理解明白B的課題。

A的水星──B的四角

水星跟四角之一合相，代表在該方面，可以替B帶來思想上的啓發、言語

上的支持，又或給予一些意見。

水星合上升點，代表B很容易認同A的想法和說法，而A也會相當了解和明白B的待人處事方式，彼此可以分享對方對這個世界的看法。

水星合下降點，則B特別容易被A的的想法、思想、學識所吸引，他懂得的東西、思考的方向，可能跟自己的截然不同，甚至是相反，卻又覺得可以互補不足，可從對方身上學習。而大家之間的關係互動，也會建基於溝通及思想上的交流。

水星合天頂，代表B想達至的成就、他的企圖心，A能夠理解，亦可提供意見，彼此在這方面可以做出交流。

水星合天底，則A的說話，讓B會覺得很有熟悉感、安全感，甚至覺得爲什麼他的想法、說話模式，跟家人有點像。而大家也能夠傾談一些較爲內心、私人的話題。

金星之互動相位

在人際關係中，特別是愛情關係，金星的互動相位相當重要。金星代表了我們喜歡什麼、不喜歡什麼？會被什麼吸引，自己的吸引力何在？對方的什麼會吸引到你，又或令你感到厭惡？又或在他眼中，你是相當有魅力，是心目中的女神，還是感覺普普通通？而大家的

太陽

月亮

水星

金星

火星

木星

土星

天王星

海王星

冥王星

凱龍星

南北交

太陽

月亮

水星

金星

火星

木星

土星

天王星

海王星

冥王星

凱龍星

南北交

價值觀又是否一致？這些都可以從金星的互動相位中看到。

A的金星——B的金星

二人金星之相位，可以看到相互的吸引力、喜好和價值觀有沒有衝突。二人金星合相，代表彼此在對方眼中都很有吸引力，容易對對方產生好感。而大家的享樂嗜好、價值觀、金錢觀、審美眼光，都相當一致，一起時會感到愉悅。

如果二人之金星產生柔和相位，則有助彼此保持和諧的關係（當然亦需要看看其他行星的互動），容易被對方吸引，價值觀方面也有共通性，喜惡相近，有利彼此的相處。如果是商業夥伴的關係，則在金錢上，大家可以互相支持。如果是愛情關係，女方所展現的魅力，男方會覺得很迷人；而男方亦會覺得女方很符合自己心目中的女神形象。

如果二人之金星產生強硬相位，則彼此的價值觀大不相同，喜惡不一致，甚至容易出現矛盾和衝突。亦有可能因金錢事宜而出現問題，而彼此也不容易欣賞對方。其實價值觀、喜惡在一段關係中十分重要，不要說對人生重大事情的衡量，甚至小至上哪家餐館吃飯，也可能因為價值觀的衝突而鬧不和。所以如果金星出現強硬相位，則需要努力去協調，嘗試去了解對方的立場，才有助

於改善關係。

A的金星——B的火星

金星跟火星，就是像太陽和月亮，是一陰一陽的組合，而金星火星會比較著重於吸引力（甚至是性的吸引力）、魅力和行動力。

金星火星合相，彼此之間會有一股吸引力，特別如果是愛情關係，則情愛上的欲望、熱情會被燃點起來，容易被對方的身體、外表所吸引。而火星的一方會較為主動，或主導這段關係，金星則會是被動、被渴望的一方。當然，這也要視乎這兩個人的關係，如果是非愛情的，像家人之間，如果火星合金星，可以說是火星的行動跟金星的價值觀相當合拍，而火星一方總是能刺激金星的欲望，讓她去展現她的美。

火星代表了一個人如何去爭取、獲得他想要的，而金星則是一個人想被人喜歡、被愛的渴望。如果是柔和相位，雙方可以滿足對方的欲望。火星的行動力、熱情、決斷力，可以支持金星去展現、創造她的價值，為她作決定，激發懶洋洋的金星去行動，而金星也樂於自我價值被肯定，喜歡被火星帶領。當火星一方開展了一些行動後，金星也可以協助他打理，將之弄得和諧漂亮。

如果是強硬相位，彼此之間雖然還是互相刺激，能激起雙方的欲望和愛情

感覺，但亦會容易因爲金錢、價值觀的問題而有矛盾衝突，而金星更可能覺得對方是在攻擊著自己，挑戰著他的自我價值。雙方也可能因爲佔有欲、妒忌的問題而發生摩擦、鬧得不愉快。不過當中激起的熱情和欲望，可以成爲動力，讓雙方努力去磨合。

A的金星──B的木星

這是一個帶著開心、愉快能量、充滿吸引力的組合。金星木星合相，木星總是能擴大金星的吸引力，讓金星的一方感到強烈的愛情感覺，而且相當享受、愉快。而金星的一方，亦能因爲木星的樂觀、信心而感到愉快。

金星木星的柔和相位，無論彼此的關係是朋友、戀人、家人，又或商業夥伴，這個相位都有助大家保持和諧愉快的關係。木星的一方會欣賞對方的美麗，彼此在信念和價值觀方面相當配合，並可以互相支持。而二人更可以一起享受生活中美好的事物，從事一些享樂的活動。甚至在財務上，這個組合也容易帶來更多的金錢機會，所以對於商業夥伴來說，也是一個很有優勢的相位。

如果是強硬相位，則彼此的信念和價值觀之間容易有所衝突，不容易互相欣賞，易造成摩擦。如果是商業上的合作，又或彼此有金錢關係，金星木星也

代表了過度貪婪、佔有欲強，當雙方都想佔有更多，卻又討厭對方過度自我或貪婪時，就容易帶來不愉快。此時便需要在彼此的信念和價值觀上作出協調，才有助改善關係。

A的金星──B的土星

金星土星的組合，似乎正顯示了愛情上的隔閡、壓抑，不過，這也代表了關係上的穩定、可靠及長久。金星土星合相，土星可能不那麼容易感受到金星的愛，因爲土星正被自己的圍牆所阻擋著，而金星一方又覺得土星似乎太壓抑，甚至爲大家帶來壓力重擔。不過，土星的責任感、可靠性，會爲這段關係帶來承諾，經過長時間的相處，關係反而可以變得穩固，但同時感覺可能會較爲平淡乏味。

金星土星的柔和相位，雖然感情上彷彿還是有一段距離，不過雙方也會覺得自然、舒服，當中的責任、承諾、忠誠，可讓關係可以持久發展。土星可以讓對方覺得安心，而金星的愛、生活品味、享樂的性質，也有助對方較爲放鬆。

如果是強硬相位，則大家都容易感到壓力，像有一道牆阻隔著彼此的情感交流，而金星更會覺得對方總是在貶低他的價值，不懂得欣賞他，而土星也不容易感受及接納金星對自己的愛。在這

個相位之下，如果雙方有心去改善關係，必須以耐性及時間（土星的能量）去調整、去驗証彼此的愛，並發掘當中的價值。

A的金星──B的天王星

如果金星土星的組合是安穩但有點平淡沈悶，金星天王的組合則帶來刺激和驚喜了。金星天王星合相，有一種被電到的感覺，天王星像雷電一樣，為這段關係帶來突如其來的刺激，意想不到的事情，又或不斷製造驚喜。而金星也會被天王星的獨特、與眾不同的性質所吸引。當然，有別於土星，天王星代表了不安穩，容易出現變化，而也會有一種冷漠疏離的感覺，情感上不易靠近。

如果是柔和相位，關係上的驚喜、刺激，會讓雙方感到舒服，而彼此也樂於保持自己的空間，維繫著一段距離。這段距離可以是情感上的距離，也有機會因為生活的步伐不同而形成實際上的距離，例如是相隔兩地的關係。而保持自主性及空間，對大家來說，也是件容易接受、覺得舒服的事情。

如果是強硬相位，則關係上的疏離冷漠，特別對於金星來說，容易感到不安。而天王星也可能對對方突然失去興趣，把情感、關係切斷，讓對方感到困擾。天王星的一方，或許無法了解金星想建立和諧關係的一面，總是極力去保

衛自己的空間和自主性。遇上這種相位，雙方如能保持一定的距離，尊重彼此的空間，較容易相處。

A的金星──B的海王星

這個組合充滿了藝術性、浪漫和綺麗，但同時也容易讓人感到迷失。金星海王合相，為一段關係帶來浪漫、夢幻般的感覺，就像沈醉在童話世界裡頭，雙方也樂於為對方付出，不過容易感到迷失，像失去了自我價值似的。亦可能把這段關係當作是一種逃避，又或視對方為一種救贖。所以遇到這種相位，倒是要提醒自己面對現實，不要過渡沈溺在幻想、不切實際的世界裡頭。而如果二人是藝術上的工作夥伴，這個組合十分有利彼此的創作、互相啟發，可創造漂亮的東西出來。

如果是柔和相位，雙方都會很包容對方，亦樂於為對方付出，相處時總是感到舒暢、沒有什麼壓力，甚至在雙方的眼中，對方也是美麗的，彷彿很配合自己心目中的理想形象，把對方想像得漂亮完美。不過，如果彼此是商業夥伴的關係，也得小心在金錢上容易有算不清、帳目混亂的情況出現。

如果是強硬相位，則海王星一方不容易了解或接納金星一方所付出的愛，又或當中容易有所誤解。而金星也覺得，在海王星面前像失去了自我價值、

太陽　月亮　水星　金星　火星　木星　土星　天王星　海王星　冥王星　凱龍星　南北交

找不到方向。彼此也可能覺得自己是受害者，而對方也不了解自己。

A的金星──B的冥王星

冥王星有摧毀的能力，但同時也有治療、轉化的功能，亦可以牽動深層強烈的情感。冥王合金星，代表了強烈、深層的感情連結及吸引力，也可以是很強的佔有欲，很深的愛，但如果關係上處理得不好，也容易演變成愛恨交纏的情況。冥王星可以摧毀金星的自我價值，但也可以為他帶來轉化，給予愛的治療。所以視乎當事人如何運用相關的能量。

如果是柔和相位，雙方可以通過這段關係去成長、轉化，從中探討關於愛、關係、價值的課題。而彼此深刻的情感連結，也有助強化彼此的關係。不過在轉化和成長的過程中，就算是柔和相位，也難免要經歷一些危機、情感上的起伏，只不過雙方會較容易接受。

如果是強硬相位，雖然彼此之間有強烈的吸引力，但同時也容易感到恐懼、不安。雙方都需要面對和處理彼此之間的佔有欲、妒忌心，充滿爆炸力的情緒，還有關係上的危機。金星的一方，總是覺得對方在踐踏、摧毀他的價值、他的愛，並帶來很深的懼怕和不安感。這段關係也容易帶來愛恨交纏，難以割捨的情感。

A的金星──B的凱龍星

金星和凱龍的組合，或許會揭開愛情、自我價值上的傷口，不過也同時帶來治療和成長的機會。金星合相凱龍，大家可能在這段關係中感到受傷害、懷疑自我價值，又或刺痛了一直存在著的傷口。不過也可以通過當中的學習，而讓彼此成長。凱龍的一方，可以擔當對方的一位老師，而金星一方，也可以通過自己給予的愛，去撫慰對方的傷口。

如果是柔和相位，雖然還是會揭開傷口，但雙方會覺得較容易接受或處理，看到當中成長和治療的價值。金星的愛、和諧感、價值觀，會支持凱龍的一方去面對他的傷口，凱龍的一方，也可以通過自身受傷的經歷，去教導金星關於愛和價值的事情。

如果是強硬相位，則在面對關係上的傷痛時，大家會覺得辛苦，甚至覺得對方是在加重彼此的傷痛。金星的一方，會受到凱龍的傷痛所影響，懷疑自己的價值、又或在關係上受到傷害。而凱龍的一方，也不容易去接受金星所付出的愛，甚至認為那是加劇了自己的傷痛。不過，這也提供了更大的動力去面對當中的傷口和問題，好讓大家互相學習，一起成長。

太陽
月亮
水星
金星
火星
木星
土星
天王星
海王星
冥王星
凱龍星
南北交

A的金星──B的南北交點

金星跟南北交點的組合，就是看A的價值觀、吸引力、關係上的事情跟B的人生課題有何關係。

如果金星合南交點，則對於B來說，A彷彿就有一種吸引力，自自然然的把他吸引著，而且還有一種熟悉感，而對於A的價值觀、美學，也會認同，感覺相當一致。不過，金星的享受、慵懶，也容易讓B停留在過往的模式中，而懶於向前走。如果金星合北交點，則對於B的成長方向、人生課題，對A來說那是相當重要和有價值的，亦可以配合B朝著相關的方向邁進。

如果金星跟南北交形成柔和相位，則A的價值觀、人際手腕可以支持B去處理他的人生課題，同時A對B來說，也有一種天生的魅力，像一見如故，自自然然被A吸引。

如果金星跟南北交形成強硬相位，則A未必認同B的人生方向，A的價值觀跟B的成長路途似乎有些衝突、不協調。這就需要雙方去調整，才能達到和諧。

A的金星──B的四角

金星合四角，A會為B帶來和諧感，讓B感到舒服、享受。而A的價值觀、品味，也跟B在相關範疇中的期望和方向一致。

金星合上升，B會覺得A極具有吸引力，會被他的美所吸引。而B的待人處事態度、看待這個世界的眼光，跟A的價值觀、審美眼光相同，這是彼此建立和諧關係的共通點。

金星合下降點，在B眼中，A就像是他的理想對象，充滿了魅力。而二人的互動上也會較為和諧，大家可以一起享受生活。就算不是愛情關係，也會有一種和諧愉悅的感覺。

金星合天頂，當B在向他的事業成就努力時，A總是能肯定當中的價值並給予支持。而A的價值觀也跟B要爭取的成就方向一致。當兩個人一起去面對社會時，能建立出一種和諧、有吸引力的形象，特別是當A在B的身邊，彷彿能讓他變得更受歡迎、更有魅力。

金星合天底，對於B的內在情感世界，A能給予一種和諧的感覺，有A在身邊，B就會感到舒適、很享受。如果彼此是伴侶或家人，則A更能帶給B一種和諧愉快的家的感覺。

金星與火星的相位在伴侶關係當中常被看好，即使連四分相這樣的強硬相位，都暗示著彼此之間的強烈吸引力。雖然在互動的過程當中需要更多的磨合但總有一天也能夠發展成水乳交融的局面，更別說是金星火星的合相，在彼此之間帶來了雙方索取、給予、回饋的正

案例29　金童玉女的激情演出（貝克漢 v.s 維多莉亞貝克漢）

　　英國足球明星大衛貝克漢與他的妻子辣妹成員維多莉亞貝克漢，在星盤上彼此的金星火星就呈現出交會的局面。大衛貝克漢的火星在雙子座28度11宮，而維多莉亞的金星在雙子座21度正巧呈現了寬鬆的合相，暗示著情感的水乳交融，並可透過言語以及對未來看法的一致，呈現和諧的相處。

　　一組金星火星的合相已經是相當難得的局面，但是這對愛侶的星盤出現了第二組，維多莉亞的火星在本命星盤的雙魚座15度，而大衛的金星出現在雙魚座11度，是更為緊密的合相。也無怪乎這一對愛侶對於彼此之間的濃情蜜意，也可以毫不害羞的對媒體揭露彼此床第之間的喜好。記住在占星學的合盤當中，如果兩人的合盤都有同一組行星，並顯示出相位，例如貝克漢夫婦彼此的金火都有相位，就算是相位不同（例如一組是金火合相另一組是金火四分），或強硬相位，也都暗示著這兩顆行星是這段關係的重點。

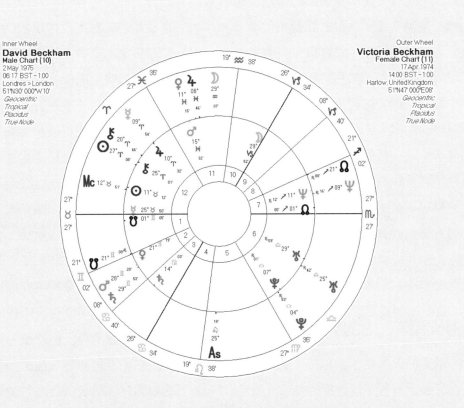

金童玉女的激情演出（貝克漢 v.s 維多莉亞貝克漢）

太陽

月亮

水星

金星

火星

木星

土星

天王星

海王星

冥王星

凱龍星

南北交

面互動。火星這一方索求的是金星這一方願意給予的，就像是周瑜打黃蓋一個願打一個願挨一樣，配合得天衣無縫。當然我不能夠保證這樣的伴侶關係就絕對沒有問題，但是情感的契合可以幫助兩人一同度過困難。

火星之互動相位

　　火星在我們的星盤上象徵著我們怎麼去得到我們想要的部分，是憑藉著武力、謀略還是交換？是積極的還是謹慎的，在星盤當中，火星的互動相位暗示著兩人在性、行動、生存與自我勇氣上展現的主題互動，諧和的相位帶來流暢與協調的舞蹈，強硬相位可以像是拼得你死我活的敵人，也可以是兩個都想大顯身手，互別苗頭卻必須合作才能達成目標的足球隊員。無論是哪一種相位，雙方展現火星的互動時，也往往容易引起對方受到威脅的感受，若雙方都對這一點能夠達成共識，在互動上較有可能更為順暢。

A的火星──B的火星

　　兩人的火星產生合相時，暗示著彼此在行動上有著某種程度的契合。我們能夠瞭解對方行動的特質，他為什麼會有這種反應，以及他為什麼對這件事情感到憤怒。不過火星總是較會自私地反

問自己：為什麼我要替他這樣想？所以我們必須注意不要讓憤怒、敏感還有不安全感，將那種被威脅的感受支配我們，這才能達成協調的互動。這樣的特質在雙方火星產生柔和相位時減低許多，柔和相位帶來愉快而輕鬆的頻繁互動，各自有各自的步調，但卻能夠互相瞭解並支援配合，就算是競爭也是良性競爭，可以減少摩擦與被威脅感受的出現。在性愛上，合相與柔和相位的火星組合，比較容易帶來衝動和激情的演出。

　　當彼此的火星出現強硬相位時，在兩人的關係上，需要花很多的時間來瞭解為什麼對方會這麼做？為什麼對方會這麼容易生氣？為什麼對方這時候只顧到他自己？為什麼我有被利用的感受？生存的威脅感在彼此火星產生強硬相位時最為激烈，有趣的是在性愛上卻可能產生相當激情的演出。因為在火星互動當中覺得受到嚴重的生命威脅（許多時候是過去的陰影），這時為了展現自我的勇氣、為了保護自我的生存權力，就算是相愛的人也有可能會有摩擦產生。我們如果能夠釐清自己為什麼容易在這時候被激怒，或對方容易在某些狀況衝動下的原因時，試著接受、討論並且為了彼此的關係而協調出一個新的互動方式，這或許需要三五年甚至十幾二十年，但是對一段長久關係來說卻是相當

值得的。

A的火星──B的木星

　　火星木星的合相上演的往往是是火上加油的狀況，火星的行動與木星在互動上可以是輕鬆的，木星這一方可以引導火星的行動，讓他的行動能夠擴及到更遠的地方。同時幫助火星這一方在實現自我上更有自信。木星這一方可以透過火星的幫助實現自己的夢想。如果不考慮其他相位帶來的影響，這一對伴侶的互動可以說是如魚得水一般的順暢。當火星與木星出現柔和相位時，有時甚至會讓彼此的行動因為協調性，而更具有節奏的律動並增添許多樂趣，有時也增加了一些冒險與刺激的特質。

　　當火星與木星出現強硬相位時，並不一定會產生嚴重的正面衝突，兩人仍舊可以就理想和信念達成共識，但是需要更深入的瞭解彼此，在行動和想法信念上需要更多的時間來整合。對木星這一方的B而言，他會覺得這沒什麼大不了的，不懂A這一方為什麼要這麼積極或頻頻施壓。但是對於火星這一方來說，他可能覺得對方誇大不實，或是對方空有理想行動上並不積極，甚至覺得自己浪費時間和精力，或者更直接的覺得到不同道不相為謀的結論。強硬相位是彼此不斷的挑戰行動與信念直到整合為止，才能將兩人的理念與行動的火力

發展到極致。

A的火星──B的土星

　　火星與土星產生相位時，就算是合相與柔和相位，也都會帶來一種壓力與阻礙的感受，火星就像是車子的加速器，而土星就像是煞車一樣，當兩者同時發揮功用時，總是會帶來不舒服的爆衝與停滯感受。在合相時，A會覺得無論自己做什麼，B都可以找出挑剔的理由，或是反對的理由。看在B的眼中，A或許太衝動了需要更謹慎一些，當然如果沒有意識到這一點，兩人很可能會認為錯都在對方。合相帶來一種同理心，透過意見的交換，火土合相的干擾問題很快就能減弱且接納彼此，並增加A的謹慎與B的勇氣。在柔和相位上，我們可能會接受對方的挑戰，甚至把他當作一個良好的練習機會。

　　火星與土星的強硬相位在沒有良好的溝通管道下，非常容易造成雙方極深的誤解，A非常容易將自己的失敗與挫折怪罪到對方身上，卻忽略自己的激動與急躁才是挫折的主因。而B不顧一切地想要攔阻對方，卻忘記了那是對方的生命與決定，愛一個人應該學會尊重他的這些決定，並且學會回頭面對自己的不安，而不是將自身的不安恐懼拼命投射在對方身上，造成對方的壓力與負擔。除了上述的作法之外，深入的溝

通、並且加強合作的默契，透過長時間（可能長達十年以上的時間）不斷地練習讓彼此的行動協調一致，最終會找出一個有效又實用的互動方式。

A的火星 —— B的天王星

火星與天王星在占星學上都有著極端的暗示，但是極端的表現卻又不同。火星在心理上往往顯示出一種遭到威脅之後的迫切特質，如果不馬上處理就好像會有生命危險一樣，然而天王星綜觀全局，希望冷靜地找出一個理想辦法。當火星與天王星合相的兩人產生互動，就如同要到外太空去探險一樣的興奮，未來充滿了不確定性，但是整個過程的緊張與刺激，可能會讓有心血管疾病的人受不了。A能夠感受到B帶來的新鮮、刺激以及啟發，B會感受到A的活力讓他對未來燃起了希望。在柔和相位的互動當中，並沒有多大的不同，過程除了刺激之外，或許增加了愉快與學習互動的特質，比起合相來說，差異在於有無意識到透過互動學到的成果。

火星與天王星的強硬相位，在互動的初期很可能帶來極端的爭執，對於A來說，B太過疏離，沒有一種互動的參與感，或者認為B總是唱高調，對於B來說，A做事很少考慮嚴重的後果，不顧一切的向前衝並不是理智解決事情的方針。這常常帶來水火不容的狀況，有

時B也會以無視對方的憤怒和意圖來整治對方。A可以透過B的挑戰與質疑，以提高行動的遠見與高度，而B可以變得更貼近生活而且有活力一些，但這樣的成果需要非常長時間的琢磨與瞭解才可能達成。

A的火星 —— B的海王星

火星與海王的合相，會因為海王星本身渴望擁抱自身以外的事物，再加上火星的行動力，往往被視為而有利於關係的互動，在合相當中雖然A這一方搞不清楚B究竟要帶他去哪裡，竟然也可以樂意跟隨。或許A應該在行動之前搞清楚雙方的方向，若對方不知道，彼此也該討論一下找出個方向，或是兩人都同意沒有方向的隨性一陣子。否則最後雙方都不知道自己該往哪走的時候，很可能帶來更多的誤會。火星與海王星的互動常常刺激許多幻想式的互動，這些互動可以是曖昧的、撩人的、意圖不明的，雙方卻都不願意說清楚。海王星的特質可以讓B引導A擁抱更高層次的精神與心靈世界，但也可能削弱他的行動能力與男性特質。在柔和相位時，隨性愉快的互動特質十分明顯，但是否真的能夠達到行動的目標，則有待觀察。

火星與海王強硬相位時，雖然也有加強靈性的互動特質，但是過程當中可能因為方向不同卻又沒有說清楚（海王

太陽　月亮　水星　金星　火星　木星　土星　天王星　海王星　冥王星　凱龍星　南北交

星的曖昧），以至於互動到了某個階段不得不攤牌時總是有些難堪。雖然雙方也都能夠享受那種曖昧與撩人的互動，但是行動上的幻想特質增加太多之後，很可能會帶來嚴重的偏差，使得兩人都迷惘了，也可能都覺得自己是對方錯誤的犧牲品。建議A這一方在行動時需要更有主見，瞭解自己的方向，雖然仍可以在相處時享受B的浪漫與隨性，但是切記別因此失去自我。

A的火星——B的冥王星

　　許多人誤以為火星與冥王星的合相帶來了暴力與殘忍的特質，事實上從心理占星來看這只是其中一種可能性，在敵對的關係當中，若有火星冥王的相位的確不怎麼妙，但是在親密關係當中，我們可以巧妙地將火星與冥王的相位，透過性愛、與彼此身心靈的整合來作一種結合。B的冥王星可以是一種分析，幫助A探索他行動當中可能遇到的危，或協助A更深入瞭解自己的弱點，這無疑是採取行動前的最佳幫助，不但有勇氣還有謀略。但是A必須接受B在挑戰時的嚴格要求，以及在雙方同意之前不輕舉妄動。B可能會感受到一些不安全感的威脅，但如何面對內心當中的恐懼不安，或許也是透過這段關係可以修成正果的主題。在柔和相位時，透過深入探索心靈，可以更清楚自我與勇氣的展

現，以及生存掙扎的問題。

　　冥王星與火星的強硬相位，的確有可能帶來彼此合作互動上的不舒服，雙方都有被威脅的感受，在這種情況下有許多課題需要處理，其中包括個人的害怕與恐懼，亦即那種容易被威脅的不安來自於哪裡？同時要學會放下自我與對方完全融合，這的確是一件相當困難的課題。透過彼此的深入瞭解與信任，才能夠在行動上相互結合，產生改變彼此生命的巨大力量，只是這樣的課題往往需要長時間的磨練。

A的火星——B的凱龍星

　　火星與凱龍的合相告訴B必須提起勇氣來面對過去的傷痛，如果B本身缺乏那樣的勇氣，那麼A就是我們生命當中的貴人，來幫助我們完成這趟治療之旅。但是必須瞭解到的是在整個互動過程當中，我們可能因為還沒準備好而不願意面對這樣的問題，也可能透過無意間的彼此傷害，來認清原來我們之間有這些過去的問題要解決。柔和相位時，或許會帶來一些不愉快的回憶，但是我們必須學會接受，並且瞭解命運善意的提醒，去面對應該面對的問題，更應該慶幸對方願意在這時候陪我們一起成長。

　　火星與凱龍的強硬相位有時會帶來一種非常不愉快的被傷害的感受，如果

太陽
月亮
水星
金星
火星
木星
土星
天王星
海王星
冥王星
凱龍星
南北交

我們沒有察覺到自己的問題，可能會以為是對方有意無意來傷害我們，或許A只是在做自己該做的事情，但是對B來說，會覺得A怎麼這麼粗心或惡劣。但是存在於我們內心當中的傷痛沒有多少人知道，有時就連自己都不清楚。我們的生命會透過對方提醒我們有這樣的問題該面對，接下來或許我們應該和對方好好溝通，瞭解自己為什麼會有這種被傷害的反應。身為伴侶的對方當然也該學著和你一同面對這樣的問題，從過程當中，雙方都可以學會或分享許多珍貴的經驗。

A的火星──B的南北交點

在合盤互動當中常被忽略的南北交，其實對互動關係有著神祕的吸引力。當A的火星與南北焦點合相時，暗示著A有可能在B的成長道路上扮演著不可或缺的角色。當A的火星與B的北月交合相時，A用男性特質、勇氣、熱情來引導、鼓勵B與外界接觸，朝著更高層次的精神成長前進。當火星與B的南交點合相時，A也可以透過觀察B，瞭解自己為什麼會選擇這樣的成長道路，有哪些事情是自己不必要重複做的課題，有哪些事情是自己可以發展的新方向。性愛與生存的活力展現，都有可能是讓兩個人彼此深刻吸引的特質。當A火星與南北交形成柔和相位時，彼此

都能夠在行動、互動、自我展現，還有性愛的關係當中，學習到生命的課題，這是一種充滿輕鬆與愉快的學習模式，自然對彼此的關係也有幫助。

在火星與南北焦點產生強硬相位時，A的行動方向與成長目標可能與B有些差異，但仍被對方的特質給吸引著，這樣的關係必須給予更多的尊重與自由，才能夠彌補差異所帶來的困擾。

A的火星──B的四角

當A的火星出現在B星盤上的四角時，很容易讓B感受到一種活力與刺激，不過過多的刺激容易伴隨著競爭、衝動、敏感，而這也是我們必須注意的。

當火星合相上升時，A往往帶來我們面對外界社會時需要的勇氣和活力，我們可以透過和對方的互動，學習如何更勇於表達自己，更知道該如何保護自己。

當火星合相下降時，有時很可能因為對方的粗魯會引起不愉快，但更多時候，我們知道對方呈現出了我們所渴望另一半該有的勇敢與自我，因而有一種深刻被吸引的感覺。

當火星合相天頂時，對方在我們的職業領域上帶來了一股活力與衝勁，或許對於社會的觀點有所不同，但是我們卻觀察到對方的行動力與活力是我們可

以在職場生活當中借鏡的。A往往替B帶來了面對公眾社會的勇氣，有時也會讓B在面對大眾時比較急躁些。

當火星合相天底時，A的出現讓B感到家庭環境的敏感，也容易帶來不安全感，不斷地想要做些什麼事情來保護家人或保護彼此的歸屬，或許B可以藉助A的勇氣來突破一些過去害怕的事情和恐懼的限制。

木星之互動相位

木星在我們的星盤當中象徵著我們的信念與希望，以及與社會的互動獲得的成長。然而木星本身也有擴大、擴散、冒險、使事情變的輕鬆的特質，有時這樣的特質會讓人有一種不太正經或不夠嚴謹的特質。在我們和他人的互動當中，木星若對我們的行星產生影響，則會用這些特質在互動狀態當中來呈現。

A的木星 —— B的木星

當A的木星與B的木星產生合相時，暗示著兩人對彼此的信念較能夠認同，即使有些不同也能夠用較為輕鬆的態度來看待，在這種情況下，對於未來的目標、以及在關係當中帶來成長的可能性也比較容易契合。當木星與木星呈現柔和相位時，透過彼此人生觀與相信

的事情來學習，這樣的互動與感受往往太過輕鬆愉快，而讓我們無法察覺，但卻在目標與信念還有未來看法上開始呈現影響。

當木星與木星產生強硬相位時，比較容易感覺到彼此的成長方式不同，對未來的目標有著不同的期許，有時也覺得對方的人生觀似乎太過冒險、鬆散、理想化，嚴重的時候會覺得兩人的未來不同，而無法進一步的契合。但是別忘記木星同樣在教導我們包容與學習，在不同的人生觀底下，我們仍然可以一同成長，並且透過這樣的挑戰與互動，擴展我們的視野。

A的木星 —— B的土星

無論木星與土星產生哪一種相位，對於A這一方來說總會莫名地感受到對方帶來的壓力與阻礙，對於B這一方來說總覺得對方並不太實際。在合相的時候這樣的感覺十分的強烈，兩人對同一個主題對同一個事件往往有著兩極的看法，這樣的看法雖然不同，但仍可感受到認同彼此的某些觀點。無論合相或是對分相，我們都可以透過自己的轉念來改變對立的狀態，在這兩種狀態下，我們比較容易瞭解對方的出發點，並進一步學習對方的看法，這可以讓A的態度較為實際，也讓B不再那麼的悲觀並且給自己和對方限制。

太陽

月亮

水星

金星

火星

木星

土星

天王星

海王星

冥王星

凱龍星

南北交

當木星與土星產生強硬相位時，暗示著兩者整合上有著一定程度的困難，A感受的壓力和阻礙，與B感受到的不確定彼此影響著，由於思考脈絡的不同，以及關注的重點也不同，甚至可能有彼此否定對方的態度出現。A認為B太冷漠悲觀，B認為A太膚淺不實際，雖然這也會在合相和柔和相位當中出現。但是強硬相位暗示著衝突與摩擦的感受被強調了，所以溝通的鴻溝有可能加深，事實上我們應該慶幸在伴侶關係當中，有這樣誠實的互動，兩人都像是一面鏡子同時照亮了自身的問題。A若能理解自己的想法可能太過天真沒有考慮到實際，透過B的提醒（良藥苦口）而修正讓計畫更順利地落實；B或許也可以試著學習A不要那麼悲觀，生活可以更快樂一點。強硬相位都暗示著需要長時間的磨合，木土相位因為特質互異的關係，在磨合上更需要多花些心神和時間。

A的木星──B的天王星

木星與天王星的合相常暗示帶來精神與信念上的激烈轉變，由於兩行星的性質相似，所以在合相時往往是一拍即合。在這樣的互動關係當中往往可以藉由精神的啟發與引導，未來的動向與期許，進一步地讓兩人的關係更為自由而且海闊天空。A可能受到B的影響而改變自己的想法與世界觀，B可能受到A的鼓勵而覺得對未來更感到有希望。在柔和相位產生時，這樣的特質仍會發生，但往往互動更為輕鬆有時甚至會讓人忽略重要性。

木星與天王星的強硬相位，不但暗示著面對世界的改變在觀點上的看法不同，甚至想要進行人生改變的方向和方式也有著顯著的差異。強硬相位因為過份強調這些差異性，而讓兩人覺得不太愉快。A往往覺得B為了他的執著理想有時不近人情，有時更覺得對方有高高在上的姿態，或者做事太過極端。而B可能會覺得A雖然有理想但是深度和廣度都不夠，作法也不夠積極，甚至太過冒險或馬虎。這樣的差異需要花更多心血來整合，好讓雙方都能夠知道對方仍然可以在信念和未來上，帶來有幫助的改變。

A的木星──B的海王星

木星與海王星合相的時候帶來了高度的精神成長的互動。在這一段關係當中，兩人在精神世界與靈性修為的看法上有高度共鳴，同時A可能受到B的影響，透過對他人的同理心來增強自己的信念，也可能受到對方而受到精神或藝術的啟發。柔和相位暗示著上述的影響也可能發生，但是會以一種融合在生活當中理所當然的感受出現，我們比較不

會察覺到因為B而帶來的改變。

若木星與海王星在合盤互動當中產生強硬相位，或許一開始不會有強烈的挫折感和失落感，但是很有可能因為相處愉快，或對對方的認同與精神的感召，而追隨對方的腳步以至迷失了原有的方向，最後才發現對方所做的與自己的期待有很大的落差，且產生一種失落或欺騙的感覺。有時對方並非有意欺騙，同時A自身也可能沒有在決定之前查看清楚或思考清楚，或者有可能只是一廂情願的期待，最後卻不願意對自己鬆散不謹慎的態度負責。木星海王的強硬相位，也可能是在信念和未來上的犧牲，但可能帶來一種不怎麼愉快的態度，這些都是在兩人互動時應當注意的。

A的木星──B的冥王星

許多傳統占星師認為木星與冥王星的相位往往有可能帶來雙方互動的最大利益。合相的時候A受到B的影響，或許在一開始會對自己的人生觀與人生方向產生懷疑，但是他很快會察覺到，B不過是提醒他一些自己沒有注意到的細節。通過B的幫助，A往往能夠很快找到不同的觀點，或樂於接受一個新的世界觀。而B或許會覺得A的自信和快樂會讓自己更有勇氣，有更多的自信去堅持自己想作的事情。在柔和相位時這樣

的狀況顯得更為積極，雙方都透過友誼與認同而使得改變更為順暢。

當木星與冥王星的強硬相位出現時，仍可以期待透過雙方的互動，在精神與物質上帶來許多利益。但是整合的過程較為困難，必須先透過兩人在信念與未來觀點上的檢討與整合，才有可能帶來好處。問題是B往往會覺得A把事情想得太簡單，反過來A可能認為B總是把事情弄得太複雜，並把人性想的太黑暗，不肯相信別人反而使得合作有許多困難。雙方如果能夠透過審視察覺，來瞭解到彼此的互動可以彌補不足，並且同意接受彼此的觀點而做整合時，才能創造為雙方都帶來利益的機會。

A的木星──B的凱龍星

木星與凱龍產生相位的時候暗示著一些信念上的治療與帶來的傷害。當木星與凱龍合相的時候，很多人會解釋成兩人透過信念的治療，但是往往忽略了凱龍也具有傷害的特質。B的凱龍很可能在無形當中造成一些困擾，他所相信的事情很可能對A來說並不是很愉快的事情，或者他可能被類似的事情騙過而有受傷的感覺。但是雙方若能夠以寬大的胸襟去接受彼此對不同觀點的認識，將有機會幫助彼此改變那些可能帶來的傷害，或已經造成的傷害。柔和相位象徵著雙方都用一種更為輕鬆的互動方

太陽

月亮

水星

金星

火星

木星

土星

天王星

海王星

冥王星

凱龍星

南北交

式，來看待剛才說的互動。

　　當木星與凱龍產生強硬相位時，傷害非常容易使兩人的互動陷入深刻的僵局，有時雙方都知道對方並非有意造成傷害，但是那種痛苦往往來自於內心當中最不願意接受的事物，於是造成的不愉快也相當強烈。若此時誤會對方刻意造成傷害，或是對方對你的感受不在意，那都會使得互動變得更差。凱龍與木星都具有包容的特質，也都具有成長的特質，或許雙方都在不愉快當中，但卻是一個學習在互動關係當中包容與治療自己的機會，透過這樣的態度，使雙方開始交換彼此的想法，並且拿出誠意來陪伴對方解決他的問題。記住，不是幫助對方解決問題，因為每個人都要自己處理問題。

A的木星──B的南北交點

　　木星與南北焦點的相位，暗示著雙方精神成長道路的密切結合。當木星與北交合相時，A的信念是幫助B在人生的成長路途上走得更長更遠的動力，A不但具有指引方向的作用，同時還會帶來一種鼓勵的感受，讓B在精神成長道路上更顯得愉快。木星與南交點可以提醒B在過去的生活當中有許多美好的事物值得珍惜，不是過去的一切都要拋棄，亦可適當地在人生道路上運用自己熟悉的方式來解決問題。柔和相位在南

北交的相位組合中帶來的感受非常不明顯，但卻可能是十分愉快的人際互動。

　　當木星與南北交形成強硬相位時，有可能暗示著雙方的信念與成長道路並不相同，卻不代表因此而水火不容。或許因為想法不同，更能夠激勵我們看清未來的道路，但有些人容易因此被影響，卻又會責怪對方浪費自己的時間。要記住在成長的道路上沒有浪費時間這件事，每一件錯誤都有他必要的代價，以及可能帶來的收穫。

A的木星──B的四角

　　木星在四角象徵著A的信念與成長，對B來說則產生相當關鍵性的影響。

　　當木星與上升合相時，B容易覺得A的樂觀進取的精神，以及天不怕地不怕的冒險精神適合自己學習，有時木星則是展現寬大與慈悲的精神，這也可能是自己努力想要表達出的待人處事的方式。

　　當木星與下降合相時，B會覺得這個人的善良與客觀和他展現出來的信念，正好就是自己對伴侶的期待，相信對方也會對自己的人生有所啟發，並進一步地被對方所吸引。

　　當木星與天頂合相時，B會覺得A對他的事業影響有著許多幫助，A可能發現B許多未來的可能性，同時也認為

案例30　瘋狂的湯凱戀（Tom Cruise v.s Katie Holmes）

在先前的案例當中，我們介紹過湯姆克魯斯與他的第一任妻子咪咪羅潔斯的互動星盤，在這裡我們不妨來看看湯姆與他現任妻子凱蒂荷姆斯的互動星盤。

我們都知道湯姆在與凱蒂陷入戀情時，表現得極為誇張，不顧一切地四處張揚自己的愛意，讓許多人感到不自在，套句台灣網路族群的用語：真是閃光閃到瞎了！

對於湯姆來說，冥王星與木星的對分加上日海木的大三角組成了風箏，這是重要的人格特質。他對於信念、信仰的狂熱，以及認為信念是幫助他成長走出迷惘關鍵，這是大家有目共睹的。

凱蒂的木星落入湯姆的北交與天頂，對於他的人生成長有著顯著的影響，對方的木星與天頂也對他的事業有許多幫助。同時凱蒂認為湯姆的事業有更多的可能性，這對雙方來說都是有事業與社會地位幫助的結合。有趣的是，這一對伴侶都有著金海的互動相位，凱蒂的金星合相湯姆的海王，湯姆的金星不但緊密三分凱蒂的海王，同時和他的上升點還有月亮合相，如此緊密的結合，的確帶來了一種無法自拔的陶醉感覺，也難怪阿湯哥會在電視節目當中不顧形象的跳上跳下，跟個小孩子一樣宣告自己的愛意。

這一對伴侶的互動當中，有另一組互動相位是木星海王的相位，湯姆的木星四分凱蒂的海王，同時凱蒂的木星也四分湯姆的海王。這暗示著一種迷惘與犧牲的可能性，對於出生天主教家庭的凱蒂來說，認識湯姆之後也跟者改信山達基教派，同時湯姆的嚴格掌握也影響了凱蒂日後演藝事業的發展，說明了這種信念與未來犧牲的特質。

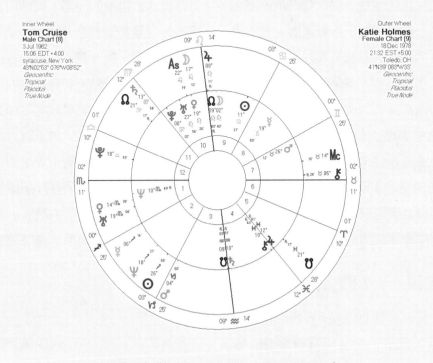

瘋狂的湯凱戀（Tom Cruise v.s Katie Holmes）

A的樂觀與冒險特質適合應用在外界互動上，透過這樣的交流，兩人都對自己的職業與社會地位帶來了利益。

當木星與天底合相時，B的安全感與歸屬感，還有對家庭的態度很容易受到A的樂觀和信念的影響，A則透過瞭解情緒的互動與親情互動，來幫助自己尋找正確的人生成長道路。

土星之互動相位

土星在占星學當中常給人負面的印象，但是在合盤當中，我們卻發現許多具有重要意涵的關係，往往正需要土星的穩固與架構。在許多長久的關係當中，土星往往像強力膠一樣將兩人密合的黏在一起分不開，也會讓兩人更重視實際生活當中的層面，或許浪漫的味道減少了那麼一些，但是卻能夠讓甜蜜的伴侶生活更為長久。重要的關係往往少不了土星與個人行星（請參考前面太陽—火星章節與土星的互動相位）以及土星與四角之間的關係。再次提醒大家，解釋合盤時記得多用正面的觀點來判斷土星對關係的影響。

A的土星 —— B的土星

土星與土星合相並不會將土星的壓力變得更嚴重，會造成這種感受的原因，可能是其中一方的土星影響四角或日月水金火，才會加重這種感受。土星與土星合相暗示著兩人年齡差距不大，或者兩人已經相差28～30歲。這種相位，我們會解釋為對於負責任的態度，以及覺得人生當中什麼樣的事情最具有挑戰的看法雷同，所以較能夠接受彼此對責任的看法。柔和相位暗示著就算對方帶來壓力或挑戰，另一方也多半能夠歡喜接受，或者找到適當的理由來解釋壓力的來源。此外，彼此之間的合作會更為密切，共同度過並挑戰壓力的機會很高，透過並挑戰與壓力的緊密結合，將使這段關係更為圓滿。

土星與土星的強硬相位在關係當中常常不被看好，最常看到的可能性是雙方都專注於自身的問題，同時認為對方提出的質疑和壓力是一種雪上加霜。換個角度來想，對方其實以更為實際的角度來挑戰你的弱點，若非親密的伴侶，又有誰願意這樣惹人討厭呢？如果我們能夠正視自己的缺點，透過對方的挑戰將事情做得更臻於完美，那麼不是更應該感謝對方嗎？但我們往往拒絕承認自身的弱點，不承認自己的缺失，認為對方的觀點完全是找麻煩，這時就會增加相處的困難度了。

A的土星 —— B的天王星

土星與天王星之間的關係常常被描述成水火不容，即使是柔和相位也常常

有一種無法水乳交融的狀況。當兩行星合相之際，A可以透過B替自己沈悶無聊的生活帶來變化，在沮喪或絕望的時候B會帶來希望，只是通常是突然的驚嚇以及徹底的改變。如果A不是一個害怕改變的人，那麼這樣的相位應該可以幫助這段情感的成長。對於B來說感受卻不同，他可能覺得A受到太多的限制，總是憂慮過多，卻不知道自己想要創新的想法其實還是需要從實際的第一步踏起，而A正好帶來這樣的力量。如果兩人能夠互相合作，可以在困境當中爭取希望，同時可以落實對未來的夢想。在柔和相位時，雙方較容易意識到合作帶來的可能利益，進一步地願意協調改變與落實理想，這也對雙方的情感有很大的幫助。

當土星與天王星在合盤當中呈現強硬相位時，彼此都揭露了不同層面的同一重要主題，安全與自由、保守與革新。當A極度需要安全時，可能同時落入了保守與單調的陷阱，B的出現雖然替A帶來了自由希望，但是A必須打破保護自己的藩籬，才有可能得到這樣的禮物。然而我們常看到A一方面渴望得到改變的希望，另一方面卻又渴望維護安全感，將無法達成這樣目標的夢想怪罪於對方。B可能充滿理想自由自在，但內心當中一直苦惱於無法落實理想，也渴望有那麼一點點的穩定安全感。這

時候兩人應當從小小的交流做起，而不是一次徹底的改變，讓長久的時間來調整兩人的步伐，讓彼此都能夠接受改變與保護，並逐漸地找到當中的平衡點。

A的土星 —— B的海王星

土星遇到三王星（天王、海王、冥王）都像是遇到重大的挑戰，我們自我安全的保護在這裡常常受到嚴重的威脅。但是換個角度想，我們的保護也是成長的最大限制，若我們遇到一個人有三王星與土星交會，他們就是宇宙派來幫助我們成長的一個使者。

當土星與海王星合相時，A可能會覺得完全拿對方沒有辦法，你所要求的一切對方完全辦不到，無論你如何拒絕抵擋，對方總是能夠勾起你的惻隱之心，讓你一邊幫他一邊罵。海王星要你融化處與兩人之間的界線，讓你知道你們可以是一體的，那些世俗的限制與枷鎖，以及你我的分別，在宇宙的眼中完全無效。瞭解對方的想法，學習同理心是這段關係會帶給你的最大禮物。在柔和相位時，或許你仍會有些不舒服的感受，但卻能更輕鬆地接受彼此之間的融合，讓你學會愛是不分彼此的。

當土星遇到海王星的強硬相位時，挑戰與壓力都增加，該不該堅持、該不該放手，該做還是不做，都會帶來天人交戰的感受。A這一方往往認為海王星

太陽

月亮

水星

金星

火星

木星

土星

天王星

海王星

冥王星

凱龍星

南北交

帶來的災難比想像中的還多，甚至產生一種自己過去的努力會被這個人給弄垮的錯覺。但事實上，我們應該知道有很多東西早就該放手，如果他是愛你的應該不是來害你的，如果你生命選擇與這個人建立關係，也代表你的無意識已選擇透過這個人來告訴你有些事情該學會放手。然而你也不能就這樣不負責任地放手不管，而是盡自己的本分，無法挽回的就讓他走，讓生命決定該放手到哪些程度。不要責怪對方，這是我們的生命做出的選擇。對於B來說，雖知道自己不是故意的，但看到對方的辛苦與壓力，總是感到難過，或許自己該學會在伴侶關係當中，對自己承擔更多的責任（做好自己該做的事），而不是放著自己的事情不管妄想著替對方犧牲，反而帶來更多麻煩。

A的土星──B的冥王星

冥王星與土星的合相明顯地挑戰著我們生命當中最深層的心靈架構，他可能讓你感覺到生命與成就都受到威脅，你的努力將在對方的嚴格測試之下達到完美的標準，但是你真的做得到嗎？A會感受到B像是一個嚴苛的人，不斷地試探著你最脆弱的地方。如果這是你自己選擇的一段伴侶關係，那麼你選到了一個嚴格的金匠，你必須在這段關係當中展現真金不怕火煉的能耐，讓對方對

你刮目相看。B則感受到對方的自我保護是彼此親密關係無法進展的因素，想盡一切辦法要打破這一層藩籬，但是卻很可能忽略對方的感受，或許放慢腳步尊重對方的意願也是重要的考量。在柔和相位的互動之下，渴求深度結合與為了自我保護的拉鋸力量仍然存在，但我們都能夠用一種實際且學習的心態來面對。

當土冥產生強硬相位時，並不表示你們是冤家世仇才會碰在一起，事實上這一段緣分都是自己在無意識當中的選擇，對方不過顯示出你希望更瞭解自己的恐懼與黑暗面，於是透過這樣的伴侶互動來達成心中的渴望，或許對方的互動手法較為粗糙，對方不太熟悉力道的控制，使得你有一種被修理得傷痕累累的感受。深入探索問題在心靈當中的根源，是這土冥相位的伴侶都需要學習的。在柔和相位當中運氣好的，可以遇到頻率適合的學習夥伴，比較能夠拿捏分寸，在合相與強硬相位當中，則暗示著長時間的深入心靈互動與挖掘恐懼是必須的。

A的土星──B的凱龍星

土星與凱龍的互動相位，一方面暗示著我們必須以較為實際的眼光來面對生命當中不願面對的事件，但也暗示著我們的自我保護與限制是受到哪些傷痛

的干擾，而現在透過伴侶的互動，正好可以找到學習面對的方式。在合相時，這樣的互動十分明顯，A或許不經意觸碰到B的傷痛，或許覺得抱歉而想要用自身的經驗和力量來保護對方，但卻莫名其妙地一再傷害彼此（自己都覺得很受傷）。事實上A要瞭解到自己同樣正在處理自己的傷口，正確的作法應該是你處理你的傷口我處理我的傷口，可以分享經驗和感受，卻不要用蠻力與干預的力量去處理對方的問題。柔和的相位，減低了彼此製造不舒服的感覺，但有時反而會讓我們忽略傷痛的互動，並且錯過分享的機會，但是在時機來時，還是有可能透過伴侶關係，學習面對生命的傷痛。

強硬相位是這段關係當中最容易造成誤會的一種，A與B雙方都覺得自己像是個被責怪醫療失誤的醫護人員，明明自己盡心盡力地要去「醫治」對方，卻被對方責怪自己誤診。事實上如同合相一樣，我們必須治療的是「自己」的傷口，而不是他人的傷口。可是在強硬相位當中，需要花非常久的時間來體會這一點。如果我們瞭解，我們只是透過對方的傷痛看到自己的問題，雖然我們可以發揮愛去保護對方，但最適當的作法是讓他自己去面對，而我們能做的「只有分享與陪伴」，並且讓對方瞭解到，唯一能夠處理那個問題的是他自己。透過這一層瞭解，就能明白彼此在生命陰影當中扶持走過是多麼珍貴的一件事情，透過這樣產生的緊密結合關係，是任他人也無法取代。

A的土星──B的南北交點

當土星與南北交產生互動相位時，我們很難說是舒服還是討厭，但卻有一種無法分開的宿命感受。這種感受在合相時最爲明顯，有占星師認爲任何與南北交的合相都暗示著一種無法自拔的吸引力，而土星帶有強烈的結合力量跟宿命的感覺，就像是明明知道這將會是一個嚴苛的挑戰，你依然會說「我願意」。當土星與北交合相時，或許B容易覺得A常在考驗他或阻擋他，但是卻忽略了經過試煉的成長，未來才能夠抵擋更多的風雨。土星與南交有時也會把過去的不愉快帶到生命當中，這無非是在提醒你，該往前走了。

當土星與南北交產生柔和相位時，透過A的生活體驗，將會幫助B尋找人生的成長方向，當土星與南北交產生強硬相位時，我們不妨將他視爲一個成長的測試，目的是讓我們找到更適合自己的成長方向。

A的土星──B的四角

一個訓練有素的占星師，不會在合盤中看到土星出現在四個角落還拼命搖

太陽
月亮
水星
金星
火星
木星
土星
天王星
海王星
冥王星
凱龍星
南北交

案例31　不愛江山只愛美人的溫莎公爵夫婦

　　這是一段驚天動地的戀情，英國國王愛德華八世執意要娶離過婚的華麗斯辛普森，使得保守的英國政壇無法接受這位繼位不到一年隨即選擇退位的國王。而這段戀情更因此轟動世人，「不愛江山只愛美人」的傳說便由此而起。

　　從占星的角度來看，擔任國王不只是一種榮譽更是一種責任，而由戀情踏入婚姻也是一種責任。對於這一對伴侶來說，溫莎公爵為了所愛不惜犧牲他對家族與國家的責任，而公爵夫人也結束了先前的婚姻，並飽受責難地嫁給對方。

　　責任在占星學當中最容易讓我們想起土星，而海王星暗示著迷惘困惑與犧牲，土星與海王星常讓我們陷入對於自身責任的困惑。在溫莎公爵夫婦的互動星盤當中，夫人的海王星與公爵的土星之間有著120度的柔和相位，同時緊密地合相了公爵守護天頂的木星（社會地位、職位、榮譽在古代甚至代表王位）。明顯地暗示了她的出現對當年的國王愛德華八世，產生了對於自身責任與社會地位社會期許的迷惘。

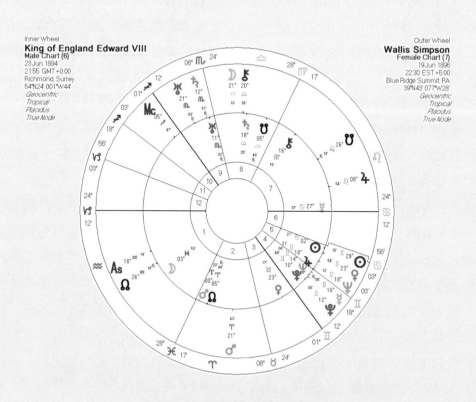

不愛江山只愛美人的溫莎公爵夫婦

頭的，土星雖然是壓力和挑戰，但是別忘記土星也是收穫之神，如果一段情感想要「修得正果」還非得要土星的幫助不可。當土星出現在另一個人的四個角落時，則暗示著兩人之間有著重要的關係連結。

土星合相上升點，對方的成熟與穩重或許是B所想要表現出來的特質之一，但也很有可能因此受到發展的限制，學習責任與適當的要求自己，才能夠讓這段關係更穩固。

土星合相下降點，暗示兩人之間的明顯差距，但對方卻可能是你可以依靠的對象，對方的穩重或許就是你想要的伴侶特質。不過卻暗示著如果你需要安全，那麼浪漫與自由勢必會有所犧牲。

土星合相天頂，這依然可以是親密關係的一種，但我們可以看到土星這一方扮演著老闆、保母、監護人的角色，而B往往會說你來照顧我、你來保護我，我給你約束我的權力。只有必要的溝通與瞭解，才能夠改善這一類關係的不愉快。

土星合相天底時，暗示著B為了尋求一種安全感和歸屬感，希望A和自己緊緊地綁在一起，就如同家人一樣的照顧彼此。這或許是好的，但是也往往帶來對生命當中發展的限制。

天王星之互動相位

天王星的互動相位暗示著革新與改變，透過對方，影響著我們如何創造更美好的未來。但是有時也會帶來必要的切割與分離，成長並非每一次都是甜蜜溫馨的。

A的天王星 —— B的天王星

天王星與天王星的互動相位，通常顯示在兩個層面。社會層面部份屬於不同年齡層之間的觀點互動，也是社會文化方面的群體互動，多半暗示觀念不同所造成的鴻溝或刺激。其次當然也會影響伴侶關係，在個人星盤當中，暗示著彼此之間對改變世界、朝向美好未來的目標的看法不同（有時也與年齡有關）。

天王星與天王星合相時，因為年齡相近所帶來的相似看法，可以視為社會風氣的影響，在伴侶互動當中影響並不明顯。唯一的例外是兩人當中有天王星與四角產生相位，或日月金火與天王星產生相位，或上升日月在水瓶座，這樣的特質才可能會被突顯出來。天王星彼此之間的柔和相位，暗示著兩人可以在成長之路互相啓發，就算年齡有很大的差距，但是透過交流新的想法，可讓彼此的生活更為美好，若能重視彼此的獨立空間，將會使這段關係更美妙。

天王星與天王星互動的強硬相位，在伴侶關係當中較常見的屬於次要的強硬相位。兩人在改變生命、面對未來可能性的主題上，容易產生小小的摩擦，這一點若能夠透過尊重彼此的思想自由，瞭解雙方來自不同的成長環境，或許可以彌補這種摩擦所帶來的困擾。相差20歲左右的人可能會出現天王星之間的四分相，此時天王星的啓發往往容易用驚嚇這樣的字眼呈現在伴侶關係當中。天王星暗示著獨立的特質，雙方更要尊重成長環境所帶來的影響，而不是非要對方照著自己的話去做。衝突驚嚇的出現是可以克服的，但透過這樣強烈的刺激，其實雙方都能夠得到一些新的觀點。

A的天王星──B的海王星

天王星與海王星的相位，同樣可以視為世代之間彼此的影響，我們這個年齡的人與你這個年齡的人的交互作用。除非此人有天王海王與內行星的強硬相位，或者天王海王與四角的強硬相位，以及日月上升在水瓶雙魚這樣的特質，那麼我們才會說社會環境所造成的影響，將透過此人對另一個人展現並且帶來變化。合相時，某種程度上兩人可以在面對團體中找到那種特殊的不同感受。在某方面來說，兩人對某些社會發展的特質都有著憧憬，但是在追求的過程當中，A容易覺得B太過夢幻有時虛無飄渺，但B也會覺得A有些怪異且和周遭格格不入。透過B的影響，A學會用同理心來理解他人，透過A的影響，B瞭解到有些時候必須保持更為客觀且不受衝動的支配才能帶來的好處。在柔和相位當中，這樣的情形更容易出現顯著的影響力，由於相互干預的情況減低，所以反而有助於彼此的互動。

當天王星與海王星形成強硬相位時，我們仍要記得，這不是針對我們個人而來的，而是不同成長環境的影響帶來的困擾，如此一來，或許我們排斥的程度會減低。在這時候，彼此之間不但對社會前進的方向有不同的看法，在追求的互動當中也有不同的表現。A希望用理智客觀的態度，但是手段有時比較激烈，容易覺得B顧慮太多；B希望對某些社會與周圍環境的改變投入貢獻，可以犧牲一些其他的事物，但是感覺到A的客觀與冰冷或無情是一種干擾。其實這個社會不是只有一個層面需要改變，更不是只有一種改變方式，每個人都在為未來貢獻，這仍不會影響兩人的伴侶互動，反而可以在適當時候參考對方的作法，來幫助自己釐清自身的盲點，雖然真的做到這一點需要長時間的訓練，但是卻相當值得。

A的天王星——B的冥王星

天王星與冥王星的相位仍然屬於世代的變動影響，合相與強硬相位時，或許我們可以看到兩個人交錯影響得到的震撼相當激烈，A帶給B的是絕望與困境，以及當中的希望與突破的作法。B帶給A的是透過認清生存的價值與自我不願意面對的陰暗面，來改變自己的生活。在合相與強硬相位當中，都會帶來激烈的震撼與驚嚇，但我們都必須瞭解到這是自我的投射，而且不只是自身有這樣的層面，天海冥行星的特質暗示著人類共同的特質，所以無須有強烈的羞愧感受。但我們仍然能夠透過這樣的伴侶互動，幫助自己度過人生的困境與轉化的時刻。一般來說，強硬相位比起合相，有著認同與認清自我投射的困難，也就是說，如果我們總是說那不是我的問題，那是你的問題時，那麼就可能延遲察覺與轉化的時機，也對伴侶互動沒有多大的幫助。柔和相位的特質亦然，只是危機與彼此衝突發生的時候，帶來的察覺衝擊較為輕微，接受改變的程度也比較高。

A的天王星——B的凱龍星

天王凱龍象徵著每個世代之間，對於彼此受到外界影響所帶來的傷害的看法。就像當代年輕人看待嬰兒潮出生的人身上的問題。或反過來父母看待青少年受到不景氣的影響等等。在合相與柔和相位時，A可以帶給對方一個不同的世界觀所帶來的啓發，有助於B透過這樣的啓發來正面對待自身的問題，要記住我們永遠無法代替別人「解決」凱龍所暗示的傷痛，但是可以給予啓發鼓勵和陪伴。

相對地，在這樣的過程當中，A可以透過觀察與瞭解也改變自己的生命，並且治療某些心靈上過去所受到的傷害。強硬相位仍帶來彼此互助陪伴的可能性，但是過程或許增加了一些無法理解的態度問題。或許A容易感受到B的依賴與期許而想辦法閃躲，B無法理解A的冷漠與逃避，兩個人都覺得對方傷害到自己。若我們知道每個人都只能處理自己的問題，對方都只能帶來啓發與陪伴的效果時，或許我們可以在這裡放下誤解，然後透過彼此的啓發影響，來面對自身的傷痛。

A的天王星——B的南北交點

天王星與南北交點的互動雖然可以視為是世代的影響，但是許多占星師不會忽略南北交具有強烈吸引力的作用。這暗示著激烈能量與驚嚇的天王星產生互動時，往往有著令人意外的結果出現。這樣的互動在合相時最為強烈，往往暗示著A的個人特質，他的與眾不同

以及他對未來的理想很容易深刻地吸引B，並且對對方的人生成長帶來顯著的影響。強硬相位時影響仍然可見，或許因為目標和方向的些許差異而容易造成困擾，但仍不減吸引力的影響。柔和相位同時降低了吸引力與震撼力，但是仍可能感受到那種成長與破繭而出的喜悅。

A的天王星——B的四角

天王星與一個人的四角端點產生合相時，對B來說可能帶來激烈的生命轉變，也常帶來驚嚇或驚喜。

當天王星與上升點合相時，A的出現突然之間帶來一種渴望改變自我的影響。透過A的影響，B很有可能想要揮別過去對自我的看法，以及對外的互動。改變穿著打扮與形象是最容易出現的影響，接著可能是徹底的轉變個人的處事態度。

當天王星與下降點產生合相時，A可能給予B對伴侶生活看法上的不同啟發，也可能改變對伴侶的態度。然而這裡也暗示著需要彼此尊重個人空間的強烈需求。

當天王星與天頂產生合相時，A對B的影響出現在公眾生活層面，他可能替A帶來一個不同的職業觀點，和對上司父母態度的改變。反過來，B可以透過自己的專業與經驗，將A與眾不同的

特質介紹給社會大眾。

當天王星與天底產生合相時，A對B的影響容易出現在徹底的顛覆家庭生活之上，或許A的出現讓B離開家庭，或者暫時切斷與家人的連結，或者改變對待家人父母的態度，但也容易帶來非常激烈的安全感和歸屬感的衝突，這一點是雙方都必須面對處理的。

海王星之互動相位

海王星帶來的理想和美夢會讓我們著迷狂熱，有時也會引領我們走向高度的精神發展，但是多半我們都會對對方產生過度的期盼，這時則必須注意認清事實的失落感受。

A的海王星——B的海王星

海王星與海王星之間的合相，屬於世代相位的重疊，因此多半不用考慮。除非雙方當中一人擁有海王與日月上升的強硬相位，或海王星與四角合相，或者日月上升是雙魚座，此時則需注意此人對理想的熱誠，以及用精神藝術來對待個人孤獨時對這段關係帶來的強烈的影響。這樣的人多半渴望擁抱全世界，並且提昇自己的精神層次，這些特質將會在這段關係當中成為關鍵。

海王星與海王星的柔和相位，暗示著彼此之間對於理想與熱誠的行動得到

太陽　月亮　水星　金星　火星　木星　土星　天王星　海王星　冥王星　凱龍星　南北交

共鳴，雙方或許追逐的理念不同，但是同理心的感受得以接受彼此，同時可以互相加油打氣。強硬相位往往帶來迷惘與困惑，在某種程度上，我們很容易誤以為對方要的是某件事情，我們願意犧牲幫助對方，或者我們誤以為對方的目標和我們一致，到頭來卻發現有些事情是誤會，只是當下被沖昏頭時一廂情願的想法，或許很困難，但我們如果從對方的角度來著想，或許會學習到慈悲與同理心。

A的海王星——B的冥王星

海王星與冥王星的相位互動屬於世代影響的範疇，對個人的影響，只侷限於命盤上四角與個人行星受到海王冥王影響的人，或者日月上升在雙魚或天蠍的人，才會帶來更明顯的互動。無論是合相或強硬相位或柔和相位，都暗示著A需要透過B才能明白認清虛幻背後真相的必要。有時自己容易被蒙蔽雙眼，B說的話或許討厭，但是卻能幫你認清事實。B需要透過A學習對於自身理想重燃熱情，同時學會慈悲與同理心以及無私的愛，才能將自身的力量擴展開來。這樣的特質在強硬相位當中容易有執行的困難，衝突需要靠著不斷的溝通討論與演練來化解。

A的海王星——B的凱龍星

海王星與凱龍的相位也是屬於世代的特質，暗示著這幾年出生的人在互動上可能帶來的問題，無論在合相或強硬相位當中，A往往看見B的傷痛與掙扎，並發揮了同理心與慈悲心希望幫助對方，或者直接受到影響而干擾了自己的生活。事實上A應該正視自身的問題，而非選擇面對對方的困擾。同時B也可能會有類似的舉動，他看見了A的迷惘，希望幫助他，但很可能忽略自身該處理的問題，此時雙方都會有種迷失與迷惘的特質，往往分不清楚在處理傷痛時的先後順序。這時候必須冷靜下來，避免太多的情感衝動所帶來的困擾，接著搞清楚自身的問題在哪裡，而不是選擇面對對方的問題，這都會讓彼此的關係再次陷入困擾當中。柔和相位暗示，彼此面對傷痛時的和諧態度，但我們常被短暫的寧靜與和諧掩蓋了尋找解決自身問題的衝動，需要時間推移帶來更多的動力，才會再一次地採取這樣的行動。

A的海王星——B的南北交點

海王星與南北交的互動相位，常暗示著一種令人著迷暈眩甚至發狂的關係。海王星的迷失自我往往透過為你瘋狂這樣的特質來呈現。南北交的相位

中，合相屬於最強烈的呈現方式，一方面A有可能在精神與藝術上引領著B走向他該走的道路，但也可能A會帶來一種迷失與迷惘的特質，讓A在面對成長道路時徘徊不定。但是A對B一直都有一股強烈的神祕吸引力，B可能覺得A很難以捉摸很神祕而瘋狂地想要瞭解更多。強硬相位時迷失人生方向的特質與為對方著魔瘋狂的特質都會出現，但讓兩人都有些掙扎。柔和相位的輕鬆愉快，常常讓海王的精神成長以一種捉摸不住的特質來表現，且因為輕鬆的態度而讓人無法有深刻的印象。

A的海王星──B的四角

海王星合相四角時，暗示著這一段關係帶有強烈的海王星犧牲的特質，同時海王星的迷惘夢幻與冒險也可能出現在這裡。

海王星與上升點合相時，暗示著我們被對方的夢幻迷人特質吸引，他或許是我們心中某種女性原型的投射，而且帶來一種瘋狂衝動，希望可以讓對方成為自己的一部份，這樣的衝動往往讓我們在短時間當中被對方所左右。就如同安潔莉娜裘莉的海王星就在布萊德比特的上升點上。

海王星與下降點合相，會混淆我們對伴侶關係的要求與判斷，同時我們可能認為此人完美地符合我們對伴侶的要求，進一步地為了他而瘋狂，但很可能在冒失的舉動之後產生後悔。

海王星與天頂合相，暗示著B透過專業的態度，將A的藝術與精神專長呈現在公眾特質，但這有時也會讓我們對自己在社會上的追求和地位，產生一種質疑與混淆的狀態。很多人會質疑A這是否是他該做的事情，但A卻很可能一頭熱的栽入為B的事業犧牲的狀態。

海王星與天底合相，暗示著A可能替B的家庭關係帶來一種夢幻浪漫的特質，但也可能混淆了對方的家庭關係，或者讓對方對家庭有著過多的期待或過度理想化的期盼。這同時也會有一種誤以為對方帶來安全感的承諾，這些都是海王星合相天底時應該注意的特質。

冥王星之互動相位

冥王星暗示著經過危機的深層覺醒，以及為了求得安全感所進行的一切動作，包括掌握周圍的狀況與人事物。在伴侶關係當中，冥王星的互動暗示著緊密的連結，有時候卻帶來相當大的危機和威脅感受。透過冥王星的掙扎，我們達到轉化的目的，但過程的確不好受。

A的冥王星──B的冥王星

雙方的冥王星在互動的過程當中，

我們會感受到彼此對於權力的爭奪，就如同溺水的人想要緊緊抓住漂浮的木頭，我們想要掌握周圍的一切好求得安心，無論是強硬相位或合相，甚至柔和相位，都會帶來這樣的特質。強硬相位與合相常常會帶來難受的威脅感或危機狀況，唯一可以解決的方式，是自願與對方展開身心靈的高度結合，深入的瞭解對方的成長過程與心靈層面，並且願意與對方共同面對危機的挑戰。一心同體的感受是面對冥王星狀況的最佳方式，但是合相與柔和相位，或許可以帶來深層的覺醒而願意這麼付出，強硬相位總是需要一番掙扎才可能有所覺悟。不過結合冥王星的力量是相當強大的，更有助於雙方之間刻骨銘心的感受。

A的冥王星 —— B的凱龍星

　　冥王星與凱龍的合相與強硬相位，都暗示著不得不發生的傷痛與危機。人們常會問自己為什麼會挑選一個傷害自己的人來作伴侶，事實上，這往往是自身的選擇，對方或許無意傷害你，而在凱龍與冥王星的眼中，那些我們不想面對的過去，卻一直跳出來傷害自己，且讓我們誤以為是對方正在傷害我。這最容易出現在冥王凱龍的合相與強硬相位當中，這時如果B有自覺地瞭解到並且不要怪罪對方，先問自己要如何學會面對過去的傷痛，或許可以進一步地處理這段關係的困難與疑問。對A來說，看見對方的傷痛並不代表你擁有他的祕密與力量，如果你能夠利用這個機會協助處理自己莫名的憤怒與不安，對你來說才是這段關係最大的贈禮。柔和相位仍有可能有輕微的危機感受，但很可能被雙方輕鬆地接受或忽略過去。

A的冥王星 —— B的南北交點

　　冥王星對南北交的影響往往帶來強烈的危機感受，透過這段關係的危機與深層結合，B看見了自己人生的成長方向，這雖然是世代的問題，但是發生在兩人身上一點也不會覺得不干己事。當A的冥王星與B的南交點合相時，A可能正在暗示你，該把一些舊的習慣和不需要的事情捨棄，也不要再以自己的過去為傲，眼前還有很多工作要做。當A的冥王星與B的北交合相時，透過雙方的危機關係，B看到了成長的道路和成長的可能性。透過B的學習與分享，A往往要學會如何處理心中的危機焦慮與不安，如何放下、如何給予完全的信任，如何繼續在這段關係當中成長，都是雙方可以得到的禮物。強硬相位帶來一種強烈彼此牽絆的感受，就如同冤家一樣，感受到對方的威脅或干擾卻又被他吸引。或許我們應該學會面對處理內心當中深層的憤怒和不安，才能進一步解決彼此關係當中的問題。

A的冥王星──B的四角

當冥王星與四角產生合相時，因為某些過去的問題與深層的不安，帶來了彼此結合時一種更為緊密的互動關係，但這樣的互動關係有時太過緊密，而讓彼此都喘不過氣。

當冥王星與上升點產生合相時，B會以為A對他的存在與對外互動有著許多意見，並帶有敵意的看待，但是自己卻又十分在意A的看法，甚至對A有著一種恐懼或著迷的崇拜。A可以引領B深入瞭解自己為什麼會有這樣的感受，但是必須面對拿下面具之後的那個真實自我，有時需要很大的勇氣。

當冥王星與下降點產生合相時，B很可能搞不懂為什麼自己會被一個這麼容易嫉妒，或擁有強烈控制欲的人給牽絆住，有時這是我們否定層面的投射，對方的嫉妒與黑暗面常是我們不願意承認的自我，如果我們認同這個部分，或許我們就可以開始欣賞對方好的一面，進一步達到緊密的結合。

當冥王星與天頂產生合相時，B對A有一種面對權威般的害怕和恐懼，同時也透過自己的專業能力為A服務，A或許會徹底地影響B的工作態度，但也可能經過一番掙扎與痛苦之後，才有可能獲得新的力量。

當冥王星與天底合相的時候，A挑戰了B的家庭觀念與家庭特質，他看待B的家庭生活的時候，認為當中充滿了彼此控制的關係，他希望帶領著B脫離這一層痛苦，但是他所用的方式可能是另一種無形層面的掌控，因為當我們眼見的都是掌控的關係時，暗示著自己其實對掌控這件事情相當的敏感。或許B只是為了安全感以及兩人的緊密連結，才會臣服於這樣的控制影響當中。但對彼此的關係來說，或許有更深入探索的必要，才能夠擺脫控制所帶來的不愉快。

凱龍星之互動相位

凱龍的互動相位影響，在伴侶關係當中可幫助透過觀察對方的傷痛，幫助我們察覺到其實自己也有許多有待解決的問題。我們卻常常以為可以幫對方解決他的問題，事實上，我們必須先學會面對自身的傷痛，才有能力協助他人去面對他們自己的問題。

A的凱龍星──B的凱龍星

當彼此的凱龍產生相位的時候，雙方的關係當中存在著傷害與治療的互動，很多占星初學者都誤以為治療才是凱龍的本色，卻忽略了凱龍的二元特質必須先有傷痛才有可能帶來治療的覺悟。

凱龍在此合相的作用不大，因為這暗示著同一個年齡層，或兩人年齡相差五十歲，多半呈現的是對於傷痛的理解。柔和相位暗示著彼此之間對於傷害與治療的關係，有一種輕鬆認同而且接受彼此幫助的想法，並透過交流溝通來學會瞭解生命傷痛的課題，進一步的達到自我治療的目的。

凱龍與凱龍的強硬相位，是影響較為顯著的，在這樣的相位當中，最有可能發生的事情是彼此都認為自己看見對方的傷口，也都認為自己有能力去治療對方。於是便產生了凱龍最容易帶來的誤解，總以為自己有能力解決別人的問題，而忽略自身的問題。凱龍的強硬相位讓彼此用較為痛苦的覺醒來瞭解到，自己也有問題，自己的成長過程也有傷痛必須要面對，在正視自己的問題之前，我們是沒有辦法幫助他人的，因為那只會帶來自身更多的困擾。強硬相位用傷痛的方式來提醒我們這些問題，卻常讓我們誤以為對方在傷害我們，事實上應該說是自己在提醒自己。雖然過程痛苦，但一旦覺醒之後採取正面的態度來面對自我，治療自我與協助他人自我治療的能力將會十分的強大。

A的凱龍星——B的南北交點

凱龍與南北交的互動，暗示著透過一種傷痛的察覺，可幫助我們尋找人生的成長道路。南北交的相位在合相中有著顯著的成果。凱龍與南交合相，往往會喚起我們生命當中所熟悉的事件，但是也很容易喚回那些不愉快的回憶，我們透過學習這些事物並且採取正面的態度，來回應獲得成長的力量。

凱龍與北交的合相，暗示A提醒我們成長一定有得有失，有些時候我們必須捨棄抱在懷裡過時的記憶和傷痛，才有機會踏上成長的大道。無論如何，凱龍都有可能先帶來痛才會讓我們有覺醒的機會。柔和相位或許用一種溫和的方式提醒我們如何成長，但是減輕了傷痛，覺醒的程度也就不一定如此明顯。在強硬相位當中，A的凱龍或許被視為嚴重的干擾，常帶來究竟該何去何從的感受，但是如果能夠看清楚過去的經驗不再重複，且瞭解自己的痛在何處，透過辛苦認真的面對傷痛，同樣的可以找到自己的道路，只是過程稍微辛苦了些。

A的凱龍星——B的四角

凱龍與四角的相位，暗示著透過彼此的互動關係帶來傷痛覺醒的暗示，但我們要如何利用這樣的覺醒？要如何回應這樣的覺醒？則又決定了這段關係的走向。

凱龍與上升合相時，A會讓B對自己所要面對的世界感到不安，他看見了

那種自我呈現有可能會帶來的後果，但也看見成果的驕傲能力，同時渴望有那種幫助人的力量，並在該不該這樣表現當中，出現徘徊掙扎的狀態。

凱龍與下降點的合相，A的過去傷痛可透過與B的關係顯示出來，對於B來說，也可能察覺到這樣的關係充滿許多問題。對兩人來說，面對這個問題可以幫助自己與對方，若不願意面對則過去的問題將透過其他方式的傷害，不斷地持續呈現。

凱龍與天頂產生合相，暗示著A的治療能力或傷痛，很可能透過B的專業經驗呈現出來，B可能幫助A去治療更多人，但也可能在這樣的公開互動中，讓A受到更多的傷害。這或許並非B所願，但看在A的眼中，卻很可能一切都是對方造成的。其實很可惜，若A能夠認清那是自身的問題，B只是一面鏡子，甚至B也受到自己問題的傷害時，或許透過這樣的覺醒，可以認清問題所在，並進一步找到幫助自己與對方的力量。

凱龍與天底合相時，A認為B是家庭制約的受害者，或許他看見了對方的童年問題，渴望幫助對方，雖然這是出自於一番好意，但是卻很明顯地沒有找到凱龍暗示的真正問題。凱龍在伴侶關係當中是提醒我們自己的傷痛在哪，透過這一層察覺與瞭解，才有可能得到治療自己和幫助別人的力量。

國際占星研究院
Academy of Astrology

　　二〇〇八年春天，魯道夫、Claire、Jupiter三位受過完整英國占星教育體系洗禮的占星師，有感於華人地區缺乏有系統的占星教學，決定合作共同成立第一所以華人爲主要教學對象的占星學院「國際占星研究院Academy of Astrology」，目的在透過完整有系統的占星教學提升華人在國際占星學界的地位。

　　「國際占星研究院Academy of Astrology」的三位創辦人，分別來自三所英國占星名校──Jupiter（英國占星學院），Claire（倫敦占星學院、心理占星中心），魯道夫（倫敦占星學院、英國占星學院、QHP時辰占卜學院），希望藉由本身的豐富經驗，將豐富的占星知識帶給華人。

　　學院三位老師系出名門，是目前華人占星學界最爲堅強的教學陣容，三位老師在不同的領域各有所長，絕非單獨一位占星老師授課所能比擬。

台灣分校

　　目前台灣分校很榮幸地與「唐立淇成長學苑」結合，期待提供台灣地區同學更完美的服務，以密集班的方式進行課程，每一個學程都由一～二爲老師負責講授，每個學程（Module）爲四個全天（兩個週末或平日白天）課程。台灣地區之密集課程由Claire老師、Jupiter老師和魯道夫老師共同講授，每年十二月招收新生。

香港分校

　　香港地區，以Jupiter老師的固定課程爲主軸，搭配魯道夫老師與Claire老師的講座課程。香港地區有平日晚間課程以及假日密集課程，學生們可依照能配合的時間選擇課程。

網路分校

　　居住於台灣、香港以外地區的學員，或是台灣、香港無法參與實體課程的同學，可以參與網路教學課程，網路教學課程由魯道夫老師主講，Jupiter老師與Claire老師擔任專門講題的講師，讓你不受時間地點的限制，自由自在地學習。

　　學院網址：http://www.academyofastrology.co.uk

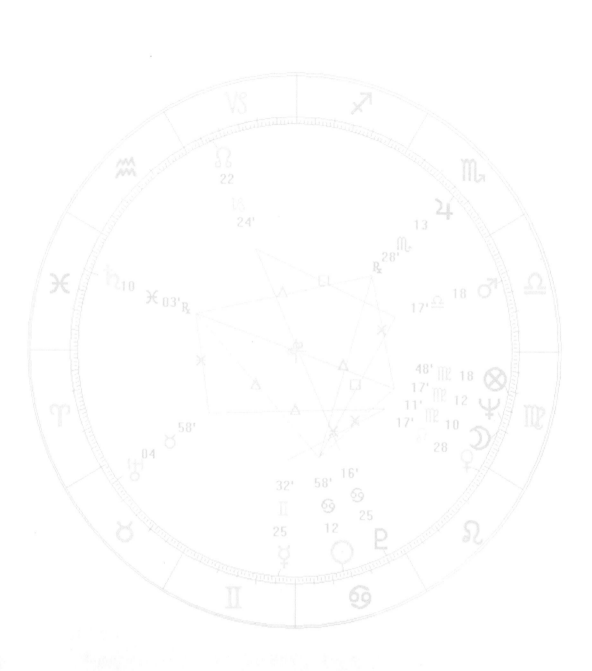

國家圖書館出版品預行編目資料

人際合盤占星全書／魯道夫、Jupiter 著 . -- 初版 .--
　臺北市：春光出版：家庭傳媒城邦分公司發行，
2009（民98）
　　面；公分. --

ISBN 978-986-6572-45-6（平裝）

1. 占星術　2. 人際關係

292.22　　　　　　　　　　　　　　98011592

人際合盤占星全書

作　　　　者／魯道夫、Jupiter
企劃選書人／劉毓玫
責任編輯／劉毓玫

行銷企劃／廖婉芸
業務主任／李振東
總　編　輯／楊秀真
發　行　人／何飛鵬
法律顧問／台英國際商務法律事務所　羅明通律師
出　　版／春光出版
　　　　　台北市104中山區民生東路二段 141 號 5 樓
　　　　　電話：(02) 2500-7008　傳真：(02) 2502-7676
　　　　　部落格：http://blog.pixnet.net/stareast
　　　　　E-mail：stareast_service@cite.com.tw
發　　　行／英屬蓋曼群島商家庭傳媒股份有限公司城邦分公司
　　　　　台北市中山區民生東路二段 141 號 2 樓
　　　　　書虫客服服務專線：(02) 2500-7718 / (02) 2500-7719
　　　　　24小時傳真服務：(02) 2500-1990 / (02) 2500-1991
　　　　　讀者服務信箱E-mail: service@readingclub.com.tw
　　　　　服務時間：週一至週五上午9:30～12:00，下午13:30～17:00
　　　　　劃撥帳號：19863813　戶名：書虫股份有限公司
　　　　　城邦讀書花園網址：www.cite.com.tw
香港發行所／城邦（香港）出版集團有限公司
　　　　　香港灣仔駱克道 193 號東超商業中心 1 樓
　　　　　電話：(852) 2508-6231　傳真：(852) 2578-9337
　　　　　E-mail: hkcite@biznetvigator.com
馬新發行所／城邦（馬新）出版集團【Cite(M)Sdn. Bhd.(458372U)】
　　　　　11, Jalan 30D/146, Desa Tasik,
　　　　　Sungai Besi, 57000 Kuala Lumpur, Malaysia.

封面設計／黃聖文
內頁排版／浩瀚電腦排版股份有限公司
印　　刷／高典印刷有限公司

■ 2009 年（民 98）9 月 3 日初版　　　　　　Printed in Taiwan
■ 2022 年（民 111）4 月 26 日初版6.5刷

售價／460元

城邦讀書花園
www.cite.com.tw
版權所有‧翻印必究
ISBN　978-986-6572-45-6

廣 告 回 函
北區郵政管理登記證
台北廣字第000791號
郵資已付，免貼郵票

104台北市民生東路二段141號2樓

英屬蓋曼群島商家庭傳媒股份有限公司　城邦分公司

- -

請沿虛線對折，謝謝！

春光出版

書號： OC0051	書名： 人際合盤占星全書

讀者回函卡

謝謝您購買我們出版的書籍！請費心填寫此回函卡，我們將不定期寄上城邦集團最新的出版訊息。

姓名：＿＿＿＿＿＿＿＿＿＿＿＿＿＿＿＿＿＿＿＿＿

性別：□男　□女

生日：西元＿＿＿＿＿＿＿年＿＿＿＿＿＿＿月＿＿＿＿＿＿＿日

地址：＿＿＿＿＿＿＿＿＿＿＿＿＿＿＿＿＿＿＿＿＿＿＿＿

聯絡電話：＿＿＿＿＿＿＿＿＿＿＿＿　傳真：＿＿＿＿＿＿＿＿＿＿＿＿

E-mail：＿＿＿＿＿＿＿＿＿＿＿＿＿＿＿＿＿＿＿＿＿＿＿＿＿

職業：□1.學生 □2.軍公教 □3.服務 □4.金融 □5.製造 □6.資訊

　　　□7.傳播 □8.自由業 □9.農漁牧 □10.家管 □11.退休

　　　□12.其他＿＿＿＿＿＿＿＿＿＿＿＿＿＿＿＿＿＿＿＿＿

您從何種方式得知本書消息？

　　　□1.書店 □2.網路 □3.報紙 □4.雜誌 □5.廣播 □6.電視

　　　□7.親友推薦 □8.其他＿＿＿＿＿＿＿＿＿＿＿＿＿＿＿＿

您通常以何種方式購書？

　　　□1.書店 □2.網路 □3.傳真訂購 □4.郵局劃撥 □5.其他＿＿＿＿＿

您喜歡閱讀哪些類別的書籍？

　　　□1.財經商業 □2.自然科學 □3.歷史 □4.法律 □5.文學

　　　□6.休閒旅遊 □7.小說 □8.人物傳記 □9.生活、勵志

　　　□10.其他＿＿＿＿＿＿＿＿＿＿＿＿＿＿＿＿＿＿＿＿＿